圖說天下

中國大歷史

◎主編 童超

戰國七雄

圖說天下

前言

「萬乘之國七，千乘之國五，敵侔爭權，蓋為戰國。」漢代劉向在他撰寫的《戰國策》裡如此描繪中國這一段充斥著戰爭、變革與奇謀、詭計的動盪歷史。至於這段歷史起於何時，迄今尚存在不同看法。有人認為應該將周元王姬仁即位之年（西元前四七五年），作為戰國之始。在《史記》中，為記述方便，司馬遷就是把這一年當做起點，「表六國時事」。還有人認為，應該把魏、趙、韓位諸侯之列（西元前四〇三年）當成戰國歷史的開始，正是在這一年，戰國七雄的局面正式形成。

不過，無論在戰國歷史由何時開始的問題上有多大爭議，沒有人會否認戰國是中國歷史上至關重要的一個時期。在這段期間，諸侯的兼併戰爭此起彼伏，政治家、軍事家、說客、俠士紛至沓來，他們追尋榮華富貴或普世眞理的個人奮鬥史，深深影響著時代的發展軌跡。軍事上，李牧、廉頗、白起、王翦，戰國四大名將用一場場精彩戰役左右著國家命運；外交上，蘇秦和張儀，兩大說客用合縱連橫的大謀略於各國之間翻雲覆雨；思想上，荀子、墨子、莊子和韓非從截然不同的角度尋找著在大動盪時代中國家或個人的生存之道。還有豫讓、聶政、荊軻，這些俠氣沖天的刺客，用血肉之軀呈現著戰國時代對「義」這個字的詮釋。

另一方面，豪傑俊士也生動地反映著各國爭鋒的激烈狀態，國與國爭鬥廝殺，實力時長時消。曾堪稱中原之霸的魏國卻因貪圖虛名，迅速衰落。趙國在歷經長平之戰的重創後，卻抵擋住直指自家都城的強敵。齊國曾用數十天攻克燕國的都城，若干年後，燕國又集結「多國聯軍」打得齊國城破君逃。楚國擁地五千里，兵士百萬，條件得天獨厚，卻被人拔都城、燒宗廟。韓國可以「強弓勁弩皆出於己」，卻在強鄰夾逼下舉步維艱。而那個為中土諸國視若虎狼的秦國，起初竟只是地處偏僻一隅的羸弱小國。

在戰國的舞台上，強弱的變化都極富戲劇性，卻又絕非無根無由，因此諸國崛起、衰落的每個印記都能予後人深遠啓發，而其中的國君們，英明的、昏聵的、精幹的、愚蠢的，其生平事跡亦早已演化成為一齣齣生動的治世寓言。

戰國七雄

目次

七雄崛起

戰國七雄，它象徵著中國統一之前的動盪，象徵著中國歷史中最為迷茫的一個階段。七雄從「三家分晉」後慢慢崛起，各自都有起起落落，但最終都成為了秦國野心的犧牲品。

七國爭雄

春秋末年，齊、燕和楚、吳、越分別控制著中國東方和南方，秦國盤踞在西部，晉國則占領著中原以北的地方。

周平王三年（西元前四七三年），吳國在越國的瘋狂報復下覆滅。越國滅亡之後，列國之中實力較強的就屬齊、楚、晉三國。這樣的局面維持了二十年便隨著晉國的分裂而改變。周定王十六年（西元前四五三年），趙、魏、韓三家瓜分晉國，史稱「三家分晉」。戰國時代以「三晉」誕生為里程碑正式拉開序幕，中國進入統一前的大混亂時期。

趙、魏、韓在分晉之後實力大增，經常聯合在一起攻打其他諸侯國。這般來勢洶洶的氣勢讓周天子也感到害怕，不得不在周威烈王二十三年（西元前四〇三年）正式冊封三晉為諸侯國，與秦、楚、燕、齊、越五國並駕齊驅。在這八國之中，越國的實力最弱小，幾乎沒有能力與其他七國抗衡。於是，真正在戰國叱吒風雲的就是齊、楚、燕、韓、趙、魏、秦七國，也就是歷史上赫赫有名的戰國七雄。

戰國中期的七雄

戰國中期是七雄並起的真正階段，是整個戰國勢力分配相對均衡的時期，也是合縱連橫的鼎盛時期。

在這個階段，只要有一國獨大，其他諸侯國必然群起而攻之。就像起初魏國實力最強，但卻被齊國和秦國聯手挫敗，導致魏國一蹶不振，逐漸衰落下去。各國之間互相牽制，保持平衡。

齊、秦伐魏之後，兩國的實力獲得提升。隨後，楚國實行變法，國威大振，雄霸南方。與此同時，使用變法強國的還有齊國和秦國，這兩國分別占據著東西兩處，各自坐大。而趙、韓兩國則透過不斷吞併周邊小國的方式壯大自己的實力。至此，除了魏國實力受損之外，就屬燕國國力最弱。

到了周顯王二十五年（西元前三四四年），魏惠王和齊威王在徐州會面，兩人正式稱王。十九年之後，秦惠文王也稱王，正式打開了各諸侯稱王的大門。此後不久，韓、趙、燕等國也紛紛自稱爲王。

秦國的強大

在戰國後期，秦國的強大已經是難以改變的事實。爲了阻止秦國的擴張，六國之間重新啓用合縱連橫，實行小型聯盟。但這些聯盟最後也都無果而終：齊楚聯盟因爲楚國的背叛而結束，齊、韓、魏三國聯盟因爲秦國對韓魏的蠶食而失敗。周赧王二十八年（西元前二八七年），趙、齊、楚、魏、韓五國聯合攻秦，但因爲秦歸還了諸侯部分領土而作罷。

第二年，齊國滅宋。秦國反過來聯合燕、韓、趙、魏一起攻打齊國，並一舉滅齊。齊國經過五年的沉寂復國，但是實力已經遠遠不如從前，根本不能對秦國造成威脅。

周赧王五十三年（西元前二六二年），秦國開始攻打趙國，用了兩年時間大敗趙國於長平。五年後，魏國、楚國出兵援助趙國，大敗秦軍。儘管擺脫了秦國的控制，但趙國此時元氣大傷，根本無力再與秦國抗衡。

在此之後的十幾年中，六國不斷以各種形式的聯合攻打秦國，但最終還是被秦所破。從秦王政十七年（西元前二三〇年）開始，秦國逐一吞併各國，直到秦王政二十六年（西元前二二一年），天下統一，七雄爭霸被塵封在浩瀚的歷史長河中。

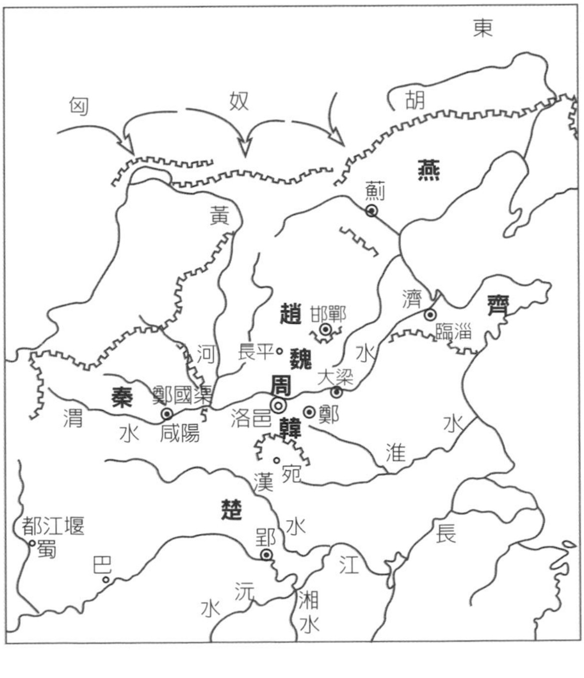

戰國時期形勢圖

趙氏崛起

晉國的趙氏在六卿激烈鬥爭中面臨舉族衰落的危機，趙簡子勵精圖治，在法律、經濟、政治、軍事上進行嚴明而有效的改革，最終扭轉凋敝之勢，獨攬晉國大權。其子趙襄子繼承父業，拓展疆土，為趙氏在戰國七雄中獨領風騷奠定了雄厚的基礎。

趙簡子勵精圖治

春秋末年的晉國，君權由晉平公座下六卿——范氏、中行氏、智氏、趙氏、韓氏、魏氏共同掌控。六卿之中，范氏和中行氏權力最大，而數百年前執掌晉國國事的趙氏一族，卻由於種種原因人丁寥落，一蹶不振。滿心抱負的趙氏族人不甘就此衰滅，以趙簡子爲首，欲圖宗族復興大計。

法乃國之本，當時舊的貴族禮制再不能形成一個國家強有力的支撐，趙簡子改革圖治的第一步，就是大力鞏固法典的權威性。於是在周敬王七年（西元前五一三年），趙簡子命人以生鐵四百八十斤，鑄成一口巨大的鐵鼎，又命人在這口鐵鼎上刻下晉國名將范宣子所著的《刑書》，將之公示於眾。這部刑鼎就是晉國的第一部成文法典，它大大削弱了傳統的宗族分封制和天命王權制，推進了晉國的發展。趙簡子本人也因此聲望大增，成爲晉國正卿。

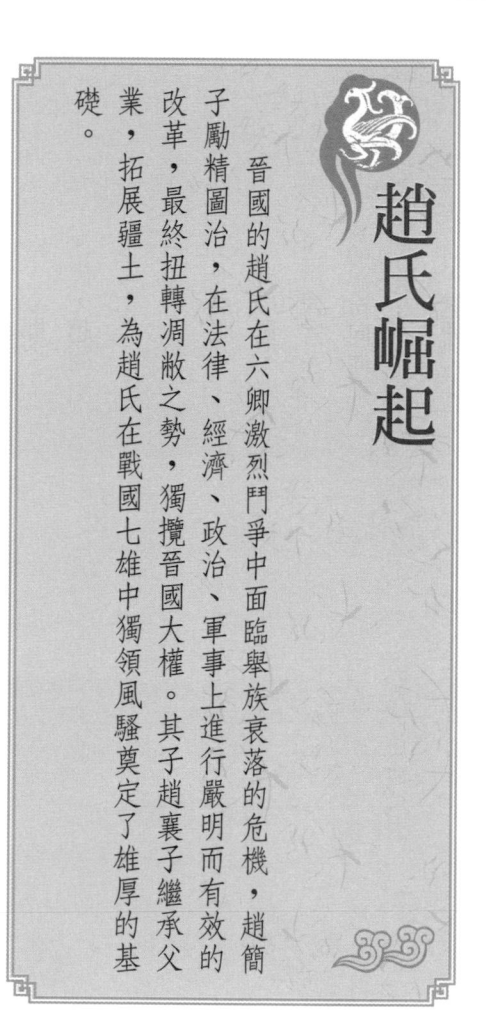

趙簡子在獲得一人之下、萬人之上的正卿之位後，緊鑼密鼓地推行新的土地政策和賦稅政策，大大減少了農民的負擔，輕而易舉地收得民心。

一國之治，貴在用人。趙簡子若想坐大，也必須仰仗賢能之士的幫助。趙簡子在用人方面也與當時公卿非常不同。他很有原則性，將賞罰分明的法治思想運用到實際的用人當中，他還非常擅長揣摩人心，能敏銳地察覺到手下的心理變化，然後想辦法感動他們，讓他們一心一意爲自己效力。一次，有人從胡人那裡引進了兩頭稀有白騾送給趙簡子。剛好趙簡子手下有位將軍得了重病，趙簡子不知從哪兒得知用白騾的肝入藥能治癒將軍的病，便毫不猶豫地殺死了白騾，取出肝臟，送給將軍吃。這位將軍病癒後得知此事，非常感動，誓死效忠趙氏，並在後來的攻翟之戰中，爲趙簡子立下大功。

在趙簡子麾下，一個人是否得到重用不在於他的出身，而在於他的能力。有一個名叫周捨的人投奔趙簡子，在趙簡子的門前站了三天三夜，趙簡子問他有什麼才能，他說自己除了拿著墨筆和牘片跟在趙簡子身後記錄下其做過的錯事和說過的錯話外，一無所長。趙簡子一聽不僅沒有生氣，還非常高興，立即要周捨跟隨自己做事。周捨死後，趙簡子很傷心，感慨道：「百羊之皮，不如一狐之腋。眾人唯唯諾諾，不如周捨之諤諤。」意思是：一百張羊皮也不如一張狐狸腋下的小皮珍貴，眾人唯唯諾諾比不上周捨鏗鏘諫言。聽了趙簡子這番話，大家都紛紛向他進諫。而只知向趙簡子推薦美人，不推薦賢人的幕僚，卻被趙簡子處死。

決勝於六卿之鬥

晉國六卿之間的競爭十分激烈，趙簡子位居正卿，所以趙氏一族無可避免地處於競爭的核心。

當時晉國的中心地帶位於今山西省南部地區，經濟繁榮，人民生活富庶，也是六卿宗族居住最爲密集的地區。趙簡子仔細考量後，決定把本族的勢力範圍拓展至晉國北部。周敬王二十年（西元前五〇〇年），趙簡子在晉國北部修建晉陽城（今山西太原）。城修好了，卻無人入住。這是因爲當時晉人的活動範圍都在晉南，北部開化得晚，況且北部分佈著少數民族狄人的勢力。於是，趙簡子從趙氏封地邯鄲城遷出五百戶居民至晉陽。

戰國・曾侯乙尊盤

這是湖北隨州曾侯乙墓出土的尊盤，是一件以先進的失蠟法製作的精美青銅器。在中國，失蠟法的使用僅見於楚國。

當時的邯鄲城屬於趙簡子的同族趙午管轄，他當即應允趙簡子的要求，爲遷徙人口做準備，但他的這一舉動卻遭到了家中兄長的拒絕，邯鄲城中的五百戶也遲遲不肯遷出。趙簡子得知後大怒，以宗族長的身分把趙午召至晉陽，不日便以抗命之罪將其處死。邯鄲趙午家非常憤怒，刀槍齊揮，直指晉陽，準備一雪趙午之仇。同爲趙午姻親的范氏、中行氏，也紛紛準備兵馬，打算聯合趙午家人攻打趙簡子，藉機重挫趙氏一族的力量。危急關頭，趙簡子座下能士爲其出謀「始禍者死」，建議按兵不動，以守爲攻。很快，范氏、中行氏干戈大舉，趙簡子退守晉陽，同時急招韓氏、魏氏、智氏兵援晉陽。

雖有大敵當前，趙簡子卻毫不慌亂，發出號令鼓舞士氣，用重賞激勵士兵們英勇抗戰。士氣大振之下，戰士們英勇無比，趙簡子更是頑強堅持，身負重傷依然擊鼓不斷，鼓舞士氣，最終重挫敵方聯軍。第二年，趙簡子又將范氏、中行氏趕出邯鄲城，並將邢台、保定、陽曲、靈石等地盡收囊中，爲趙氏將來一舉進攻中原奪得了重要據點。從此以後，趙氏宗族勢力如日中天，其他公卿皆難超越。

庶子雄才趙襄公

開疆拓土、排除威脅，花掉了趙簡子大半生的時間，及至暮年，趙簡子開始爲立嗣的事情苦惱不已。爲了考量到底哪個兒子適合做自己的接班人，趙簡子想出一個辦法，他發給每個兒子一塊竹簡，上面寫著自己的人生訓誡，待三年後再把他們召至跟前，命他們一一複述當年那塊竹簡上的內容。結果只有趙簡子和狄人侍妾所生的庶子趙無恤一人能將竹簡內容倒背如流。

趙簡子很欣慰，但要立趙無恤爲

戰國．編磬

編磬是可以演奏旋律的打擊樂器，多用於宮廷雅樂或盛大祭典。春秋戰國時期最重禮樂，因此編磬也得以廣泛使用。

東郭先生和中山狼

傳說趙簡子在中山國打獵時，一箭射中一隻會說話的狼，卻一時不察讓牠跑掉了。這頭會說話的狼被「老好人」東郭先生救起，裝到袋子裡。趙簡子遇到東郭先生問：「您有沒有看到一隻會說話的狼？」東郭先生故作驚訝：「會說話的狼？沒有沒有。」待趙簡子一行人走遠，東郭先生把狼放出來，這狼卻要吃掉東郭先生。說巧不巧，趙簡子再次趕到，東郭先生和狼撕扯著讓趙簡子評理。趙簡子故意說：「你這老頭撒謊！我倒要看看，這麼小的袋子怎麼能裝下一頭狼呢？」狼急了，又鑽進袋子給大家看，趙簡子立刻命人將狼亂棍打死。從這個小故事可以看出，趙簡子眞乃智勇雙全之士。

接班人，光是要其背誦一塊竹簡還遠遠不能懾服眾人。於是，趙簡子又告訴諸位公子，自己在恆山上藏了一塊寶符，看誰能最先找到。他話才剛說完，幾個兒子就急匆匆地奔赴恆山，然而在偌大的山上找一小塊符又談何容易，很快諸公子就失望地空手而歸。只有趙無恤自信滿滿地回報趙簡子道：「恆山地勢險要，占據它，狄人代國收入囊中指日可待！恆山眞乃我國寶符！」

趙簡子聽後非常高興，他沒想到出身卑微的趙無恤既通治國之道，又胸懷廣博。他立即將趙無恤定為自己的接班人，廢掉了嫡長子伯魯。趙無恤就是後來名震戰國的趙襄子，他在治國謀略上比其父有過之而無不及。

趙襄子立志吞併恆山北面的代國，考慮到代國是狄人的國度，地勢險要，易守難攻，且狄人向來凶殘好戰，硬攻難免收效甚微，趙襄子思慮再三決定智取。他先是將自己的姐姐下嫁給代國國王，用外交政策博取了狄人的信任，然後又熱情邀請代國國王到兩國邊界赴宴。代王沒有防備，答應了。酒過三巡，只聽趙襄子一聲令下，裝扮成廚人的殺手一一現身，拿著事先準備好的銅勺擊殺了代王。趙襄子不費吹灰之力就將代國併入自家版圖。

趙襄子一直對父親廢長立幼的措施感到不安，為了不與宗法制度相悖，同時避免日後趙氏宗族內部產生權力糾紛，趙襄子沒有立自己的兒子為繼承人，卻封伯魯的兒子趙浣為太子，即後來的趙獻侯

三家分晉

周定王十六年（晉出公二十二年，西元前四五三年），趙、魏、韓三家瓜分了晉國的領地。五十年後，趙、魏、韓受封為諸侯，史稱「三家分晉」。「三家分晉」在歷史上具有非比尋常的歷史意義，從這一年開始，歷史進入了戰國時代。

自大的智伯

趙簡子滅掉范氏和中行氏之後，晉國六卿就剩下智氏、趙氏、韓氏、魏氏這四卿，由四卿輪流理政。某一年，輪到智氏的智伯做執政官。

智氏家族世代都為晉大夫，由於其先祖曾為晉國立下赫赫戰功，知氏一族又一直掌握著晉國大部分軍隊。智伯為人機敏，生得一表人才，他身形修長，氣質英武，舉手投足間都凝聚著不容置疑的威懾力。

智伯很早就因智勇雙全聞名晉國。論武，他領兵出征，數勝齊國；論智，他略施小計，便拿下了仇猶國。當時，他派人鑄造了一口宏大精美的巨鐘，並作為外交之禮送給仇猶國國君。仇猶王一點沒意識到智伯「送鐘」（終）的寓意，還受寵若驚地命令將士削山建道，以便將巨鐘順利運回自己的國家。就在仇猶人辛苦築路的時候，智伯率領大軍氣勢洶洶地殺了過來，不等仇猶人整頓軍隊進行反抗，智伯之軍就以迅雷不及掩耳之勢滅掉了仇猶國。

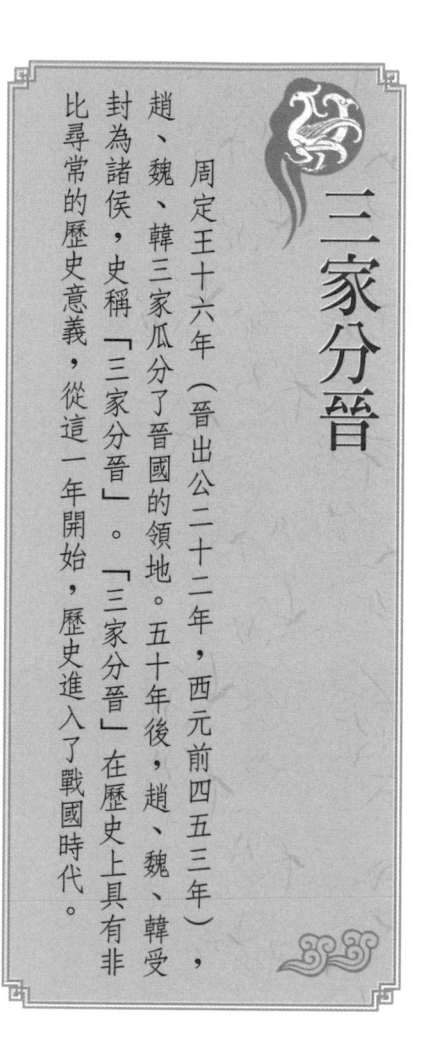

然而，過於輝煌的早年生涯讓智伯染上了剛愎自用的習氣，在智氏領導人的選舉中，智伯的同族智果就指出，智伯雖然「美鬢長大」、「射御足力」、「伎藝畢給」、「巧文辯惠」、「強毅果敢」，但是他「心懷不仁」，若大權在手，很可能為家族招致禍端。遺憾的是，當時極少有人能意識到「才多德寡」有多麼危險。智伯被推選成知氏之首。

智伯掌權的第十一年和趙氏的領導人趙襄子一起攻打鄭國，二人的合作並無默契。智伯見鄭軍突然退回城中，便令趙襄子率人追擊。趙襄子擔心鄭軍有詐，按兵不動。智伯大發雷霆，當著眾人的面大罵趙襄子。趙襄子雖心中憤懣，卻沒有當場發怒。戰爭結束後，智伯將鄭國九邑收入囊中。在慶功宴上，喝多了酒的智伯愈發肆無忌憚，驕橫跋扈，不僅對趙襄子口出穢言，還拿起酒杯砸向趙襄子，使得趙襄子的頭鮮血直流。趙襄子的手下看不過去，幾次拔出刀來要殺智伯，都被趙襄子攔下。在返回晉國後，智伯還跑到趙簡子那裡講趙襄子的壞話，要趙簡子廢掉趙襄子。

智伯自恃軍功了得，爲人蠻橫自大。他自作主張拉攏韓氏、趙氏和魏氏瓜分了之前被趙簡子打跑的范氏和中行氏的故地，又帶頭將晉出公趕跑。晉哀公即位後，智伯一點兒不把他放在眼裡，在晉國四卿中，屬智伯的氣焰最爲囂張。他經常在酒後侮辱客人，就連貴族也不例外，有人警告智伯要學會收斂鋒芒，小心他人報復。智伯置若罔聞，他說：「我就是災難，我不爲難別人，就已經算他們運氣好了，誰敢爲難我？」有人提醒智伯，韓、趙、魏都是不可小覷的家族，智伯還是充耳不聞，他在酒桌上戲弄韓氏貴族，又拿魏氏的家規大開玩笑。

有一天，智伯將趙襄子、魏桓子、韓康子召集到一起，竟要求他們每家拿出部分土地和戶口上繳給公家。智伯說，這樣做的目的是爲了增強晉國實力。但趙、魏、韓三人都明白，智伯是想壯大自己的力量，削弱其他三家。因爲在當時智伯權炙位高，掌管國家大事。韓康子、魏桓子因懼怕智伯都乖乖地交出土地，只有趙襄子毫不留情地回絕了智伯的要求，拒絕將土地獻出。早就對趙襄子不滿的智伯登時大怒，認爲趙襄子有意挑釁他的威望，遂醞釀了針對趙襄子的戰爭。

晉陽之戰

智伯曾幾次侮辱趙襄子，趙襄子都沒有發怒，並不是因爲趙襄子懼怕智伯，只是趙襄子心中有比報復智伯更重要的事需要做。

戰國．雙翼神獸

神獸塑成伏地欲起的體姿，四肢微曲，四爪按地，整體形象粗放渾厚，質樸有力。獸身飾錯銀紋飾，更顯華美，是中山地區具有代表性的錯銀青銅藝術品。河北平山中山王墓出土。

趙襄子一直在觀察晉國的局勢，在回絕了智伯的要求後，他知道智伯一定不會放過自己，於是，他馬上召集大臣商議對策。趙襄子所在的晉陽城高大難攻，經過其父趙簡子的悉心治理，城中倉廩豐足，人口眾多。只要趙襄子一聲令下，城中百姓都願意為守護晉陽誓死效力。再加上晉陽城東有恆山、太行山阻隔敵軍，西有黃河、汾河隔絕敵勢，智伯要想攻占晉陽十分不易。此外，當初趙簡子有意將晉陽城設在了遠離晉國中心的地方，智伯若攻打晉陽就少不了要跋涉一番，在糧草輜重的準備上相當麻煩。

當智伯領著自家軍隊，率韓、魏之軍一起來到晉陽城下時，趙襄子已早有準備。因此，智伯咬牙切齒地攻了三個月，晉陽城都分毫不動。韓、魏之軍本來就和智伯不甚默契，見戰鬥遲遲不能結束，都生了厭戰之心。晉陽城外四處是纍纍白骨，智伯一行損失慘重。

於是智伯命人將晉陽城團團圍住，打算將其中軍民生生困死。可是接連圍困了一年，趙襄子等人仍沒有顯出疲憊之態。

雨季來了，接連降下的大雨讓晉陽附近的河水迅猛上漲。晉陽城位於盆地之中，四處皆是高地，雨水順勢流入城中。智伯見此遂想到了水攻的辦法。他要將士挖溝造渠，試圖將滾滾大水硬灌入城，活活淹死城中軍民。晉陽城頓時成為一片汪洋，來不及應對的軍民只能眼睜睜地躲到房頂上。道路被衝垮，房屋傾倒，儲備的糧草也不知被衝向何處。城內之人被迫「懸釜而炊，易子而食」。

再這樣下去晉陽城不攻自破。趙襄子急得焦頭爛額，忙和大臣商量如何應對。一個名叫張孟談的人不忍見趙襄子就這樣被智伯打垮，便毛遂自薦，許諾不費一兵一卒為趙襄子解除煩惱。趙襄子走投無路，只好放手讓張孟談一試。

三家分晉

張孟談早就看出智伯所率的智、韓、魏聯合之軍貌合神離。他趁夜色如墨，悄悄潛入韓、魏的營帳，向魏桓子和韓康子進言：既然智伯可以為了趙襄子拒絕讓地就對趙襄子兵戈相見，那麼他早晚也會用同樣的手段對待韓、魏，趙襄子的今天就將是韓、魏的明天。

魏桓子、韓康子向來就不滿智伯為人，張孟談的話可謂字字擊其心底。更何況魏、韓二人已經察覺到智伯吞併魏、韓的野心。就在晉陽城被大水淹沒之際，智伯躊躇滿志地對魏桓子和韓康子說：「吾乃今知水可以亡人國也。」偏偏魏桓子和韓康子的領地上都有可以灌入城池的大河。魏桓子和韓康子思索片刻便答應調轉矛頭和趙襄子共抗智伯。

張孟談又趁著夜色悄悄返回晉陽，趙襄子立刻著手與韓、魏聯軍的準備。此時，智伯營中只有一個名叫郤疵的人注意到韓、魏二人的異常，他悄悄地向智伯進言：「韓、魏之君必反。」智伯不以爲意，相反地，過於自信的智伯還跑到韓、魏的大營裡直截了當詢問二人是否有背盟之心。韓、魏二人自然矢口否認。智伯聽罷竟信以爲眞。

就在智伯沉醉於奪取晉陽城的美妙幻想時，韓康子和魏桓子不動聲色地殺死了守護大堤的知氏士兵，將渠中大水反灌入智伯大軍。毫無準備的智家軍登時大亂，正在這時，趙襄子又打開晉陽城門，領軍殺出。韓康子和魏桓子也率手下士兵反攻智伯，很快便控制了戰場局勢。晉陽城下到處是橫七豎八的智軍屍體，智伯大軍幾乎全軍覆沒，智伯則在逃跑的途中被韓、魏聯軍抓獲。

趙襄子大大獎賞了扭轉整個晉陽之戰局勢的張孟談。周定王十六年（晉出公二十二年，西元前四五三年），趙、韓、魏成了晉陽之戰的贏家。在徹底滅掉智伯及智氏一族後，他們瓜分了晉國的領地。而這僅僅是一個開始。五十年後，趙、韓、魏同時受封爲諸侯，周安王二十六年（西元前三七六年），趙、韓、魏又廢晉靜公，將晉公室的土地瓜分乾淨。晉國由此被分爲三家，即著名的「三家分晉」。從此，趙、韓、魏都以諸侯的身分出現在歷史之中，這三個諸侯的出現被很多人認爲是中國歷史由春秋時代進入戰國時代的里程碑。

戰國．猿形銀帶鉤

帶鉤為猿猴造型，伸出長臂，以屈曲猿爪為鉤。背後設安在帶上的圓鈕。在實用的前提下，以局部鎏金的方法美化猿體，將肩、背、臂、臀、腿等處鎏金，使金、銀交相生輝。還在猿睛處嵌兩顆藍珠，顯得分外有神。是戰國時期少見的銀手工藝品。山東曲阜魯國故城出土。

豫讓刺趙襄子

晉陽之戰結束，智伯全族被殺。其門下有個叫豫讓的門客發誓要捨命為智伯報仇，以報答智伯的知遇之恩。為此，他費盡周折，嘗盡艱辛，先後兩次行刺趙襄子。儘管行刺沒有成功，但豫讓依然因此聲名遠揚，彰顯出「士為知己者死」的可貴精神。

一 刺趙襄子

無論智伯生前如何驕橫跋扈、剛愎自用，他都是豫讓銘記一生的知己，正是他讓豫讓看到了成就大事的希望。

豫讓本是晉國的一個普通俠士，他先後投靠范氏和中行氏，都沒有得到重用，直到歸於智伯門下，他一身才華方得以施展。智伯對豫讓非常賞識，信賴有加，豫讓也感念智伯的知遇之恩，願爲智伯效犬馬之勞。

然而，世事弄人。晉陽之戰讓智伯多年來建立起的基業在轉瞬間就崩塌殆盡，智伯被趙襄子抓住，家破人亡，他的頭被砍下，族人悉數被殺。而爲炫耀武功發洩仇恨，趙襄子還將智伯的人頭殘忍地剔去肉，塗上漆，製成盛酒的器皿。

智伯的悲劇給了豫讓極大刺激，帶著爲智伯報仇的死志，他費盡艱辛逃過了趙襄子的追捕，躲進了荒無人煙的深山。在深山裡，每每想起智伯的恩德，豫讓就痛不欲生。於是，待抓捕智伯同黨的風聲稍弱，豫讓就大著膽子從深山裡鑽了出來。他改名換姓，苦心尋找接近趙襄子的機會。剛巧，在他藏身的地區來了一隊即將入宮服勞役的犯人。豫讓小心地混入犯人中間，悄悄潛入了晉陽的宮殿。

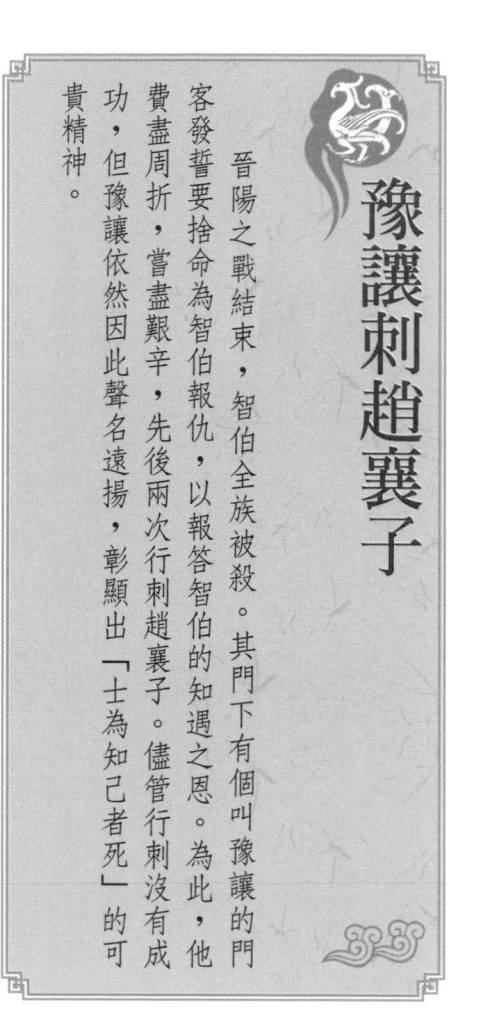

在晉陽宮裡，豫讓被分配修補廁所的工作。他每天一面工作，一面觀察趙襄子的飲食起居，靜待動手時機。不過，經歷了無數陰謀廝殺的趙襄子也絕非等閒之輩，在如廁時，他敏銳地覺察到豫讓的異樣。他當即吩咐左右，對豫讓及和豫讓一起進宮的勞役犯進行嚴查。

由於自進宮起，豫讓便無時無刻都攜帶一把短刀，他很快便引起了趙襄子侍衛的懷疑。豫讓自知事敗，爲避免牽連其他人，他爽快地承認了預謀行刺趙襄子的打算，並將自己的身分和盤托出。

趙襄子得知竟有智伯故人混入宮中，不由驚出一身冷汗。但他也被豫讓身上凜然的氣質折服。趙襄子沒有爲難豫讓，還尊其爲義人，命令左右將豫讓釋放。

漆身吞炭

豫讓的第一次行刺就這樣失敗了。趙襄子記住了他的面貌長相，並加強戒備，豫讓雖僥倖得生，卻很難再接近趙襄子，這讓豫讓非常失落。他不肯放棄報仇之志，苦思冥想復仇計畫，發現要想再次接近趙襄子就必須徹底改頭換面。於是，他用刀刮掉了自己的眉毛和鬍子，又努力改變了自己的體型。結果仍不能讓他滿意。最後，他乾脆鋌而走險，冒著被毒死的危險，將有毒的生漆塗滿自己的全身。他的皮膚因滲入毒素發生腫脹，疼痛難忍，很快就「面目全非」。

爲了復仇，豫讓全然不顧肉體的痛苦。考慮到趙襄子曾聽過他的聲音，豫讓又吞食火炭傷害喉嚨。他將身家性命拋諸腦後，計畫做最後一搏。爲掩人耳目，他還將自己打扮成一個乞丐，沿街乞討。

豫讓已從英武壯年變成了相貌殘疾的乞人，就算他的妻子從他身邊走過，也未能發現他的眞實身分。豫讓對這一切非常滿意，尋找著第二次行刺的時機。

讓豫讓沒想到的是，就在他爲行刺做準備時，他的一個摯友在街上認出了他。那人拉著豫讓的手，噙著眼淚詢問：「你是豫讓嗎？」豫讓沒有否認。摯友不忍見他如此悲慘的樣子，當即失聲痛哭，想不明白豫讓爲何要折磨自己。就算豫讓決定爲智伯報仇到底，也大可以用其他的方法，比如假意投靠在趙襄子門下，再伺機將其殺害，以豫讓的才華不愁得不到趙襄子的賞識。

然而，豫讓卻用沙啞的聲音告訴摯友，若投靠了趙襄子，就算是趙襄子的臣子，身爲人臣卻思考著如何奪取主人的性命，即犯了二心侍主之

戰國．匕首

青銅質地，器身短且扁平，柄較短，雕有花紋，鑄造精良，是隨身攜帶的小型武器。

罪，敗壞了爲臣之義，就和毛賊寇匪沒有區別。

豫讓非常清楚自己這樣做要承受莫大的痛苦，他希望日後那些做臣子卻對君主懷有二心的人想起他豫讓漆身吞炭以求復仇之事，會心懷愧疚。說完這些，豫讓不顧淚流滿面的摯友，轉身走了。

二刺趙襄子

形如乞丐的豫讓不可能進入趙襄子的府邸，但趙襄子也不可能一輩子待在宮中不出門。豫讓小心打探著趙襄子出行的消息，終於等到了機會。他得知了趙襄子的出行路線，早早在其車隊必經的一座橋下埋伏好。當趙襄子的車馬行至橋上，豫讓突然手拿武器衝了出來，直衝到趙襄子馬車的前面。

趙襄子的馬被豫讓驚嚇到，揚起前蹄，發出嘶叫。趙襄子一愣，看著車外那殺氣騰騰、面目猙獰的刺客，突然像想起什麼似的對手下說：「這一定是豫讓幹的。」而此時孤身襲擊趙襄子的豫讓已經被趙襄子的侍衛按倒在地。

見豫讓的相貌和之前的大相逕庭，趙襄子也覺察到豫讓行刺的決心是多麼堅定。但趙襄子不明白，爲什麼豫讓偏偏爲智伯報仇，豫讓曾經做過范氏、中行氏的門客，而范氏和中行氏被滅掉後，豫讓都沒有打算爲二者報仇。如果說豫讓行刺是爲了給死去的主人盡忠，這未免說不過去。

趙襄子將心中的困惑告訴豫讓。豫讓回答：「臣事范、中行氏，范、中行氏皆眾人遇我，我故眾人報之。至於智伯，國士遇我，我故國士報之。」

當初范氏和中行氏都把豫讓當做一般的臣子對待，所以豫讓也像一般人那樣報答他們。但智伯卻把豫讓當成國中難得的豪傑，加以厚待，所以豫讓也會像豪傑人物那樣報答智伯——爲智伯報仇。

從一開始，趙襄子就敬佩豫讓的身懷大義，但是這次他卻不能像上次那樣將豫讓放走。趙襄子只能長長地感歎：「嗟乎豫子！子之爲智伯，名既成矣，而寡人赦子，亦以足矣。子其又爲計，寡人不復釋子！」正如豫讓爲智伯報仇完成盡忠使命一樣，趙襄子也曾透過釋放豫讓做到了對人才的盡仁盡義。說罷，趙襄子吩咐左右侍衛將豫讓團團圍住。眼看死期將至，豫讓沒有露出絲毫懼色，對趙襄子說：「臣聞明主不掩人之美，而忠臣有死名之義，前君已寬赦臣，天下莫不稱君之賢。今日之事，臣固伏誅，然願請君之衣而擊之，焉以致報仇之意，則雖死不恨，非所敢望焉，敢布腹心。」

趙襄子因釋放過豫讓而成就了

「賢德」的美名，豫讓也將因捨身報仇成就「義」的美名。然而，行刺一事終究是失敗了，豫讓多少有些遺憾，所以他大著膽子向趙襄子提出了最後一個請求：要趙襄子的一件衣服。他希望用擊破這件衣服作爲殺死趙襄子的象徵。

趙襄子無法拒絕這個義士的最後請求，他讓侍衛將自己的衣服遞給豫讓。豫讓拿著劍沖衣服直刺三次，一邊刺一邊高聲呼喊：「吾可以下報智伯矣。」喊罷，不等趙襄子的侍衛動手，豫讓伏劍自殺。

方孝孺與《豫讓論》

明代賢士方孝孺就曾寫下《豫讓論》來表達他對豫讓的「不滿」，認為真正的忠臣應該在禍患初發而沒有成形之際，給主君以忠告。如果遇到知己的主君，卻不能在亂世發生前扶救他，那麼即使是犧牲生命以報君恩，也不過是沽名釣譽罷了。

但是，就算是方孝孺自己仍不免被豫讓的「獻性命報君恩」所影響。身為侍奉建文帝朱允炆的大臣，方孝孺在建文帝失蹤，朱棣篡位為明成祖後，因遲遲不肯向朱棣屈服，最終被朱棣所殺。其和豫讓一樣，生未能為主君免除災難，卻以死報答了主君的知遇之恩。方孝孺在生命的最後時刻應該會理解豫讓的苦心。

清末民初．馬駘．豫讓刺袍

此畫描繪春秋晉卿智瑤的家臣豫讓多次行刺趙襄子為主人報仇沒有成功，最後請求趙襄子脱下外衣，讓他象徵性地刺幾下，然後便自刎身亡。

樂羊伐中山

趙襄子死後，趙國遷都邯鄲，國家重心南移，更加逼近中原。這讓位於趙國南部的魏國深感不安。為了阻止趙人南下，魏國的國君魏文侯大膽啓用年輕將領樂羊來幫助自己實現鉗制趙國的目的。

樂羊其人

樂羊是中山國人，家境貧寒，爲了改變命運，他格外努力讀書，習得滿腹經綸。關於樂羊的性格爲人、讀書經歷，史料記載甚少，只有兩個非常有名的故事。

這兩個故事都和樂羊的妻子有關。一天，樂羊在路上撿到了一塊金子，非常高興地拿回家向妻子炫耀。沒想到妻子並沒有像他想像的那樣高興，只淡淡地說：「妾聞志士不飲盜泉之水，廉者不受嗟來之食，況拾遺求利以污其行乎！」有志氣的人不喝盜泉的水，清高的人不接受嗟來之食，更何況拿路邊的金子？這簡直是在污辱自己的品行。樂羊聽罷，非常難堪，就又把金子丟到野地裡去了。

像戰國時的很多學子一樣，樂羊讀書的地方也離家甚遠。因想念妻子，樂羊不等學業完成就回家探親，他到家的時候，妻子正在織布。妻子見樂羊返家，自然又驚又喜，忙跪下來詢問樂羊回家的緣故，當聽到樂羊說沒有什麼特殊的事時，妻子突然神色一沉，拿著刀割斷了織機上的布：「讀書就和織布一樣，織機上的布都是一根絲一根絲織出來的，不知道織了多少根絲才織出一寸，然後又一寸接一寸地累積，到最後才能成丈成匹。放棄讀書而返家就像將未織好的布突然割斷，既前功盡棄，又耽誤時間。人若眞要累積學問，就要每天都能學到自己不懂的東西。」

樂羊聽了妻子的話，似有所悟，他離開家繼續求學，在外學了七年都沒有回來過，最終有所成就。但從另一個角度來說，在外思家實屬人之常情，樂羊的妻子割布訓夫既是督促樂羊努力學習，又暗示了樂羊大丈夫不應爲兒女私情放棄自己的目標，深深影響了樂羊。

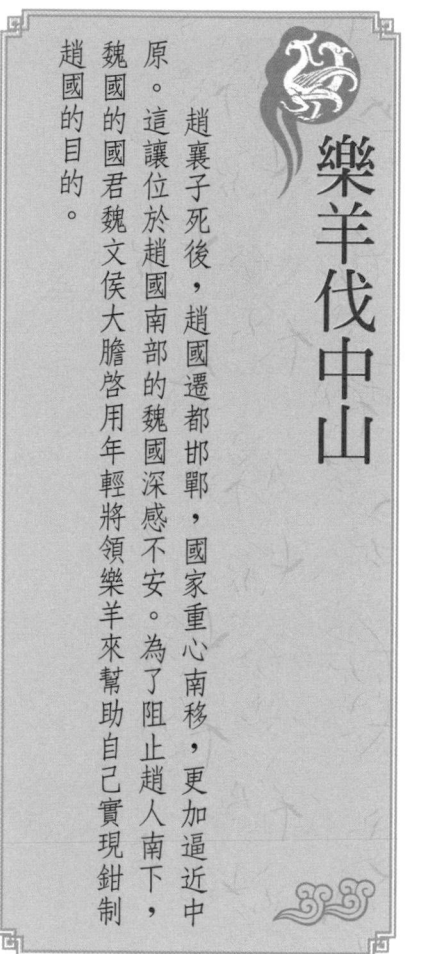

圍攻中山

在戰國時期，出身寒微的人要想成就大事，最好的辦法就是投靠權貴，以做人食客爲跳板，展露才華，步入仕途。學有所成的樂羊選擇了魏國相國翟璜。翟璜是個很有才幹的政治家，一眼就看出樂羊是可造之材。當時，魏文侯正打算攻打中山國，急需一名猛將率兵迎敵，翟璜就將樂羊引薦給了魏文侯。

魏文侯知道樂羊本是中山國人，本著用人不疑的精神，他還是給了樂羊五萬大兵，命其做討伐中山的主帥。樂羊感念魏文侯的信賴，開始踏上征途。

樂羊妻

中山國位於趙都邯鄲的北面，其前身爲狄族鮮虞部落，爲姬姓白狄。狄族是北方少數民族，驍勇善戰，其鮮虞部最早居住在今陝北綏德一帶，憑著勇猛強悍不斷遷移，一直移到太行山一帶。春秋末年，鮮虞人在中人城（今河北唐縣西北粟山）建國，因城中有山，所以將國名定爲「中山」。中山國地勢險要，利於防守，不過出於圖謀中原地區的需要，中山國開始向東遷徙，並將都城定在了顧（有人說是晉州東，也有人說是河北定州）。此後，中山國聰明地學習中原諸國的政治體制，建立起自己的軍事體制。

中山國善戰，有堅固的戰車和各種鐵質武器。對大任在身的樂羊而言，中山國是個不可小覷的對手。魏文侯希望他打下中山國，這樣魏國就能透過控制中山國一帶來威脅不斷南移的趙國。實際上，在魏攻中山的同時，趙國也在關注著魏國的形勢。中山國和邯鄲相距三百里，無論中山大軍赴魏，還是魏國大軍奔赴中山，都要從趙國家門口經過。趙國只等著坐收漁人之利，因此，當樂羊大軍行至趙國一帶，趙國「大大方方」地讓出道路。

樂羊心情複雜地向中山國進軍，一路順利，直到兵臨中山國腳下才發現自己的對手有多麼強大。

面對強大的敵人，樂羊表現出一個軍人最可貴的素質——冷靜。他絲毫沒有畏懼，而是仔細分析敵我情況，發誓要將中山國都拿下。一開始，他打算採取「擒賊擒王」的戰術，重點攻打中山國國都，結果事倍功半。樂羊潛下心來思考問題根由，才發現原來中山國一早料到樂羊會重點攻打其都城，便將精銳將士都藏在國都之中，而樂羊的猛烈攻擊卻激起了中山人捍衛家園的怒火。

要奪中山，必奪其都。眼看猛攻不克，樂羊又想起了圍城戰術。他放緩了進攻速度，而且要手下士兵將敵軍城池圍了個水洩不通。中山國都的地理環境雖適合抵擋外兵入侵，卻並不適合打消耗戰，當時，樂羊的兒子樂舒正在中山國爲官，中山國國君便叫樂舒登上城樓勸說樂羊休兵。而樂羊爲人「不達目的誓不罷休」，根本無暇顧及父子親情。樂羊將中山國都直圍了三年之久，在這三年裡，魏國士兵享受著源源不斷的後援補給，中山的糧草卻愈吃愈少。

嘗子羹　報君恩

樂羊出兵三年都未能將中山國拿下，遠在魏國的魏文侯多少有些擔心，再加上一些人造謠說樂羊會因自己是中山人、兒子在中山任職的緣故故意對中山國手下留情，魏文侯對樂羊的不信賴又多了幾分。他不管樂羊的戰術是「圍城消耗」，強令樂羊對中山國發動猛攻。

中山國的國君見魏軍遲遲不肯退去，還大有愈打愈烈的勢頭，就理所當然將一腔怒火發洩到樂羊的兒子樂

戰國・瑪瑙環

任座直言

魏文侯派遣樂羊攻打中山國，戰勝之後，就把中山國封給了兒子魏擊。不久，在和大臣聊天時，魏文侯突然問：「大家覺得我是什麼樣的君主？」大臣們異口同聲地答：「您是仁德的君主！」只有任座說：「您取得了中山國，不把她按照規矩封給弟弟，卻封給自己的兒子，這怎麼能說是仁德君主？」魏文侯勃然大怒，任座卻面不改色地快步離席。在座的翟璜見魏文侯大有殺任座的意思忙說：「您是仁德君主。我聽說國君仁德，他的臣子就敢直言。任座的話很直接，於是我知道您是仁德的君主。」魏文侯意識到殺任座洩憤乃不仁之舉，便派翟璜將任座請回來，為表歉意還親自下殿迎接任座。

舒身上，他不問青紅皂白，就將樂舒殺害，還將他的屍體做成肉羹送給樂羊。而樂羊爲了表示「不奪城，不撤兵」的決心，竟將肉羹一飲而盡。他的這個舉動讓整個中山國都爲之震顫。

樂羊嘗子羹之事一經傳出，曾經高漲的中山軍心頓時衰頹下來。魏文侯四十年（西元前四〇六年），中山國被樂羊所滅。魏文侯終於實現了「掌中山、迫邯鄲」的計畫。他在宮殿大擺宴席，犒勞軍士，樂羊也暫時忘掉了食子肉羹的事，中山一戰足以讓他名垂千古。

重用有功之臣是人君的用人法則之一，但樂羊卻並沒有因伐下中山國而得到魏文侯的信任。食子肉羹的事既成就了他在戰場上的威名，也造成了他仕途上的絆腳石。有大臣向魏文侯進言：如果一個人連自己兒子的肉都能面不改色地吃下去，又怎麼能相信他會一心一意輔佐國君呢？

魏文侯當然不想重蹈齊桓公的覆轍，況且他對樂羊的爲人並不瞭解。據說，魏文侯在慶功宴後交給樂羊兩個密封起來的箱子，要樂羊回家後打開。而箱子裡放著的全都是對樂羊不利的奏章，這些奏章有的說樂羊久攻中山而不克是在擁兵自重，還有的說樂羊生性殘忍不值得信賴。讀罷這些，樂羊已經冷汗淋漓，頓時明白了魏文侯的心意：魏文侯隨時有可能將這些奏章變成實實在在的罪名要了樂羊的命。

因此，樂羊沒敢向魏文侯要求什麼，魏文侯封樂羊爲靈壽君，樂羊也頗識相地交出了軍權。此後，樂羊一直居住在靈壽一帶，直到撒手人寰。

名將吳起

魏國大將吳起早年命途多難，他在魯國求學卻遭遇驅逐，他為入仕途殺害妻子卻又遭人陷害，但這些都未能打退他成就大事的理想。他不僅成為名耀千古的軍事家，還成為戰國時期法家的代表人物之一。

心比天高多磨難

約於周考王元年（西元前四四〇年），吳起出生在衛國的一個富貴之家。吳起自小便立志，要幹出一番經天緯地的大事業來光耀門庭。

吳起的入仕過程並不順利，他雖有家財，卻是社會地位相對低下的布衣，他想盡辦法尋找入仕門路，卻仍然四處碰壁。待家財散盡，吳起仍未得到一官半職。周圍的人開始對他冷嘲熱諷，還有人見他身處低谷就向他挑釁，吳起不堪受辱，衝動之下竟以殺人洩憤。背上人命後，吳起不得不遠離家鄉逃亡他國，臨走之前他用牙齒咬破肩膀向家人發誓，不做出一番事業，就不會回來。事實上，吳起至死都未能再返回家鄉。

起初，吳起逃到了和衛國相鄰的魯國，他聽說魯國的曲阜有位名儒曾申，是孔子學生曾參的兒子，便拜在曾申門下潛心讀書，跟隨老師學習儒家之道。曾申非常器重吳起，不僅因爲吳起學習刻苦，更因爲他是個遠近聞名的重信義之人。

有一次，吳起的妻子替人織布，織完後才發現尺碼不合規格。吳起非常生氣，妻子只能拆掉重織，結果織好後仍然比規格尺碼少了幾寸。妻子解釋說：「經線已經固定好，已經不能改了。」吳起再次發怒：「既然如此，爲何你還一口應允？吳家沒有你這種不講信用的人。」言畢，便要休掉妻子，任憑妻子想盡辦法苦苦哀求吳起也沒有使他改變心意。還有一次，吳起約一個好友來家中作客，沒想到朋友失約，沒有按時趕到，吳起便端坐在備好飯菜的桌案前等待一整夜，第二天又專程把朋友請來。這種「法行所愛，不避親貴」的信念在吳起年輕的時候就已形成，並影響了他的整個仕途生涯。

吳起在魯的學業還沒有完成，某

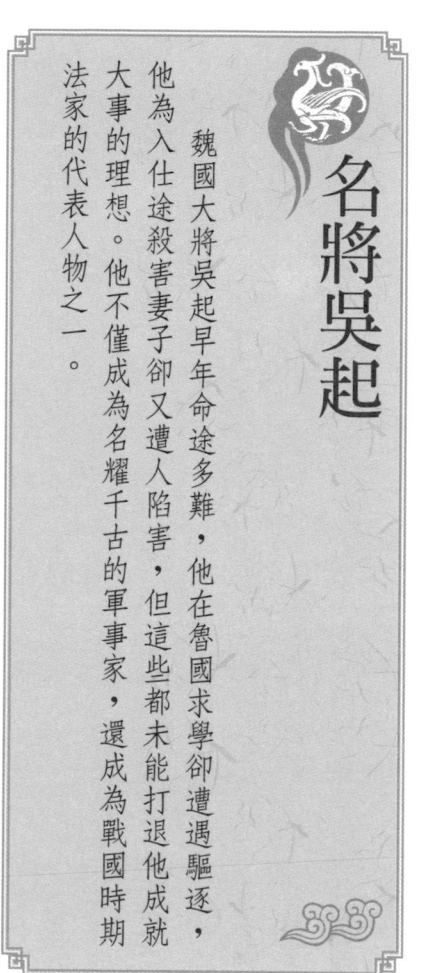

日，突然有人告訴他他的母親病危。吳起非常難過，很想回家探望母親，但一想到自己在離家之前許下的諾言就放棄了這個決定。他一面默默忍受對母親的思念，一面愈加發憤地讀書。母親病逝後，按照當時的傳統他應回家守孝三年。而一想到未完成的學業，吳起一次也沒有回家。

吳起的老師曾申不能理解吳起的這種做法，他誤解吳起是個沒有孝心的人，十分失望，一氣之下竟將吳起趕出學館。吳起的求學生涯就這樣戛然而止。好在此時的吳起已不是當初那個落魄少年，他沒有離開魯國，只不過考慮到四處戰亂的大環境，他放棄儒術學起了用兵之道。

> **晉的滅亡**
>
> 周威烈王二十三年（西元前四〇三年），齊國的叛亂者投奔趙國，引起了趙齊之戰。吳起帶領魏軍，和韓趙兩家共同征討齊國，在龍澤大敗齊將田布。此役中，魏趙韓聯軍「得車兩千，得屍三萬」，名聲大振，周威烈王冊封趙籍、魏斯、韓虔爲趙烈侯、魏文侯、韓景侯。周安王二十六年（西元前三七六年），魏趙韓三國廢晉靜公爲庶人，晉國正式滅亡。

殺妻入仕卻多舛

在動盪的戰國時代，弱小的魯國經常遭受強鄰齊國的欺凌。魯國缺少兵將，有抗齊之心，而沒有抗齊之力，全國上下都時刻籠罩在亡國的憂患中。當時魯國國君魯穆公急需運兵之才，恰恰在這個時候，吳起出現了。滿腹兵書的吳起一出場便博得了魯穆公的賞識。

吳起的仕途似乎有了一個不錯的開始，然而現實卻複雜得多。魯國虛弱，魯穆公身邊圍繞了太多善進讒言的小人。他們看不起出身卑微的吳起，更擔心生性正直的吳起會對他們的利益構成傷害。吳起尚未爲魯國立下功勞，關於他的謠言就已滿天飛舞。有人說吳起的妻子是齊國人，吳起表面上爲魯國效力，實際上卻在爲齊國蒐集情報，早晚有一天，吳起會成爲魯國的大患。

建功立業是吳起多年苦讀的目標，眼看功敗垂成，他十分不甘，不想自己多年心血壞在一個出身齊國的女人手裡。爲了擊破謠言，博取國君信任，他狠心殺掉了妻子，還提著妻子的人頭到魯穆公面前表明心跡。魯穆公見吳起殺妻驗忠，非常感動，立刻任命吳起爲將軍，要其率兵抗齊。

儘管是首次帶兵，吳起的表現卻不遜於任何一個老將，在抗齊之戰中，他靈活運用多年習得的軍事知識，以謀對敵。他發現齊國兵多馬壯，魯國人少車乏，便有意避免以卵擊石式的正面對決，而採取迂迴戰術。他故意做出爲齊國陣勢震懾的樣子，一面假裝派人向齊國求和，一面悄悄地排兵佈陣。他把老弱兵力放在軍陣中央抗擊齊兵最強的隊伍，既令敵人輕視魯軍，又成功拖住齊軍精銳。他又將精銳之兵分佈在軍陣兩翼，讓衝入魯軍中的齊軍無法靈活運動。待齊兵戒備鬆散之時，吳起指揮的魯軍就像一把鋭利的剪刀，從兩側對齊軍發動猛攻，迅速有效地消滅掉齊兵鬆散的兩翼部分，然後又根據齊兵前強後弱的特點，乘勝圍殲齊兵前面的兵力，最後再消滅齊兵薄弱的後翼。就這樣，魯軍以少勝多，巧妙地擊潰了齊國的進攻。

首戰告捷，吳起當仁不讓地成爲魯國人人擁戴的英雄，與此同時，那些忌恨他的人也在暗中加緊活動。就在魯穆公打算繼續重用吳起的時候，又有一些巧舌如簧的大臣跑來進有關吳起的讒言，他們大肆渲染吳起殺妻求官的事，將吳起說成一個極其凶殘、野心甚大的小人。有人告訴魯穆公，吳起打仗過於勇猛，一定會爲魯國招致強敵。魯國可以憑吳起偶然抗擊一次敵人，卻不能憑吳起抗住所有進攻，而任何一次來自於強國的猛攻都有可能讓魯國遭受滅頂之災，到時候就算是魯穆公自己恐怕也性命難保。

魯穆公對這些話信以爲眞，立刻慌了手腳，生怕吳起會爲魯國帶來大難，最後竟然胡亂找了個罪名，把吳起革職驅逐了。但是在魯國的遭遇並沒有讓吳起傷心失落，反而讓他意識到待在沒有振興希望的彈丸小國，就如同籠中囚鷹一樣只是空耗光陰。從魯國離開後，他將目光投向那些強國。

終遇伯樂魏文侯

戰國．錯金銀銅鼎

鼎被稱為最常見和最神祕的禮器，從夏商時期就已經開始流傳，到漢代才漸漸銷聲匿跡。鼎同時也是青銅器的最重要禮器之一，用以烹煮和盛貯肉類。

吳起在離開魯國的時候，他以小博大、大勝齊軍的事情已經傳到了各國國君的耳朵裡，魏國國君魏文侯就對吳起非常感興趣。魏文侯一直致力於內修國力，無奈魏國周邊的政治環境十分複雜，必須靠強大的軍事力量進行治理。因此，魏文侯非常注重籠絡軍事人才，他曾向重臣李悝詢問吳起的爲人，李悝說：「據說吳起這個人貪酒好色，但在帶兵打仗上卻是不可多得的人才。」

吳起一到魏國，就受到了魏文侯彬彬有禮的接待。為了試探吳起的才華，魏文侯特地說：「聽說將軍很會帶兵，但魏國更重視農耕生產和制定法律，不好戰，將軍恐怕在這裡沒有用武之地呀！」吳起聽罷，坦然說道：「大王為什麼如此心口不一呢？我在來魏國的路上看到百姓們都在剝獸皮，這獸皮既不能吃又不能穿，除了做鎧甲沒有其他用途；您的兵士們都在造各種長短兵器。由此看來，您如果不是在大規模備戰的話那還能是什麼呢？」

吳起像

魏文侯不由為吳起的洞察力感到吃驚。吳起頓了頓，接著說：「您這樣光做基本準備還遠遠不夠，如果沒有能運籌帷幄決勝千里的名將，兵再多糧再足，一旦面對強大的敵人，就是以卵擊石。古有承桑氏只修文德，不工武備，因而亡國；扈氏只憑著兵多馬壯，一味蠻勇，也落得滅亡的下場。一個賢明的君主一定對內有治國良策，又能智勇雙全抗擊外敵。像您現在面對敵人按兵不動，只顧擴大軍備而沒有長遠之計，怎能承擔國家給您的重任？面對陣亡的將士默默悲傷卻不給他們報仇，怎能承擔百姓對您的信任？」

吳起這番精闢入理的分析讓魏文侯欽佩不已，魏文侯拉著吳起的手說：「請將軍助我振興魏國霸業。」然後便拜吳起為大將軍，掌管西部戰略。

為報答魏文侯的知遇之恩，吳起毫無保留地為魏國軍事力量的強大貢獻才華。他領軍西進攻秦，以秋風掃落葉之勢接連拔下秦國五座城池，這是魏國歷史上鮮少出現的大勝仗。魏文侯視吳起為國家之寶，在不斷壯大的軍事力量的刺激下，魏國的內政也安泰繁盛，魏國蒸蒸日上的發展勢頭震懾了各個諸侯國。

魏國在吳起的指揮下占領了秦國的一片片戰略要地，秦人當然不肯善罷甘休，他們日夜駐紮在邊疆，伺機反攻。然而，要想戰勝吳起又談何容易。吳起一方面加強對部隊的訓練，確保魏國擁有鞏固邊防的強大軍力，一方面又不忘帶領百姓發展農業，讓河西之地固若金湯。吳起和秦兵交戰無數，秦兵鮮少取勝。

吳起遇害

魏文侯死後，吳起的處境逐漸惡劣，最後竟不得不離開魏國遠赴楚國。在楚悼王的禮遇下，吳起再次發揮自己的治國才能，把楚國推向霸業的高峰，但楚悼王死後吳起再次遭人暗算，結束了激盪的一生。

言駁少主

魏文侯在吳起等賢臣良將的輔佐下事業如日中天，魏文侯死後，其子武侯繼位。一天，魏武侯帶領諸大夫視察全國疆土，及至吳起管轄的河西之地，魏武侯看到黃河奔湧，兩岸山峽險峭，不禁喜形於色道：「美哉山河之固，此魏國之寶也！」

魏武侯話才剛說完，吳起便回答他說：「在德不在險。上古的三苗氏位於洞庭、彭蠡之濱，環山抱水，地勢不可謂不險，然而君主卻不修德行，最終被大禹所滅；夏桀所在之地，左有黃河和濟水，右有高大的泰華山，南臨伊闕（又名龍門山，在今河南洛陽南），北向羊腸（在今山西晉陽西北），但夏桀自己卻不講仁愛，最終被商湯流放；到了商紂王這裡，其有太行、黃河等天險，便自以爲高枕無憂，濫施暴政，最終被周武王攻殺。歷史上前車之鑑太多了，平定天下在於文治武功以德服人，而不在自然環境如何。」吳起希望魏武侯能摒棄小人，重用盡心效忠的名臣猛將，否則縱然坐擁良好的地理環境，也遲早會被外人擊潰。

魏武侯聽了，不以爲然。

魏相李悝去世後，魏國忙著挑選人才接替李悝。論經驗才能，這一職位本非吳起莫屬，但魏武侯偏不信任吳起，反倒更傾向任用自己的親信田文，這讓吳起很不高興。他找到田文，要和田文比試功勞，田文答應了。

一上來吳起便咄咄逼人地問：「論帶兵打仗，鼓舞軍心，運籌帷幄，擊退敵國，你我誰出色？」田文說：「您出色。」

吳起繼續道：「論整頓吏治，擴充國庫，安撫百姓生活，你我誰出色？」田文說：「您出色。」

吳起又說：「論鎮守邊關，讓鄰

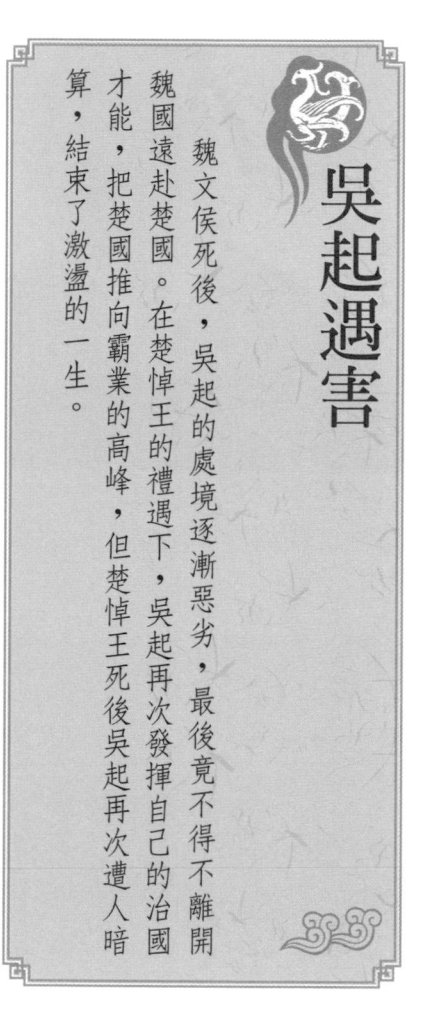

國不敢冒犯我們，你我誰出色？」田文說：「還是您出色。」

吳起很不解：「這三方面是治理國家的能力，在治理國家的能力上你不如我，你卻官職比我高，權力比我大，這是為什麼呢？」田文不慌不忙地答道：「無論統帥三軍，讓將士誓死殺敵，還是管理官員，治理人民，擴充國家經濟，抑或戍守邊境，讓四境堅固，兵民休養生息，在下都不如您。可是，現在國君剛剛即位，年紀尚小，百姓不信任少主的能力，此時若讓能力超群的您來擔任相國，是否會影響國君的威信呢？那您覺得你我誰更合適做相國呢？」

吳起想了想，只好說：「還是你更合適。」

離魏投楚

事實上，論品行才幹，田文都並未辱沒魏相這一職位，可是他擔任魏相不久就去世了。魏相一職再次空缺下來。而這次魏武侯依然沒有起用吳起為相，而是任命了另一個親信公叔。公叔是魏國公主的丈夫，平日倚仗自己的身分目中無人，其實沒有多少才能，是個庸碌之輩，不僅如此，公叔還非常嫉妒才能出眾的人，功績卓越的老將吳起正是他的眼中釘。

公叔坐上相國之位後，一直想找機會除掉吳起。無奈吳起品行端正，公叔抓不到把柄，於是公叔便想出一條惡毒的計策，陷害吳起。有一次，公叔對魏武侯說：「吳起這個人很高潔，十分重視自己的名譽，自視甚高卻遲遲不能當上相國，他心裡早有不滿，不肯繼續效忠。他隨時都打算離開魏國投奔別人。」魏武侯很震驚，公叔又說：「您可以把公主許配給他，藉此試探他是不是想離開。如果吳起願意留下必然會高興地接受，否則就會推辭。」魏武侯相信了公叔的話。

在公叔的安排下，吳起和公主見了面。但公叔又故意讓公主在吳起的面前表現得很無禮。吳起不知是計，非常生氣，就推辭了和公主的婚事。

這樣一來，魏武侯就開始懷疑吳起有異心，對吳起漸漸冷淡。敏感的吳起察覺到這些，很是恐懼，只能無

戰國．鐵兜鍪

明末刻本．《新列國志》．楚國貴族追殺吳起

戰國中期，法學家吳起在楚國實行政治經濟改革，觸動貴族的利益。魏武侯十五年（西元前三八一年），楚悼王死，楚國貴族發動政變，殺吳起，變法失敗。

奈地離開魏國。

魏武侯十四年（西元前三八二年），吳起離開魏國而投奔了楚國，一開始他非常受楚悼王重用，楚悼王先是任命他爲宛平守，又升他爲令尹。

吳起對楚國進行了大刀闊斧的改革。他的改革方式帶有很濃厚的法家特色。他嚴明法律，爲了縮減國家消耗，廢掉了邊遠的貴族，並廢除了貴族世襲制，把貴族封地制改爲郡縣制。他撤掉不必要的官吏，把從中剩下來的錢糧供養軍士。當時盛行的縱橫之風也在吳起的整頓範圍內，他下令禁止貴族養食客，大力杜絕社會和朝堂上遊說浮誇的風氣。在他的一手整治下，楚國國內井然有序，百姓安心耕種，軍隊刻苦操練，國庫充盈，欣欣向榮。

在軍事方面，吳起再次施展了他出眾的軍事才華，向北，他兼併陳、蔡二國，擊退魏、趙、韓三國的進攻；向南，他平定百越叛亂，宣揚國威；向西，他朝秦國擴張，令秦人大爲驚懼。楚國在吳起的幫助下拓展疆土，日益強大。

正當吳起邁向他人生的另一座頂峰之時，死亡的深淵悄悄橫在他的腳下。吳起在楚國的改革堅決而有力，嚴重觸犯了舊貴族的利益，吳起本人也成爲楚國權貴的眾矢之的。魏武侯十五年（西元前三八一年），曾經非常器重吳起的楚悼王病逝，吳起失去了庇護。楚悼王屍骨未寒，楚國貴族和忌恨吳起的大臣便迅速地把吳起置於死地。吳起逃到楚悼王的屍體旁邊，追殺吳起的貴族緊隨其後，將如雨一般密集的利箭射在了吳起身上，甚至楚悼王的屍體也被射中，吳起當場身亡。不過迫害吳起的人也沒有好下場，按照楚國法律，以兵器觸及王身者，夷三族。楚肅王即位後，箭射悼王屍體的七十多家貴族，全部慘遭滅門。

吳起軍法

吳起死了，他的用兵之道卻被保留下來。吳起生前曾把自己豐富的實戰經驗轉化爲軍事理論著作，寫就了《吳起兵法》。該兵法是吳起在前人基礎上，結合實戰經驗完成的。現今尙存《圖國》、《料敵》、《治兵》、《論將》、《變化》、《勵士》六篇。

在《圖國》論中，吳起強調「內修文德，外治武功」，缺一不可，指出一個只顧蠻勇好戰、窮兵黷武的國家不可能長久存在。要想確保國家長治久安，大到治國、治軍，小到一次戰役中的陣法、出戰，都必須環環相扣，盡善盡美。按照這種邏輯，決定一場戰爭勝利的因素不僅有用兵如神的將領，還有訓練有素的士兵。因此，吳起非常重視對士兵的教育，他提出以「教」、「戒」、「勵」對待士兵，讓士兵懂得禮義廉恥。

同時，吳起的兵法滲透著濃厚的法家思想。他要求帶兵者做到賞罰分明，在軍中樹立起不容置疑的威信，他又要求士兵要絕對服從命令。他的很多思想都符合現代軍事教育理念，而吳起本人，也成爲現代軍人的楷模。

戰國．虎噬鹿器座

此器座表現出虎的強大與凶殘，鹿的柔弱和悲慘，藉動物間生與死的搏鬥，使強暴者的勝利與被害者死亡前的掙扎交織在一起，具有感人的藝術魅力。河北平山中山王墓出土。

西門豹治鄴

西門豹是戰國時期魏國人，在魏國改革時期，受到魏文侯大膽啓用。西門豹是一位高明的政治家、軍事家、水利家，除了曾經立下赫赫戰功，他還在漳河周圍開掘了十二條水渠，主張「寓兵於農、藏糧於民」，很快便使鄴城民富兵強，成為魏國戰略重鎮。

初到鄴城

早在趙國遷都邯鄲的時候，魏國上下就對魏國東北部的安全感到擔憂，魏文侯經過深思熟慮，一方面啓用樂羊攻打趙國背後的中山國，另一方面決定在鄴近趙國的邊境地區進行經營，實現對趙國的夾擊之勢，限制趙國的活動。只有這樣，才能爲魏國消除隱患，獲得安定的發展空間。

鄴城毗鄰趙都邯鄲，對魏國而言戰略地位十分重要，魏文侯必須同時控制住中山國和鄴城才能夾擊趙國。不過，論及如何治理鄴城卻一直令魏文侯頭疼。在鄴城有一條著名的大河——漳河，傳說女媧就是從漳河水裡撈出五彩石子補天的。只是對當時生活在漳河河畔的居民而言，漳河並非神話傳說中那麼浪漫，它兇猛浩瀚，時常肆虐，動輒就將良田村落吞噬殆盡。

鄴城的百姓一直爲水患苦惱，他們堅信在漳河河底有一位神通廣大的河伯，漳河肆虐即是河伯發怒，要想平安度日，唯一的辦法就是討好河伯。然而，對治國者來說，討好虛無縹緲的神靈遠遠不夠。

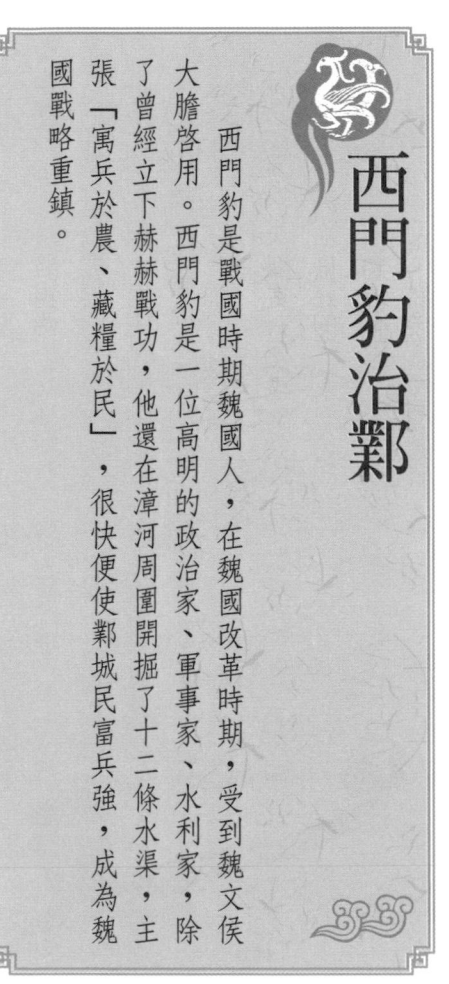

魏文侯希望鄴城強大繁榮，鄴城的強大將讓魏國在面對老對手趙國時擁有不怒而威的魄力。考慮到鄴城治理困難，魏文侯特地將這一重任交給西門豹，命他爲鄴城令。

西門豹的生卒年已難以考證，他早年的生涯也鮮爲人知，但他無疑是魏文侯的得力之臣。在奔赴鄴城之前，魏文侯叮囑他到了鄴城若想盡快摸清當地情況，不妨向「年高有德」的人請教。西門豹將這句叮嚀記在心上，一到鄴城，就召集德高望重的長者，詢問他們地方風土。當他聽到有人說「爲河伯娶妻，窮盡民財」時，不由心頭一震。

西門豹忙問何爲「河伯娶妻」，老人們告訴他，河伯就是管理漳河的河神，爲保地方安寧，不生水患，每年大家都要張羅著給河伯娶一個妻子，如果不這樣做，河伯就會發怒，漳河就會氾濫，百姓們不是淹死便是餓死。

至於窮盡民財，則是指鄴城三老、廷掾，他們每年都會以河伯之名向百姓徵繳重稅，每每搜刮百萬，用於娶親儀式的就有二、三十萬，剩下的都被他們和主持娶親儀式的女巫們瓜分了。到了河伯娶妻的時候，女巫會查看小戶人家的女兒，見到漂亮的姑娘，就會說「她適合做河伯的妻子」，並馬上下聘去娶。到時候這個被選中的姑娘要沐浴更衣，還要齋戒數日，住進事先準備好的專供齋戒的房子。十幾天後，百姓們又被招來備妥姑娘的床鋪枕席，然後讓姑娘坐在上面，再把她抬進河中。

漳河的水大而洶湧，承載著姑娘的枕席在河上至多漂上數十里便沉沒了。百姓們沒有人願意將女兒送入幽深的河底，那些有漂亮女兒的人家大多帶著女兒逃之夭夭。因爲這個緣故，鄴城的人口愈來愈少，土地也愈發貧困荒蕪。

河伯娶妻

西門豹非常清楚，鄴城百姓對河伯娶妻之事敢怒不敢言，要根除這一惡習關鍵在於根除掉從這件事上得利的三老、廷掾和女巫。所謂三老是指縣級以下的官員，負責徵收稅款、教化民風。在當時，魏國百姓的耕地屬各家所有，百姓必須將收成的十分之一上繳國家。三老在收取糧食的同時，還要向百姓課徵戶稅，而戶稅同樣要交給國家。鄴城的人少且貧，稅額卻可高達百萬，可見三老對百姓的搜刮多麼嚴重。至於廷掾則指在衙門裡負責文書工作的小吏，官雖不大，卻足夠在地方作威作福。三老和廷掾勾結在一起，以河伯娶妻爲名肆意劫掠民膏，收上的巨款二者一同瓜分。

但是直接整治這些地方惡霸未必能有效根治給河伯娶妻的惡習，只要

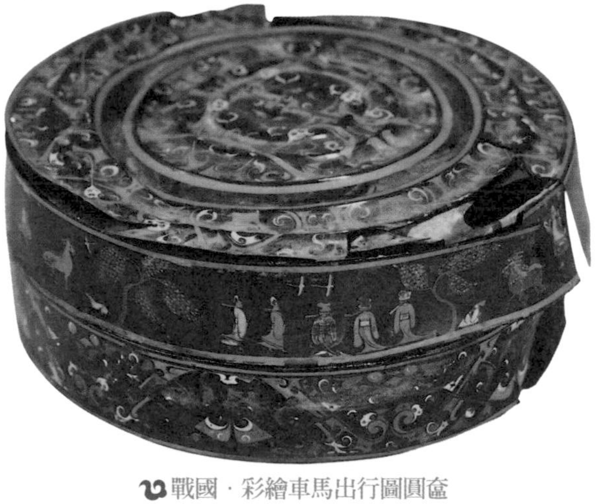

戰國・彩繪車馬出行圖圓奩

戰國．鎦金嵌玉鑲琉璃銀帶鉤

對河伯的迷信還在，就算西門豹治了這屆的三老，也保不準日後不會有三老故技重施。西門豹必須在嚴懲奸人的同時讓百姓意識到河伯並不存在。因此，他對當地老者說：「到了給河伯娶媳婦的時候，希望三老、巫祝、父老都到河邊去送送新娘。多謝你們告訴我這件事，屆時我也要親自去送送做新娘的女子。」

到了為河伯娶妻的日子，西門豹來到舉行儀式的現場，發現當地的三老、官員、巫祝果然到齊了，百姓們也來得不少，足有上千人。

負責主持儀式的巫祝是個上了年紀的女人，她神色倨傲，身後還跟著穿戴華麗，滿身綢緞的十餘個女弟子。西門豹假裝對河伯娶妻很有興趣，要巫祝將河伯的「妻子」帶過來，他要親自檢查她長得是否漂亮。

西門豹打量了下這名女子，故意做出生氣的樣子抱怨說：「這個女子不漂亮。」然後回過頭，對站在自己身後的巫祝說：「麻煩您到河裡去稟報河伯，就說需要重新找一個漂亮女子，遲幾天再送她過去。」說罷，立即叫差役將巫祝扔到河裡，此時，三老已嚇得面如土色。

西門豹站在河岸上沒有離開，過了一會兒，他突然轉過頭說：「巫祝去了這麼久都沒回來，弟子們去催催她吧。」又把巫祝的女弟子扔進了河。

又過了一會兒，西門豹又轉過身對三老說：「巫祝及其弟子，這些都是女人，不能把事情說清楚，請三老替我去說明情況。」然後不由分說地將三老扔入河中，而此時站在三老身旁的廷掾早已體如篩糠，磕頭不止，西門豹見此，便放了廷掾一條生路。

自此之後，鄴城上下再也沒有人敢再提為河伯娶妻的事了，河伯娶妻的惡習從此絕跡。

修築水利

要讓鄴城強大起來，除了根除地方惡霸外，還需要徹底治好當地水患。為此西門豹親自帶人去勘察水利，組織百姓開挖水渠、修築堤壩。

興修水利十分辛苦，一開始百姓都不願意參與，西門豹沒有因民意不快就放棄修水一事，他說：「可以和百姓共同為成功而快樂，卻不可以和他們一起考慮事情的開始。儘管現在父老認為因西門豹而受害受苦，但百年以後他們一定會想起西門豹說過的話。」

事實證明，西門豹的預言十分準確。西門豹排除非議，堅持在鄴城修築了十二條渠道，把河水引來灌溉農田，而不是任其肆虐。而這十二條渠道正是中國歷史上有記載的第一條大型灌溉渠系，同時還被看做中國多首制引水（從多處引水）工程的創始。由於漳水中含有大量泥沙，引水入田不僅方便灌溉，還改良了大片鹽鹼地，大大提高了鄴城的農業生產力。在西門豹的治理下，漳水再也不是鄴城之患。

惡霸被清除了，水患消失了，鄴城的發展蒸蒸日上。西門豹把握時機推行「寓兵於農、藏糧於民」的政策，迅速提升了鄴城的防禦能力，使鄴城成為戰國時期魏國的軍事重鎮。

當然，在治理鄴城的過程中，西門豹也遇到了不少困難，其中最大的困難莫過於來自他人的詆謗。西門豹為人剛直，對魏文侯設在自己身邊的近臣態度傲慢，再加上他為官清廉，工作辛苦，這些近臣不僅撈不到什麼油水，還不得不跟隨他一起吃苦受累。因此，近臣們集合起來到魏文侯那裡進西門豹的讒言。時間長了，魏文侯不免對西門豹產生懷疑。

西門豹在治鄴滿一年後曾返回魏都，被讒言左右的魏文侯一度打算收回西門豹的印信。西門豹也很快明白了魏文侯的不信任從何而來，遂請求魏文侯再給自己一次機會，若仍不能將鄴城治理好，甘願引頸受戮。魏文侯見西門豹言辭懇切，便應允了。

重回鄴城的西門豹一改最初清廉作風，他搜刮百姓，努力迎合魏文侯派給他的近臣。而這些人果然開始對魏文侯大講西門豹的好話。一年之後，西門豹再去魏都，不知就裡的魏文侯遠遠地便出來迎接他。直到西門豹告訴魏文侯自己換了個方法治鄴，要求辭去在鄴城的職務。魏文侯這才意識到自己誤會了西門豹，連忙向西門豹道歉，請求他繼續治理鄴城。

魏文侯變法

魏文侯在位期間，勵精圖治，謀求變革，大膽任用李悝、吳起、樂羊、西門豹、子夏、翟璜、魏成等人。透過一系列變法措施，終於實現魏國的強兵富國，開拓了大片疆土，魏國也因他一度成為中原霸主。

名相李悝

早在戰國初年，各國尚未意識到改革的必要時，魏文侯已經深深認識到了國內的陳舊制度已經影響到魏國的發展，爲此，他大膽啓用平民出身的李悝，進行變法。

李悝是曾申的弟子，曾申的老師即是孔子的弟子子夏。李悝曾出任中山相和上地守，有過與秦人作戰的經驗，同時深知民間疾苦，因此，他出任魏相之後，先後從經濟、政治、法制等方面進行了一系列改革，收效顯著。

經濟上，爲了鼓勵農民耕種，穩定增加政府租稅收入，主要實行「盡地力」和「平糴法」。「盡地力」是李悝開創性的重農政策的具體措施，《漢書．食貨志》記載：「地方百里，提封九萬頃，除山澤居邑三分去一，爲田六百萬畝，治田勤謹則畝益三升，不勤則損亦如之。地方百里之增減，輒爲粟百八十萬矣。」李悝認爲，增加田產量的根本是使農民積極耕作，他們的勤勞與否直接決定了國家的農業收入。

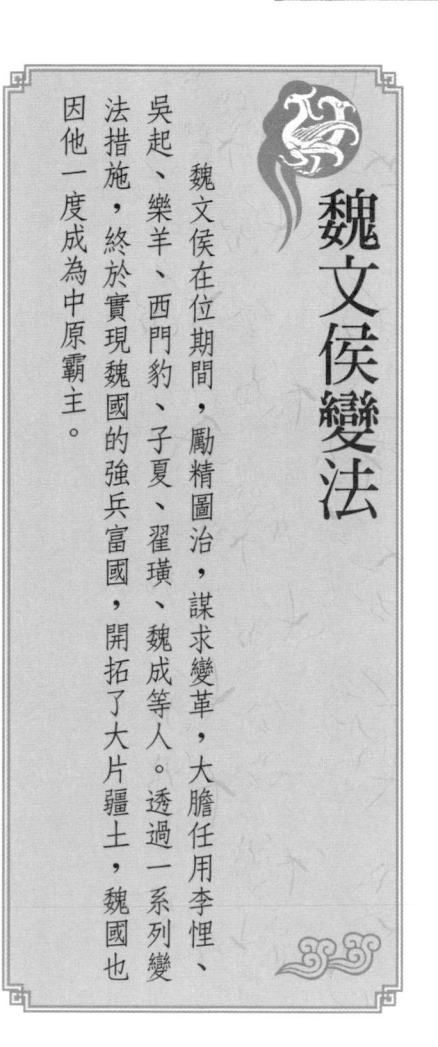

如何能讓農民變得勤奮起來，李悝提出：政府需要將每一畝的產量強行指定爲一石五斗。除此之外，還鼓勵農民開發閒置土地，用來發展類似瓜果蔬菜等農副產品。這都需要一定的立法作爲保障，將自願變爲強制，並提出合理的獎懲制度，督促農民耕作。

所謂「平糴法」，是將糧食分爲三個不同的等級，按照等級比例劃定糧食的價格。好糧食分爲大熟、中熟、小熟，在這個時候，政府以平價收購農民糧食，防止商人惡意打壓米價；壞糧食分爲大饑、中饑和小饑，在這個時候，政府以平價出售糧食，防止商人趁機哄抬物價。這種做法不僅讓農業市場規範化，而且也使農民樂於耕作，增加魏國中央財政收入。

李悝對魏國政治的改革可謂大膽前衛。當時魏國的統治階層大多是王孫貴族，這些人自恃出身尊貴而不事生產，拿著國家的最高官餉卻不做任何貢獻。他們占據著朝中重要的官位，使得那些眞正有才華的人無處安身。李悝將改革的矛頭對準了這批無用之官，廢除了官爵世襲制，提出以能力選拔合適的官員，只要能通過政績考核，即便是出身茅廬之人都可以爲官。這項改革雖然觸及了舊貴族勢力的根基，但卻穩定了國家政權。

因此這項改革計畫一出，便得到了魏文侯的讚賞，很快在全國推行。許多沒有顯赫背景的有爲青年得到了啓用，他們被分配在全國各地甚至是中央朝廷。這次政府的大換血，提高了魏國的整體政治素質。

除此之外，李悝還制定了一套有史以來最爲完整的法律體系——《法經》六篇。《法經》是第一部以國家名義頒布的正式法律，它一共有〈盜法〉、〈賊法〉、〈囚法〉、〈捕法〉、〈雜律〉和〈具律〉六篇，分別對公私財產、人身安全、政權穩定加以保護，並提出完整的審判、抓捕、懲罰、量刑等法律依據。

透過這一系列的改革，魏國的各個領域都有了相對平衡的發展關係，農民勤奮生產，商人依法營業，官員各司其職，國庫充足，糧庫豐盈。於是，魏國安定團結，國富民強，實力逐漸雄厚起來。

富國強兵

魏文侯啓用李悝，使魏國的國力大增，緊接著他將注意力轉移到了對外關係上。他主動聯合近鄰韓、趙，達成三國聯盟，共同發展。三國珍貴的和平局面爲魏國提供了更多的時間關注內政和對外戰事。

戰國．谷紋大玉璧

玉璧是一種中央有穿孔的扁平狀圓形玉器，為中國傳統的玉禮器之一，圖中這種大型玉璧是一種禮玉，可能已不在服飾中佩帶。

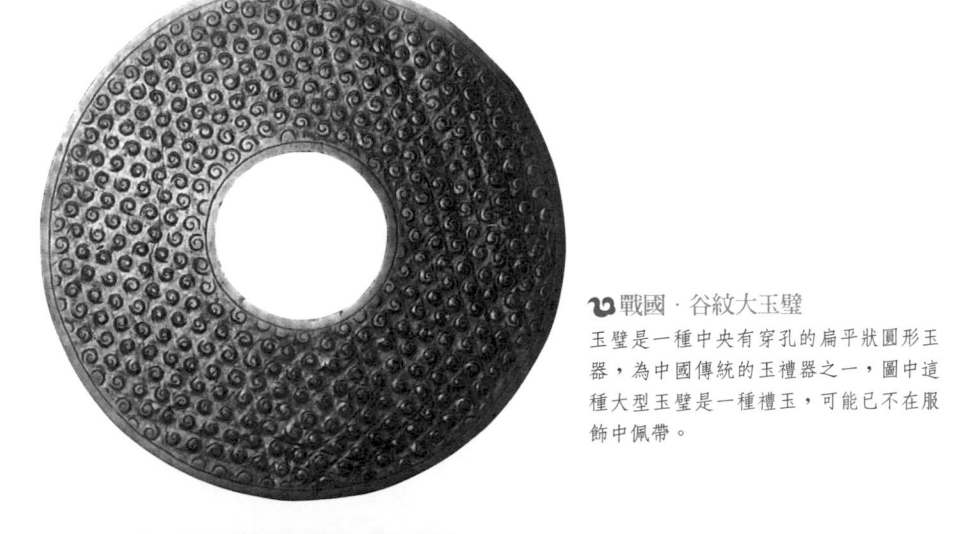

西河學派與鬼谷學派

與西河學派同時存在並且影響力也相當大的，便是鬼谷學派，他們之間因爲學術分歧產生過爭辯，鬼谷學派的代表人物吳起，曾經與西河學派的公羊高、穀梁赤對春秋歷史展開了一系列爭論，魏文侯出於控制士人的目的，拔高了公羊高與穀梁赤的地位，公羊高口授的《春秋》成爲後來《春秋公羊傳》的藍本，穀梁赤口授的《春秋》成爲後來《春秋穀梁傳》的藍本。

而吳起由於早年投身曾申被逐的經歷，反對儒家的觀點，他根據自己對春秋的理解，作了一本《左氏春秋傳》，與《春秋公羊傳》和《春秋梁傳》相抗衡。他對春秋的見解要更符合實際，更符合政治軍事的實際運作，但是出於安定統治的實際需要，作爲統治者的魏文侯對《左氏春秋傳》很少宣揚。

對外戰事，這是所有諸侯國最關注的部分。當時魏國的兵力夾在諸侯國之間，比上不足比下有餘。魏文侯起用吳起，對其軍事制度進行改革。在吳起的努力下，魏國在多次對外戰爭中獲得了勝利，先後占領了臨晉、王城、元裡、洛陰、合陽、陰晉等西河城邑。

事實上，占領西河之地所衍生出的政治意義要遠高於其國土面積的擴大。西河之地是魏國西面的屏障，阻擋秦國的鐵蹄。而且占領這些地區能夠解決魏國國內人多地少的難題，可以生產更多的軍用糧草，一方面提高魏國經濟實力，一方面又爲戰爭儲備實力。

逐漸強大起來的魏國開始籌劃更多的戰事，她占領了北方戎狄民族的大片土地，又奪下陝地，扼住了西方國家進出中原的交通要道。魏文侯還在洛水的東岸修築長城，南到陰晉，北到離陰城，使得秦國無法通過洛水到達中原。換言之，如果秦國要與中原接觸，就必須通過魏國控制的要塞，而魏國就靠此牟取秦國暴利。這種情況持續了八十多年，這麼長的時間足以讓秦國對魏國的痛恨積重難返。

尊禮賢士

另一方面，魏文侯也加強本國文化發展，大力弘揚中原文化。爲此，魏文侯特地找到了孔子的名徒子夏，拜他爲師，並邀請他到西河之地講學。子夏進入西河的時候，已經年近百歲，雙目失明，根本沒有精力教授文學。眞正教授魏文侯學業的是子夏的高徒齊人公羊高、魯人穀梁赤、魏人段干木和子貢的弟子田子方等人。

其實究竟是誰在教學對魏文侯來說並不重要，他要的只是子夏坐鎮西河之地這個象徵。有了子夏，魏國的

戰國．金縷玉璜
玉璜是貴族服飾上組佩的一件，常與玦、璧等編聯佩帶。

文化地位迅速高昇，西河地區則成爲華夏文化的代表之一，誕生了著名的西河學派。

子夏掌握著儒學一個重要流派的走向，他以「學以致用，有濟於民」爲宗旨，培養了一批於國家有用的儒學家。很多想走入仕途的人都紛紛到西河之地治學，希望能得到子夏的培育。魏國對此十分開放，只要是誠心學習的人不管地位高低，都可以到西河學習。這樣一來，很多有才能的學生最後都選擇爲魏國效力，魏國成了人才聚集的地方，國力日漸強盛。

子夏只在西河坐鎭幾年便仙逝西歸，在此後的很長一段時期裡，魏國都是中原的文化中心。

戰國．藕狀流鼎
這是戰國中期中山國的青銅器，河北省平山縣中山王墓出土。

戰國時期的官職

周朝建立之初，周天子封同姓和有功之臣為諸侯，並賜予土地讓他們管理，以輔佐天子治世。而定期向天子進行朝貢，上繳賦稅，進獻力役，都是諸侯們無可推卸的責任。至於中央，則仰仗三公九卿制設立官職。但到了戰國時代，君權衰微，天下大亂，諸侯國之間征戰不休，官職的設置也發生了一些變化。

被削弱的世襲制

在爭戰不斷、弱肉強食的戰國，就算是貴族也會有朝不保夕之感。人才成爲強大一國實力、拯救國之危難甚至是決定一國命運的關鍵，稍有膽識的國君、人臣都會想盡辦法用眞情誠意和高官厚祿來招募豪傑。於是，世卿世祿制受到冷落，俸祿制備受推崇。

在秦國，商鞅力求「宗室貴族無軍功者不得有爵位」。在楚國，大將吳起提出「使封君之子孫三世而收俸祿」。於是，國君可以靈活任免官員，官員要靠官印行使權力，國君會定期考核官員，官員領取實物俸祿而非過去的采邑。國君的親族們若沒有眞才實幹，若不能爲國出力，也只能無奈地退出國家的政治中心。

不過，世襲制雖然風光不再，爵位卻還是被保留下來。在齊、燕、趙、魏等國，爵位有卿和大夫兩等，卿有上卿和亞卿之分，大夫亦有長大夫、上大夫、中大夫、下大夫之別。秦國的爵位在劃分上就稍顯複雜，一共分爲二十級，第一級的是「公士」，最後一級是「徹侯」，而從第十六級「大良造」開始往下皆爲官爵一體。

官分文武

文與武的分流則實現了「知人善任、各盡其長」的用人目標。在戰國最突出的表現就在於相、將的設置上。國君以下的最高職位是相，亦稱「相邦」，是百官之首，大權在握，負責朝中要事。這個職兵通常由文人擔任，若非特殊情況不會隨兵出戰。值得一提的是，在齊、楚、燕、韓、趙、魏、秦這幾個國家中，只有楚國把「相」稱爲「令尹」。

相以下的文官官職，各國的名稱不盡相同。齊國在相以下設置「五官」，即管理農事的「大田」、負責禮儀的「大行」、負責勸諫君主的「大諫」、負責征伐的「大司馬」和負責刑獄的「司法」。而在秦國負責司法的是「廷尉」，在趙國則有負責選拔官吏的「中尉」。因此，要在戰國做一個出色的外交人才，除了要對本國的官員制度瞭如指掌，還要清楚他國的官職設置情況。

正如相是一國的最高文臣，將則是一國的最高武官。將專注於兵家之事，因此必須由諳熟軍事、精通兵法的人擔任。和相類似，將以下也設有其他的武官官職。趙國有專門負責軍政的「國尉」、齊國有負責出謀畫策的「軍師」。

在官職的設置方面，以實行郡縣制的秦國爲例，在地方官職的設置上，有「守」統管一郡的行政、防務。守下又有「尉」負責軍務。有「縣嗇夫」負責一縣之事，嗇夫之下又有管軍務的縣尉、管財務的縣丞。

而各國的國君除了需要英雄豪傑幫助自己料理政事、開疆拓土，也還需要精明強幹之人照顧自己的生活起居。各國亦都設置了爲國君處理日常雜事、照料國君及其家人的官職，比如幫助國君教育太子的輔弼官，爲國君當秘書的御史、主書，負責保護國君安全的衛尉……。人們可以透過瞭解這些官職去想像國君、人臣們的生活。國家的事務愈繁雜，需要的官員往往就愈多。

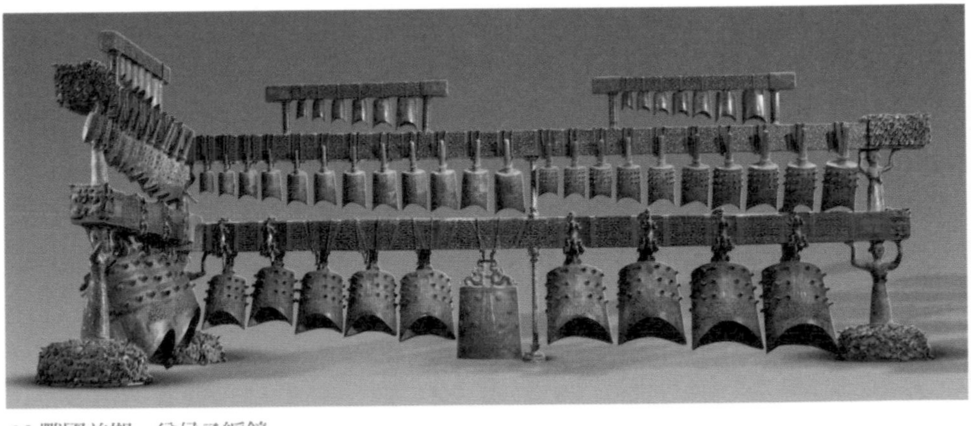

戰國前期．曾侯乙編鐘
湖北隨州擂鼓墩曾侯乙墓出土的曾侯乙編鐘，可以說是古代編鐘的至尊。編鐘共有六十五枚，全部為青銅鑄造，製作精美，音律準確，音色優美。總音域包括五個八度，中心音域十二個半音齊備，迄今仍可演奏出各種曲調。

聶政姐弟同俠

俠士是一群特殊的人，既不遵從國君之命，也不遵從世俗的觀念，文武兼通，守信重義，一諾千金，生不苟合，死不苟且，「君子交，絕不出惡聲，忠臣去國，不潔其名」，被世人仰望。而聶政姐弟同俠的故事，則更是驚天地泣鬼神，世世代代為人傳誦。

知恩圖報

刺客在戰國歷史上是一種近乎英雄與俠士的身分，他們大多是出於對自己國家的忠誠或是對某些高官的感激所以鋌而走險。於是，戰國時代很多刺客都能名垂千古，像是專諸、豫讓、荊軻以及聶政。

聶政，軹邑（今河南濟源軹城）人，身強力壯，武功卓絕，因爲躲避仇家而舉家逃往齊國，靠宰殺牲畜維持生計。聶政本是個默默無名之輩，他之所以被載入史冊，完全因爲一個叫嚴仲子的人。

嚴仲子是韓國重臣，因爲得罪了權傾朝野的丞相俠累而不得不背井離鄉，四處逃亡。他一直想要找人刺殺俠累，以報心頭之恨，於是一邊逃亡一邊尋找合適的刺客人選。這一天，嚴仲子到了齊國，四處打聽之下，得知了聶政此人，便提著豐厚的禮品到聶政家拜訪。嚴仲子便與聶政成爲朋友，但他始終沒有提及刺殺俠累一事。

不久之後，恰逢聶政母親大壽，嚴仲子特地爲聶政舉辦壽宴，並送給聶母黃金一百鎰當作賀禮。聶政當時雖然沒有懷疑嚴仲子目的不純，但也隱約感到事有蹊蹺，一直不肯收納如此貴重的賀禮。他告訴嚴仲子，自己家中雖然貧窮，但是靠著每天宰殺牲畜也能勉強爲生，不需要這般重金。

嚴仲子見聶政執意不收，不得不將實話說出，他悄悄告訴聶政：「我有個仇人，是韓國的重臣。爲了報仇，我四處奔走，只希望能找到有能力的俠士。來到齊國後，聽別人說起您重情重義，這才前來結交。這些黃金本不值錢，就是送給令堂當日常費用，能跟您這樣的人做朋友已經足夠，怎敢還有別的奢望。」

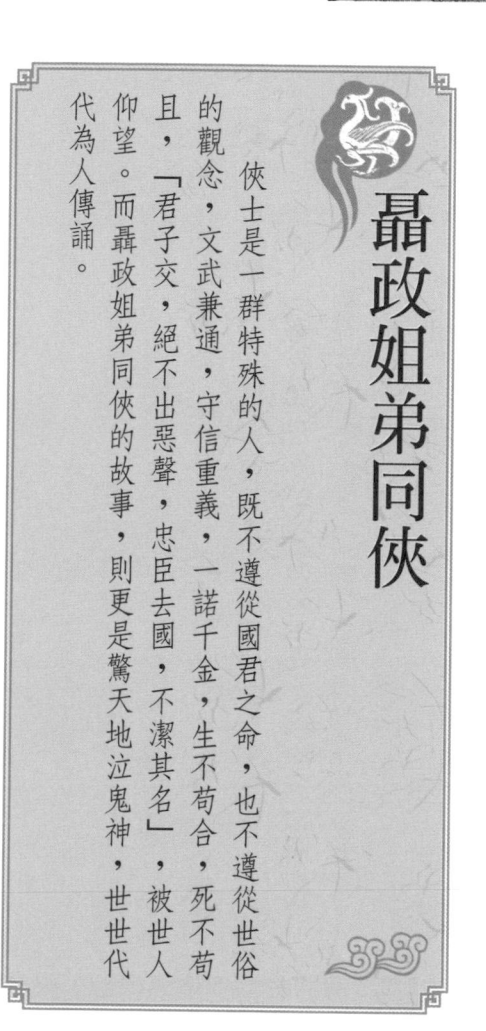

聶政當即明白了嚴仲子的請求，但他上有老母需要奉養，無法輕易拿自己的性命做交易，否則就是不孝。嚴仲子倒也沒有強求，只是執意要把黃金留下，但是聶政比他更爲固執，始終不肯收納。無奈之下，嚴仲子只能離去。

聶政從此對嚴仲子心存感激，認爲一位廟堂權臣竟然不顧身分與地位低賤的他結交，定是瞭解他的爲人，而且得知他的孝心後不僅沒有勉強，還要留下黃金，這份知遇之恩定然要回報。

行刺

一段時間後，聶政的母親去世，聶政再也沒有後顧之憂，便打算找嚴仲子爲他刺殺仇人。嚴仲子得知聶政來找，十分感動，對聶政說道：「這麼久以來，我派去行刺的人都沒有得手，如今您不嫌棄我竟然願意幫我報仇，我一定要給您安排幾名身手不錯的助手。」緊接著，嚴仲子將俠累的情況一五一十告訴了聶政。聶政拒絕嚴仲子爲他增派人手，他認爲這次要刺殺的是韓國宰相，不能派太多人過去，否則會橫生枝節，走漏風聲，這樣嚴仲子就成爲整個韓國的敵人，風險太大。於是，聶政獨身前往，執行行刺任務。

行刺，就必須能進得王宮。聶政想了個辦法，架起古琴當街彈奏，他精妙絕倫的琴藝吸引了很多來往行人駐足傾聽。沒過多久，聶政善琴的消息便傳入韓王耳中，韓王立即命人宣召聶政進宮爲其彈琴。

機會終於來了，聶政將暗器藏在琴內，若無其事進宮演奏。堂上所坐之人，一位是韓王，另一位就是俠累。聶政凝神靜氣，先以醉美之琴聲放鬆侍衛們的戒心，而後瞬間抽出短劍，撲向俠累。俠累猝不及防，中劍

ᘓ聶政刺俠累

戰國時期，韓國人聶政為大臣嚴仲子殺死權臣俠累。

聶政台

在河南省禹州市西關，有一座聶政台。由於聶政生前是一名武功了得的俠士，聶政之死又慘烈懾人，當地百姓遂在聶政台上建起一座用來供奉道教北方真武玄天上帝的神廟，試圖以道教的神祇來緩和一下聶政的殺氣。於是，聶政台又有一個名字：祖師台。

聶政台既是憑弔古之俠客的勝地，又是弘揚道教思想的場所。聶政台的最高處有一名爲「望嵩洞」的景觀，於此洞觀景，見壯麗之色，竟也讓人生出不少豪俠之感。

唐代詩人李白曾在詩歌《西門秦氏女》中讚歎聶政的姐姐聶嫈「何慚聶政姊，萬古共驚嗟」。有史料記載，聶嫈的墳塚就在聶政台的附近，遺憾的是，歲月流逝，今天的人們已經難覓聶嫈塚的蹤跡。

身亡，而聶政在與眾人酣鬥時，毀了自己的面目，挖了自己的雙眼，最後割開自己的肚皮而死。

俠累被刺殺，韓王怒火叢生，下令將刺客屍體懸掛於街市，誰能認出刺客身分就重金打賞。聶政的姐姐聶嫈得知此消息後，懷疑刺客就是自己的弟弟，於是急忙從齊國趕到韓國。當她看到弟弟的屍首，頓時崩潰，失聲痛哭。她告訴人們，這是她的弟弟聶政，一個有血有肉的俠士。

聶嫈一直覺得愧對弟弟，因爲弟弟當時不惜受辱當了屠夫，是爲了她和母親，待到母親去世，她也嫁人，弟弟才去報答嚴仲子的大恩，送了自己的性命。而且弟弟死前自毀容貌，也是怕死了之後被人認出牽連於姐姐，聶政這份情意怎麼能就此埋沒。聶嫈愈想愈悲痛，淚如雨下，最後因哀傷過度死在了聶政的身邊。

聶政姐弟一個義薄雲天，一個情深義重，被後人廣爲傳頌。傳說名曲《廣陵散》就是爲了聶政而作，一來讚頌聶政不朽的情懷，二來紀念聶政精湛的琴藝。《廣陵散》經嵇康改編之後廣爲流傳，直到如今。顯然，聶政和《廣陵散》已經成爲人們心目中的俠客代表。

留名

世人都喜歡用「俠」來形容聶政，何爲俠？對高堂盡孝，對兄弟姊妹盡情，對知己盡義，對恩人盡禮，這便是古老的俠之道。聶政對老母孝順，這是不爭的事實，他於母親健在的時候面對百金而不動心，執意要侍奉母親頤養天年；他對姐姐重情，在姐姐尚未嫁人的時候不敢輕易將性命許給他人，唯恐增加姐姐的負擔，也擔心連累家人；他對知己講義氣，「且前日要政，政徒以老母；老母今以天年終，政將爲知己者用」，只因爲嚴仲子能賞識他，他便在盡孝之後去當刺客；他對恩人盡禮，嚴仲子算是對他有知遇之恩，恩義當頭，他心甘情願用命來回報，就算是赴死之前，他也不肯多要人手，唯恐連累嚴仲子。

不過後人更願意突顯聶政身上的「義」，不僅僅是對嚴仲子的義氣，還有爲百姓鳴不平的大義。當聶政聽說俠累此人主張三家分晉，而且對秦國揶揄諂媚，內心的正義感便被激發。

從聶政之後，這種殺身成仁、捨生取義的信念就成了眾多刺客的原則，後來的荊軻就是最好的例子。

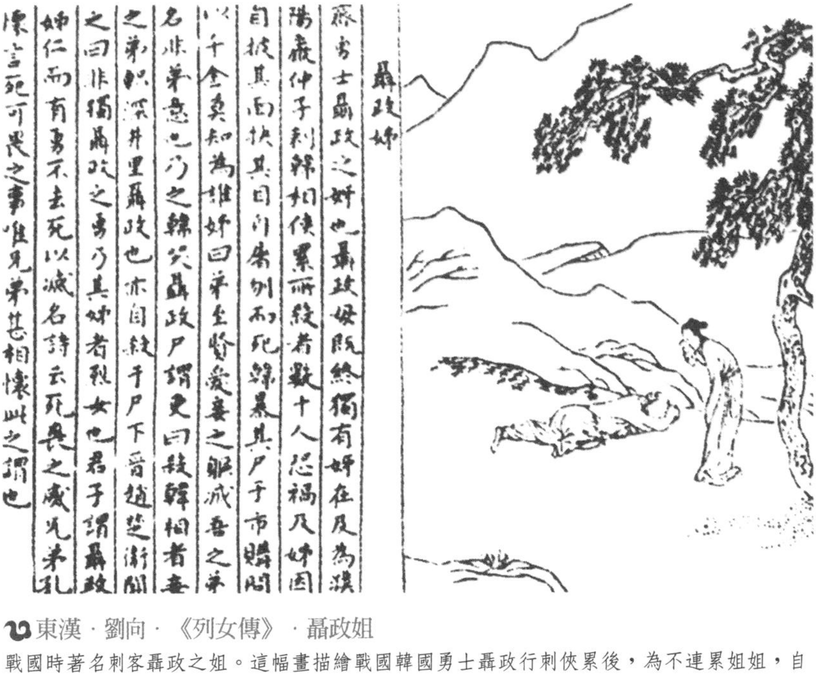

東漢．劉向．《列女傳》．聶政姐

戰國時著名刺客聶政之姐。這幅畫描繪戰國韓國勇士聶政行刺俠累後，為不連累姐姐，自毀面容剖腹自殺。聶政姐不懼，撫屍痛哭。

田氏代齊

齊國本是周天子賞給開國元勳姜尚的封地。在春秋時代，齊國的國君都是姜尚的後人，以「姜」為姓。但在戰國時代，齊國的姜姓卻開始衰落，周安王十六年（西元前三八六年），周天子冊封田氏的田和為齊侯。周安王二十三年（齊康公二十六年，西元前三七九年），隨著齊康公姜貸的去世，田氏齊國完全取代了姜氏齊國。

田氏崛起

春秋後期，姜氏一族無可挽回地迅速衰落，國家大權慢慢地落到了卿大夫田氏手裡。卿大夫田氏實際上是陳國公子完的後代。周桓王二十二年（西元前六九八年），陳國發生內亂，太子被殺。爲保全性命，陳公子完一路逃到齊國。齊桓公對公子完十分欣賞，便打算將他封爲「卿」，但由於種種原因，最後公子完只接受了「工正」之職。在當時，「陳」和「田」的讀音相似，久而久之人們就不稱公子完爲「陳氏」，而是叫其「田氏」。

公子完的後代田桓子很有才幹，爲齊國立下不少功勞。周靈王二十四年（齊莊公六年，西元前五四八年）齊莊公被大臣崔杼殺害，兩年之後慶氏又消滅崔氏，獨攬大權。就在齊國貴族都爲慶氏專權憤慨之際，田桓子聯合鮑氏、欒氏、高氏一同推翻慶氏，並藉機壯大了田氏威望。

田桓子從一開始就意識到「德高望重」的力量，他爲人慷慨，上至公子貴族，下至平民百姓都願意親附於他。而他的兒子田僖子也同樣精明能幹，他用「大斗借民糧、小斗回收糧」的辦法，博得百姓的愛戴，並以民眾的擁護爲基礎，擴大了田氏的勢力。

看著田氏家族以不可遏止的速度蒸蒸日上，曾爲齊國三朝卿相的晏嬰感歎，早晚有一天，田氏會取代姜氏執掌齊國政權。理由是田氏雖然沒有大功大德，卻能藉公事施私恩，有恩於民，亦受民擁戴。

田僖子對權力充滿野心，又極具政治智慧。在齊國的貴族中間，他也曾樹立敵人，身居劣勢，但他非常擅長相機而動。他一度和權高勢大的國惠子、高昭子關係對立。而在二氏得勢之時，他又放低姿態，收斂鋒芒，甚至甘願在二氏上朝時爲他們驂乘。見二氏對自己放鬆警惕，他又挑撥起二氏和齊諸大夫的關係，一面告訴國、高二氏，大夫們都心懷不軌；一面又建議諸大夫在國、高尚未動手大清政敵前，先將他們殺害。

齊景公在位五十八年（西元前四九〇年）去世，國惠子和高昭子立母親身分卑微的公子荼爲國君。田僖子遂藉新君初立、政局動盪之際聯合眾人趕走國、高二氏，迎公子陽生爲國君，是爲齊悼公。而田僖子也自立爲相，握住了國家實權。

姜齊易姓

齊簡公四年（西元前四八一年），田成子殺齊簡公、滅諸貴族，扶立齊平公。

田成子得到政權後，便將齊國安平以東的廣袤土地封給了田氏。齊宣公在位五十一年去世（西元前四〇五年），同年齊康公即位，不管齊康公是否願意，田氏都已然是齊國不可撼動的操縱者。田成子的曾孫田和將齊康公流放到海邊，只給了他一座小城作爲食邑。

齊國姜氏的沒落已無可扭轉，就連周天子都接受了這個事實。周安王十六年（西元前三八六年），田和被周王室封爲齊侯，從此正式躋身諸侯之列。而隨著齊康公去世，齊姜氏的祭祀也徹底斷絕。齊國終於成爲田氏的囊中之物。

戰國．玉勾蓮紋燈

新疆和闐青玉。燈由盤、把手和座三部分組成，分別用三塊玉雕琢後黏合為一體。所知戰國燈，大多以金屬或陶為之，玉製燈僅此一件，堪稱絕品。

孫臏論兵齊國

戰國時代，各國之間戰火紛飛，軍事謀士成為搶手的人才。在戰國時代著名的軍事人才中，孫臏是富有傳奇色彩的一位。他天資聰穎，跟隨鬼谷子學藝多年，卻遭到同窗好友龐涓的暗算，淪為殘疾之人，但是孫臏最終還是憑藉其非凡的才華做出了千古流傳的事業。

鬼谷學藝

在戰國時代，各國之間戰爭頻仍，所以學習兵法成爲很多人熱衷的事情。一旦學成，就有可能被國君重用，拜爲將軍，獲得不盡的榮耀。當時有一個有名的軍事學老師叫鬼谷子，住在河南淇縣附近的雲夢山鬼谷洞，據說這個鬼谷子既通陰陽八卦之道，又懂軍事謀略之法，還通曉縱橫捭闔之術，當時跟著他學習的人有很多，而且不少人後來都成爲左右政局的名人。

當時在跟隨鬼谷子學習的學生中有兩個人比較優秀，一個叫孫臏，一個叫龐涓。孫臏是齊國人，他天資聰穎，爲人忠厚，勤奮刻苦，雖然才能卓越，卻謙遜隨和，從不招搖炫耀。而他的同窗——魏國人龐涓，雖然也頗有能力，性格卻和孫臏相反，內心奸詐狡猾，善於算計，心胸狹窄，外表卻表現得眞誠熱情。

在雲夢山鬼谷洞學習期間，孫臏和龐涓兩個人形影不離，互相切磋，發憤苦讀，研究兵書，閒來就暢談理想，期待能夠早日學成，幹一番大事業。機會終於來了，魏惠王爲了爭奪霸主地位，到處招賢納士，尤其需要軍事人才，本來就抱有強烈名利之心的龐涓當然坐不住了，馬上決定下山應招。而且他本來就是魏國人，感覺此行有一定的把握，還向孫臏許下諾言，如果能夠成功，一定向魏王引薦孫臏，二人共同做一番大事業。

孫臏和龐涓兩人依依惜別一番，龐涓懷揣著夢想離開了鬼谷洞，孫臏留下來繼續學習鑽研兵法謀略。然而誰也沒料到，等他們再次相見時，同窗相殘的悲劇即將上演。

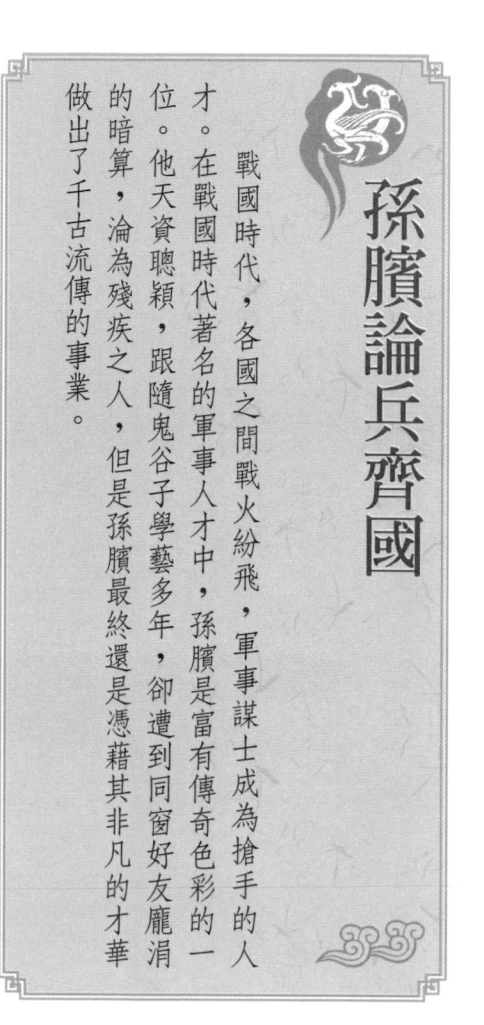

山東聊城市廣場上的孫臏雕像

慘遭暗算

在戰國時代，國君們爲了在爭霸中獲得勝利，需要大量的人才來輔佐他們。當時魏國率先實行了改革，強化了軍權，發展了經濟，成爲列國中的首強，聲威顯赫，魏國的當權者魏惠王也雄心勃勃，試圖網羅更多的人才，稱雄中原。龐涓來到魏國，透過各種關係爭取到了面君的機會。他本來就小有才華，加上師從鬼谷子的幾年苦讀也頗有些效果，龐涓在魏惠王面前談兵論政，頭頭是道，很快獲得了魏惠王的好感，被封爲武官之首——大將。

龐涓成爲大將之後，施展才華，率領軍隊向周邊的衛國和宋國開戰，打了幾個勝仗後，聲名日盛，並且更得魏惠王的寵信。但是龐涓的心裡面一直擔心，他的同窗孫臏的才華謀略都遠遠地超過自己，如果自己把孫臏引薦給魏王，他的風頭肯定會很快壓倒自己。到底怎樣才能徹底消除這個心頭大患呢？龐涓日思夜想，終於想出一條毒計。

龐涓先是寫了一封書信給孫臏，說自己已經向魏王推薦了孫臏，請他速來魏國都城大梁就職。孫臏看到書信，高高興興地跟隨使者來到了大梁。龐涓先是假裝熱情地向魏惠王引薦了孫臏，安排他在自己的手底下做一個幕僚小官。然後沒過多久，龐涓就悄悄製造謠言，說孫臏私通齊國，想要對魏國不利。

魏惠王聽信龐涓的話，下令將孫臏捉拿處死，但龐涓在一旁假惺惺地說情，才從輕發落，判了「臏刑」，

西河學派與鬼谷學派

孫臏晚年時退隱山林，專心著述，將自己平生所學和實戰經驗加以總結，寫出了一部軍事著作——《孫臏兵法》。《孫臏兵法》古稱《齊孫子》，但是由於年代久遠，在東漢末年就已經失傳。西元一九七二年，山東臨沂銀雀山漢墓出土的竹簡中有孫臏談兵的內容，專家們研究認爲這就是失傳已久的《孫臏兵法》。

《孫臏兵法》繼承了《孫子兵法》的一些戰術和精神，但是它成書於戰國時代，孫臏根據當時的形勢和自己的經驗，總結了戰國前中期以前的大量戰爭實例，與《孫子兵法》相比更符合戰國時代的實際情況。例如，《孫臏兵法》提出「戰勝而強立」的戰爭觀，主張用統一戰爭來改變戰國七雄並立的割據局面，這是十分富有時代精神的思想。

《孫臏兵法》中最富有創造性的是，提出了「必攻不守」的指導理論，其實質是提倡運動戰，積極採用大規模機動野戰的作戰方式，在進攻和機動中消滅敵人。孫臏以此爲指導方針，贏得了多次重大戰役的勝利。

也就是把雙腿的膝蓋骨剜下來，從此就雙腿殘疾，無法走路了。龐涓心裡是這樣算計的：孫臏才華橫溢，直接殺了太可惜，讓他受了臏刑，成了戴罪的殘廢之人，以後就不可能再受到別人的重用，他就只能老老實實當自己的幕僚。

後來孫臏逐漸知道，自己落到今天的下場，都是自己的同窗龐涓惡意陷害所致。孫臏心裡後悔萬分，只好裝瘋另謀脫身之計。於是，他整日瘋瘋癲癲，不吃不喝，把飯菜倒掉，披頭散髮躺在屎尿堆裡，渾身惡臭還嬉笑不已。龐涓信以爲眞，心懷惋惜卻也無計可施，慢慢也放鬆了對孫臏的監管。

趁著監視放鬆，孫臏找機會逃了出去，來到齊國在大梁的館驛求救。齊國使者見孫臏雖然是個受過刑的殘疾之人，卻思路明晰、談吐不凡、見解卓越，大爲驚歎。在齊國使者的幫助之下，孫臏逃離了大梁，帶著對龐涓的憎恨回到了齊國，尋找東山再起、報仇雪恨的機會。

顯露才華

孫臏回國之後，想辦法見到了齊國的大將田忌。孫臏與田忌暢談一番天下大勢，很快得到了田忌的賞識，被留在府中待爲上賓。但是實際上田忌並沒有眞正認識到孫臏的才華和價值，重要的軍國事情也不會和他商量，只是將他作爲一個一般的門客看待。孫臏當然不會滿足於此，他默默尋找著機會，希望能眞正表現出自己的非同尋常之處。

當時的齊國十分強大，齊威王除了發展生產，對外擴張，還十分喜愛享樂。當時宮廷中十分流行賽馬，通常由齊威王和大臣每人都準備上、中、下三個等級的馬匹，每個等級分別進行比賽，取勝次數最多的人就能獲得最後的勝利，還能獲得豐厚的獎金。田忌經常參加賽馬活動，可是從未獲勝，其實原因很簡單，不管上、中、下哪個等級，齊威王的馬匹肯定是最好的、跑得最快的，別人和他比，怎麼能比得過呢？

有一次，孫臏恰好跟隨田忌去觀看賽馬，他爲田忌出主意說：「我有一個計策可以幫助您取勝，您不妨試一下：您先用下馬對威王的上馬，再用上馬對威王的中馬，用中馬對威王的下馬，最後必贏無疑。」田忌雖然有點半信半疑，但還是決定賭一把，下了千金的賭注。第一輪比賽，田忌的下馬對威王的上馬，實力相差懸殊，自然是輸了；然而第二輪和第三輪的比賽狀況就大爲不同了，田忌的上馬對威王的中馬，中馬對威王的下馬，實力方面是綽綽有餘，很輕鬆地贏得了後兩場的比賽。這樣，田忌便以三局兩勝的成績最終贏得了比賽。

從未落敗的齊威王大吃一驚，詢問田忌有何祕訣，是買到了出色的賽馬還是換了優秀的駕駛者，田忌便一五一十地把孫臏的計謀告訴了齊威王。威王十分高興，下令馬上接見孫臏。就這樣，孫臏運用自己的所學，略施才華，就爲自己贏得了面見齊王的寶貴機會。

朝廷論兵

齊威王接見孫臏，發現他是一個不能走路的人，心裡有點不以爲然。一開始就問孫臏：「兩國交戰，假如我方兵力強大、人數眾多，對方兵力弱小、人員不足，這仗應該怎麼打呢？」雖然說題目有點怪，但是孫臏不慌不忙地說：「我強敵弱的時候，要假裝解散隊伍、打亂陣勢，給敵人造成錯覺，吸引他們前來進攻，這樣我們就可以集中將其消滅。」

齊威王接著問：「如果反過來，敵強我弱呢？」孫臏回答道：「我們首先要保存實力，將主力軍隊隱蔽起來；然後將使用矛戈、刀劍、弓弩三種不同兵器的士兵組成靈活的陣勢，與敵人作戰；最後等到敵人疲憊之時，我們再根據情況決定主力部隊是進攻還是撤退。」齊威王心中暗暗讚歎，接著又問了好幾個軍事方面的問題，孫臏對每個問題回答得十分出色，充分展現了自己的才華和實力。

齊威王非常高興，決定問幾個戰略方面的問題。他說：「現在人人都在談論如何強兵，有人說關鍵是教化民眾，有人說要採用散糧於民，還有人認爲清靜無爲才有效，您對此有什麼高見？」孫臏果斷而簡潔地回答說：「富國，國富而兵強！」齊威王再也掩飾不住心中的興奮之情，當即給了孫臏很高的職位，讓他和田忌一起負責齊國的軍事。

鄒忌諫齊王

齊國人鄒忌本來是一個普通的文官，他在齊威王長期不理朝政、國家陷入危難的關鍵時刻，憑藉自己機敏的頭腦和善辯的口才，向國君巧妙進諫，獲得了相國的位置和充分施展才華的機會，使鄒忌鼓琴進諫的故事傳為美談。

齊威王廢政

田氏代齊之後，齊國一直保持著國力強盛，社會穩定，人民安居樂業。周顯王十一年（西元前三五八年），齊威王即位，然而齊威王一直沉迷於享樂，不理朝政。

齊威王每天把自己關在華美的宮殿裡面，和一大群美麗的妃嬪一起喝酒彈琴聽音樂，完全把國家大事拋到了腦後。齊國的生產和經濟日益衰敗，社會秩序混亂，百姓也困苦不堪、怨聲載道。最嚴重的是，在群雄爭霸的戰國時代，落後絕對意味著挨打，周邊的國家看到齊威王如此荒淫廢政，紛紛乘虛而入，接連起兵進犯。由於缺乏良好的指揮和支援，齊國軍隊接連落敗，國境邊防也不斷出現危機。

面對著這樣的危機，齊國的大臣們再也沉不住氣了，他們紛紛上書勸諫。可是長期沉溺於享樂的齊威王怎麼可能拋開讓人心醉的溫柔鄉，再去處理那些枯燥乏味、令人頭痛的國家大事呢？況且，他正專心鑽研更爲重要的事情——琴藝，也沒有多餘的精力處理朝政。所以，大臣們苦口婆心的進諫全被他當成了耳邊風。後來，這些大道理聽得多了，齊威王也煩了，乾脆下令不准進諫的人進入王宮，如有違抗命令者，立即賜死。

鄒忌鼓琴進諫

當時有個大臣叫鄒忌，在齊桓公時就開始擔任官職，他眼看著齊國在威王手中一步步衰退，心急如焚。鄒忌日思夜想，終於想到一條妙計。

原來齊威王喜歡音樂，尤其愛好彈琴，經常從全國各地招募優秀的琴師進宮爲他演奏。鄒忌就喬裝打扮，扮成一名琴師求見，他說自己是本國人，精通琴藝，聽說國君喜好音樂，特意來求見，果然順利地被批准了。

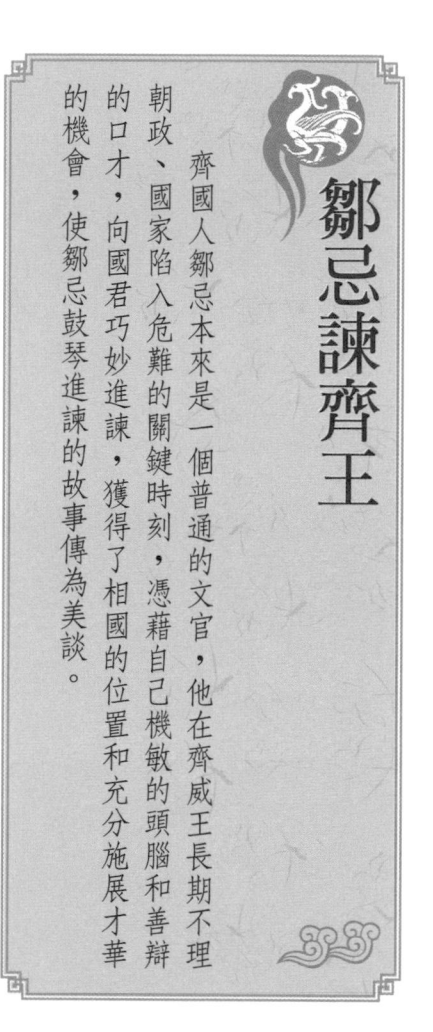

齊威王見了鄒忌，賜給他座位，讓侍者給他擺好几案和琴，要聽他彈奏一曲。然而鄒忌卻只是把手放在琴弦上做做樣子，根本就沒有彈奏。齊威王很奇怪，就問他：「先生撫弦而不彈，是覺得琴不好嗎？」鄒忌很嚴肅地說：「我所知道的是彈琴的道理，至於彈奏的技藝就不在您面前獻醜了。」

齊威王好奇地問彈琴有何道理，鄒忌就開始侃侃而談了。他說：「彈琴是爲了禁止淫邪的念頭，陶冶自身的情操。古時候伏羲製作了琴，長度三尺六寸六分，象徵著一年三百六十六天；寬度六寸，象徵著東西南北天地六合；五根弦象徵著陰陽五行。粗弦好比是君，細弦好比是臣。粗弦聲音渾厚、寬而不弛，代表爲君之道；細弦聲音清亮，廉而不亂，代表爲臣之道。粗細琴弦相互配合才能彈奏出美妙的音樂，好比是君臣相互配合才能政令和諧，治國之道也不過是像彈琴之道這樣吧！」

齊威王聽了似乎有所領悟，但還是要求鄒忌演奏一曲給他聽聽。鄒忌回答說：「我以彈琴作爲自己的事業，所以對此很用心；您身居王位，怎麼能夠不用心於國事呢？您掌管著國家卻不好好治理，和我撫摸著琴弦卻不演奏有什麼兩樣？我擺著琴不彈，大王覺得很不高興；您不好好治理自己的國家，恐怕齊國的百姓們也會不滿吧？」

齊威王聽了這席話才恍然大悟，心悅誠服地說：「先生是藉彈琴來向我進諫啊！我明白您的意思了。」第二天，齊威王沐浴更衣，正式接見鄒忌，和他談論國家大事，鄒忌趁機提出了「遠離聲色、明辨忠奸、發展生產、擴張軍備」等一系列改革措施。齊威王非常高興，拜鄒忌爲相國，並在他的輔佐之下勵精圖治，使齊國走上成就霸業的道路。

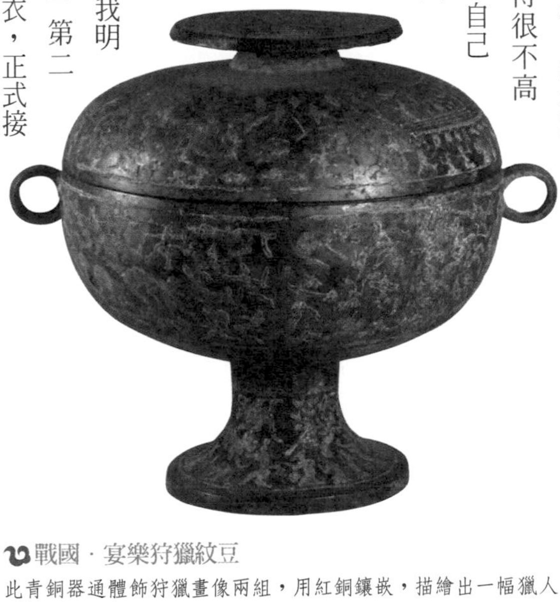

戰國．宴樂狩獵紋豆

此青銅器通體飾狩獵畫像兩組，用紅銅鑲嵌，描繪出一幅獵人勇武行獵的情景，將巨獸中箭、各種禽獸驚慌飛躍奔走的神態一一盡現，層次繁而不亂。整個圖像結構改變了商周以來的模式，成為畫像藝術發展的先驅。河北平山中山王墓出土。

圍魏救趙

戰國初期，魏國、趙國、齊國為了爭奪中原地區的霸主地位，不斷發動戰爭，而各國之間出於相互利用的需要，也會彼此援助。在齊國軍師孫臏的精心導演之下，中原大地上演了一場「圍魏救趙」的好戲。

邯鄲之圍

戰國初期，經過魏文侯時期的改革，魏國一躍而成爲七雄中的首強。魏惠王即位之後，雄心勃勃，希望能夠成就在中原地區的霸業，採取了一項看似進取實則失誤的措施——遷都大梁。魏國位於中原地區西北部，國土東西方向扁長而南北方向狹窄，它的北面是趙國，南面是韓國、楚國，東面是齊國，西面是秦國，這樣的地理位置如果利用得好，是能夠成就一番霸業的。然而，魏惠王並沒有這樣的深謀遠慮，他採取了對自己最爲不利的政策，將都城從山西安邑（夏縣）遷到中原大梁（河南省中部的開封），直接造成了與東齊、南楚、北趙、西秦四面爲敵的不利局面。從此，魏國陷入了令人心力交瘁的四面作戰之中。

首先和魏國交戰的是趙國。和魏國一樣，趙國也覬覦中原已久，趙國以都城邯鄲作爲根據地，多次公然搶奪魏國的勢力範圍，雙方發生了多次戰役，互有勝敗。趙國對魏國的附庸國衛國非常感興趣，幾次攻打衛國，占領了一些城邑，這當然激起了魏王的憤怒。當時龐涓正好就任魏國大將，他率領著魏軍出兵救衛，不僅勝利擊退了趙國大軍，還一路追擊，把趙軍趕回了都城邯鄲，並且順勢包圍了邯鄲。

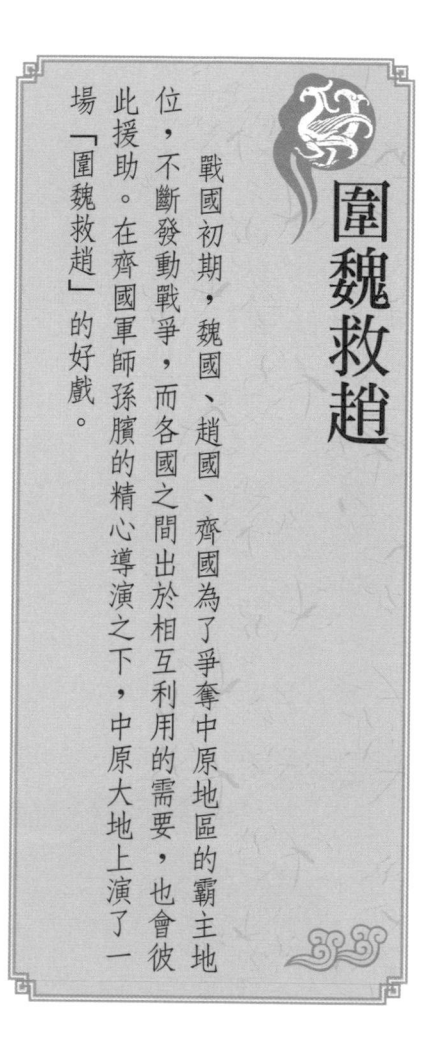

一開始趙國人並不害怕，因爲城牆堅固，糧食也還算充足。可是，趙國人低估了魏國的決心和實力，龐涓安營紮寨，展開了長久的攻城戰。雙方相持不下，所以戰爭整整持續了兩年還沒有結果。這就是歷史上有名的「邯鄲之圍」。

魏國仗著實力雄厚，毫無退兵的意思，趙國可有點吃不消了。趙國先是向南方的楚國求救，楚王表面上答應了，卻一直沒有行動。眼看著邯鄲城內的糧食愈來愈少，兵力愈來愈弱，趙王再也坐不住了，火速向齊國告急，請求援助。

齊國出兵

趙國派人向齊國求救，齊王召集大臣們進行討論。有人認爲魏國是當時的首強，還是不要惹他爲妙；有人認爲魏國消滅了趙國之後肯定還會進攻齊國，所以還是應該遏制魏國的勢力，幫助趙國；有人則認爲可以出兵去援助，但是不要著急，最好趁著魏軍進攻邯鄲的機會，看看能否揀到什麼便宜。總之是眾說紛紜，似乎個個有理。最後齊威王還是覺得，應該去援助趙國，就打算讓最近剛剛成爲重要謀士的孫臏當將軍，率兵出征。

孫臏聽說要去攻打龐涓率領的魏軍，當然十分高興，既可以建功立業又能夠報仇雪恨。不過孫臏十分謙虛地婉拒了讓他做大將的要求，他說：「我是個受過刑的殘疾之人，讓我當大將顯得齊國好像沒有人才了，會被敵方恥笑，所以請讓田忌當大將，我來輔佐他就可以了。」齊威王聽從了孫臏的建議，拜田忌爲大將，孫臏爲軍師，率領八萬齊軍大舉攻魏。

田忌認爲應該率領大軍直奔邯鄲，與魏軍主力決戰，也解決邯鄲的燃眉之急。但是孫臏認爲，首先應該弄清楚形勢，龐涓率領大軍遠征已經有兩年之久，精銳部隊基本都派到了戰場上，留在國內的都是老弱病殘的軍隊。此時應該率兵火速前往魏國都城大梁，占據他們的交通要道。如此一來，龐涓必會回頭來解救大梁，這樣邯鄲之圍迎刃而解。

田忌聽了之後，覺得果然孫臏的計謀更勝一籌，就採納了孫臏的意見，打算按照孫臏的計畫行事。

戰國秦．杜虎符

虎符是中國古代朝廷傳達命令、徵調兵將以及用於各項事務的一種憑證。材料有金、銀、玉、角、竹、木、鉛等幾種，一般為君王一半，軍事長官一半，合之以驗真假。

巧佈疑陣

孫臏知道，自己的同窗龐涓雖然心胸狹窄、爲人狠毒，但是在兵法謀略方面頗有才華。爲了按照計畫把龐涓引回大梁，孫臏設計了幾個小小的計謀。他首先建議田忌進攻魏國的平陵，成齊軍指揮失利、不懂兵法的假象。因爲平陵是魏國的戰略重鎭，兵強馬壯，不但不容易攻取，還會造成後援部隊被切斷的危險。不僅如此，孫臏還特意派了兩個不懂兵法的將領帶隊，陣勢上漏洞百出，一攻即破，平陵一戰，齊軍大敗。

遠在邯鄲的龐涓聽到齊國出兵，也嚇了一跳，他擔心齊軍直接殺到邯鄲，那樣自己的壓力就會增大很多。後來發現齊軍去攻打平陵，而且明顯是亂打亂撞，沒有什麼戰鬥力的樣子，這下龐涓就放心了。

終於在魏惠王十七年（趙成侯二十二年，西元前三五三年），在付出了巨大的代價之後，魏軍攻克了趙國都城邯鄲。然而就在龐涓享受勝利的快樂時，魏王傳來急令，說齊軍攻擊大梁，讓他立刻回援。

其實，這又是孫臏的一個計謀。他故意派遣少量的部隊去騷擾魏都大梁，讓魏王把龐涓召回來，這樣他才能繼續實施下面的計畫。果不其然，龐涓聽到齊軍進攻大梁的消息，十分焦急和氣憤，由於大梁是魏國的國都，是政治經濟中心，如果大梁有危險，必然會影響到魏國的安定。於是龐涓不顧連年戰爭造成的巨大傷痛，根本沒有好好休整，就率軍趕往大梁。他不知道，這一切都是一個設計好的圈套，未來還有更大的危險在等待著他。

桂陵之戰

爲了擊敗龐涓，痛擊魏國大軍，孫臏做了十分周密的戰略部署。他派出少量的人馬攻擊大梁，目的在於吸引龐涓迅速趕回援救；事實上，孫臏將齊國大軍埋伏在大梁以北約一百里的桂陵，準備在這裡迎擊魏軍。而遠在邯鄲的龐涓一方面擔心大梁的安危，一方面也沒有把齊國軍隊放在眼裡，所以放鬆了警惕，完全不講究什麼兵法戰略，丟掉笨重的車輛給養，驅趕著疲憊不堪的軍隊日夜兼程，火速趕往大梁。可是令他萬萬沒有想到的是，齊國大軍以逸待勞，早已等在半路。

在前面探路的魏兵發現在桂陵地區有大量的兵馬擺出迎戰的陣勢，趕緊向龐涓匯報。龐涓登上高處觀看，卻意外地發現齊軍的陣勢擺得非常嚴整，漫山遍野的軍隊擺成一個個整齊的方陣，旗幟飄揚、兵器閃亮，自有一番威懾力。龐涓心中大爲驚訝，但是事已至此，也只能硬著頭皮迎戰。

龐涓將軍隊分成三部分，分別攻擊齊軍的中央和兩翼。

而孫臏這邊早已經制定了周密的作戰計畫，看到魏軍分成三路衝過來，孫臏先指揮齊軍假裝混亂潰敗，四散奔逃。龐涓一看高興了，認爲齊軍外強中乾、不堪一擊，就放心大膽地把主力部隊全派上了戰場，試圖一舉獲勝。可是當大部分魏軍衝入齊國方陣之後，龐涓震驚地發現，局勢似乎起了變化。隨著齊軍各個方陣旗幟的變化，原來看似退敗的齊軍忽然掉轉方向，開始進攻魏軍，而且陣勢變化十分迅速，轉眼就把魏軍主力分割成若干部分，團團包圍了起來。

眼看大勢已去，龐涓只能下令撤退。可是十萬大軍已經完全陷入到齊軍的包圍之中，根本無法脫身，龐涓只能率領著少數隨從親信，殺出重圍，倉皇逃竄。

齊魏桂陵之戰結束，魏國的十萬大軍覆滅，魏國受到沉重的打擊。而且由於兵力損失嚴重，龐涓花費巨大代價攻下的邯鄲也失去了應有的意義，魏國沒有能力繼續占有邯鄲和進攻趙國，只能被迫與趙國議和，將邯鄲歸還。

戰國．盾牌

盾牌是古代作戰時一種手持格擋，用來掩蔽身體，抵禦敵方兵刃、矢石等兵器的護體武器，形狀呈長方形或圓形，尺寸多樣。

馬陵之戰

在齊魏爭霸的過程中，有一場決定性的戰役，叫「馬陵之戰」。這次戰役大大削弱了魏軍力量，魏國元氣大傷，國勢從此一蹶不振，失去了中原霸主的地位。而齊國則聲威大震，為下一步稱霸中原奠定了基礎。

天下大勢

齊魏桂陵之戰後，魏國雖然遭受了巨大的損失，但是魏國並沒有大傷元氣，經過短期調整之後就恢復了生機。而齊國在戰爭勝利的刺激之下也開始蠢蠢欲動，希望能在中原地區擴大自己的勢力範圍。

魏惠王十八年（西元前三五二年），即桂陵之戰的第二年，齊國聯合宋國和衛國企圖進攻魏國大梁，而魏國與南鄰的韓國聯手，擊敗了齊、宋、衛三國聯軍，迫使齊國與魏國講和，暫時不敢輕舉妄動。

魏惠王二十年（西元前三五〇年），魏國又出兵進攻西邊的秦國。當時的秦國偏居關中一帶，生產經濟不夠發達，軍事力量也比較弱小，秦國國君秦孝公面對魏國的壓力，只能找來正在秦國主持變法的商鞅商量對策。商鞅前去魏國進行外交斡旋，巧舌如簧，說服了魏惠王，將戰爭的矛頭引向了齊、楚兩國，秦國轉危為安。

魏惠王二十六年（西元前三四四年），魏惠王召集了十二個諸侯國在逢澤（今河南開封東南）會盟，自封為王，會後一同去朝見周天子，享受和天子一樣的禮儀。由此可見，魏惠王稱霸中原的野心已經十分明顯了。

一年之後，魏惠王以韓國沒有參加當年的逢澤之會為藉口，派太子申及龐涓率兵大舉進攻韓國，企圖一舉占領弱小的韓國，擴大自己的勢力範圍。面對魏國的強大攻勢，韓國實在無計可施，韓昭侯派人火速向齊國求救，希望齊國能夠伸出援手。桂陵之戰十一年後，齊國又面臨著和當年類似的局面，這次她會如何應對呢？

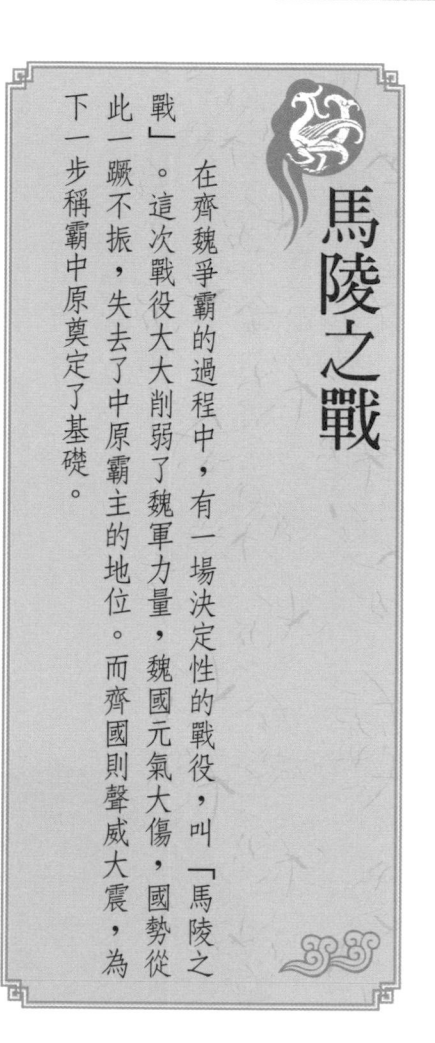

孫臏論戰

魏國進攻韓國，韓國向齊國求救，齊威王照例召集大臣們共同商討對策。相國鄒忌還是一貫的「保守派」，他認爲齊國不要過多介入他國之間的爭鬥，應該自己保存實力，讓韓魏兩國鬥得兩敗俱傷才好。而大將田忌則是「主戰派」，田忌認爲，魏國實力顯然比韓國要強大得多，韓國戰敗是必然結果。假如魏國順利地吞併了韓國，增強了實力，必然會轉過頭來攻打齊國，所以想要確保證齊國自身安全，還是應該出兵幫助韓國，以遏制魏國勢力的擴張。

鄒忌和田忌二人各持己見，爭論不休，而孫臏卻在一旁一言不發，齊威王就讓孫臏說說他的想法。孫臏從容不迫地說：「魏國野心勃勃地要在中原地區擴張勢力，先是伐趙，如今又攻韓，早晚也會對齊國出手。因此，爲了遏制魏國的勢力擴張，我們應該出兵援助韓國。」田忌聽了很高興，說：「軍師所言極是，出兵援韓絕對是正確的做法。」

可是孫臏卻搖搖頭，繼續說道：「也不盡然。我們援助韓國是爲了齊國的利益，如果我們現在就出兵，就會和魏軍正面交戰，這樣的話，韓國得救了，但勢必會給我軍造成比較大的損失，這不等於是我們齊國在替韓國打仗嗎？」齊威王點點頭，迫不及待地問：「軍師到底有何高見？」

孫臏胸有成竹地說：「我們首先答應韓國的請求，許諾說我們必定會出兵相救，這樣的話，韓國就一定會堅決抵抗魏軍；而魏軍見韓軍全力反擊，肯定會增加兵力攻打。等到他們雙方的實力消耗得差不多的時候，我們再出兵，既可以使韓國免於亡國，又可以趁機打擊疲憊的魏軍，豈不是事半功倍、一舉兩得嗎？」

齊威王又一次被孫臏過人的才華折服了，決定按照孫臏的計謀行事。他接見了韓國使者，許諾說齊國會盡快出兵援助，韓昭侯果然信心大增，

馬陵道遺址

奮力抵抗，然而畢竟實力相差懸殊，屢戰屢敗，傷亡慘重，不得不再次派使者前來齊國求援。齊威王感覺時機已經成熟，就任命田忌爲大將、田嬰爲副將、孫臏爲軍師，正式出兵。

減灶誘敵

很多人都認爲，在打仗的時候不能連續兩次使用同一戰術，然而孫臏對此卻有自己的見解，時隔十幾年，他再次採用了當年「圍魏救趙」的戰術，率兵直奔大梁。魏惠王見齊軍故技重施，十分氣憤，馬上傳令給遠在韓國的龐涓，讓他暫時與韓國休戰，率領主力部隊迎擊齊國大軍。於是龐涓率領十萬大軍，星夜兼程，趕往大梁，準備與齊軍決一死戰。

孫臏佯裝攻打大梁，其實只是想引回魏國大軍，並不想和他們正面決戰。因爲魏軍兵力比較充足，又是氣勢洶洶而來，如果正面作戰的話，勢必會給自己造成較大的損失，所以孫臏決定採用「誘敵深入」的辦法，先從大梁撤退，引誘齊軍追擊，然後在機動戰中尋找時機消滅敵人。孫臏向田忌獻計說：「魏國人向來輕視我們齊人，我們不妨因勢利導，假裝退兵，引誘魏軍追擊；然後選擇合適地點進行埋伏，消滅最多的敵人。」田忌聽了十分高興，下令依照孫臏的計策行事。

話說龐涓火速趕往大梁，還在半路上就聽說齊軍已經退兵，他決定繼續追擊。然而，他擔心齊軍有詐，在追擊的途中一直保持著警惕，下令讓偵察兵隨時匯報齊軍的動態。第一天，偵察兵匯報說，根據紮營做飯的鍋灶數量判斷，齊軍大約有十萬人；第二天，偵察兵說，做飯的鍋灶只夠五萬人用了；到了第三天，就只剩下大約三萬人了。

龐涓十分得意，心想：齊軍逃亡人數竟然過半。趁此機會大力追擊，肯定能夠殲滅齊軍。興奮不已的龐涓讓魏太子申帶領大部分步兵按照計畫前進，自己則親自率領爲數不多的精銳騎兵上陣，緊隨齊軍的腳步追擊。

龐涓之死

孫臏和田忌一邊率兵撤退，一邊尋找可以伏擊魏軍的地點，他們還派出眾多的偵察兵，隨時報告魏軍的消息。經過一番周密計算，孫臏選定了馬陵地區作爲埋伏地點。

孫臏先用荊棘在道路兩旁層層堆積，形成最外層的防禦工事；在荊棘後面排列戰車，戰車上面設置巨大的盾牌，好像是城牆一般。戰車上的士兵手持鋒利的長矛，阻擋敵人衝破防線；戰車四周則部署了手持刀劍等武器的士兵，隨時消滅逃竄的敵人；最厲害的是，孫臏還在道路兩旁夾道埋伏了上萬隻弩機，這種武器比弓箭威力大得多，最適合伏擊敵人時使用。

一切佈置停當之後，孫臏下令將道路的盡頭用樹木荊棘堵塞，並且特意在附近選了一棵粗壯的大樹，刮掉樹皮，上面寫了幾個大字——「龐涓死於此樹之下」！

龐涓還不知道前方有陷阱，依然驅趕士兵快速前進，天黑之後果然到了馬陵地區。只見此處地勢險要、樹木茂盛，龐涓心中疑雲暗生，但是求勝的慾望讓他放鬆了警惕，並未多加考慮，就率兵進入了峽谷。前方士兵報告說，道路被堵塞了，龐涓親自上前察看。只見路邊大樹上有一塊白茫茫的地方，不知是什麼東西，龐涓下令點上火把。火光照亮了大樹上的字跡，龐涓大驚，急令撤退，但是已經來不及了。

埋伏在四周的齊軍見到火光，就依照事先的約定，萬弩齊發。一時間，鋒利的弩箭密密麻麻地向魏軍撲去，魏軍登時大亂，前有樹木堵塞，兩邊是荊棘的圍牆，後退又會和自己的隊伍相衝突，可憐幾千名魏軍還沒明白怎麼回事，就喪命於此。龐涓雖然有親兵護衛，還是中了幾箭，他看到大勢已去，想到自己與孫臏相比終究計遜一籌，不禁陷入絕望之中，仰天長歎一聲，拔劍自刎！天亮之後，齊軍回頭迎擊魏太子申率領的步兵。失去了將領指揮的魏軍亂作一團，四散逃竄，十萬大軍幾乎被全殲，太子申也被俘虜。這就是歷史上著名的「馬陵之戰」。

戰國・長桿三戈戟頭部

戟為中國古代兵器，戈和矛的合成體。戰國時期，中國南方吳、楚、越地區出現三戈一矛安裝於同一柄上的戟。

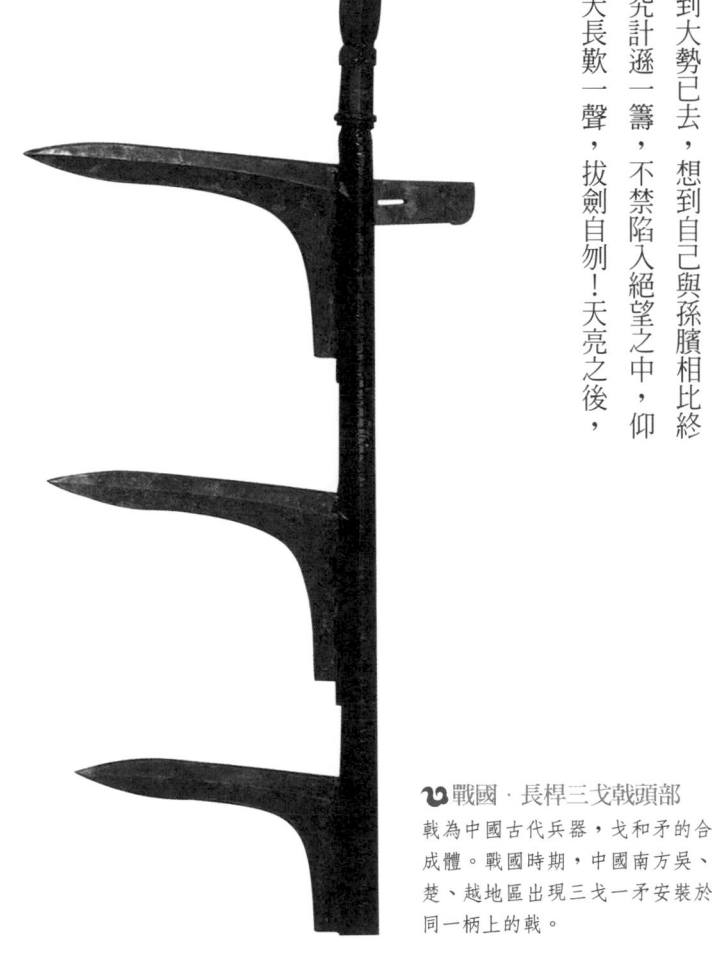

韓國名相申不害

在戰國七雄中，韓國的力量最弱。在韓昭侯支持下，相國申不害主持了一系列改革。在申不害擔任韓國相國的十幾年之間，韓國能夠在眾多強國的包圍之下占有一席之地，並且成為戰國七雄之一，主要歸功於申不害。

起於小吏

申不害出身低微，曾經擔任鄭國的小吏。韓哀侯元年（西元前三七六年），韓國滅掉了鄭國，申不害由此成爲韓人，仍然做一個默默無聞的低級官員。時光荏苒，一晃二十年過去了，申不害依靠自己的勤勉和能幹，雖然官職有所升高，但仍然沒有遇到眞正賞識他的伯樂。

魏惠王十六年（西元前三五四年），魏國憑藉強大的兵力攻打韓國，企圖進一步擴張自己的地位。韓昭侯召集大臣們商量對策，有人說要拚死抵抗，有人說乾脆不戰而降，有人說索性向他國求援，眾說紛紜。申不害則獨闢蹊徑，獻計說：「韓魏兩國比鄰，魏國強大，韓國相對弱小，我們想要求得生存，外交上應該示弱以換得生存空間。如果大王您主動去朝見魏國，魏王一定很高興，這樣可以暫時解除韓國面臨的危機；而從長遠看，這會進一步刺激魏國擴張的野心，引起其他國家的不滿，這樣也是間接地削弱魏國的勢力。」

韓昭侯採納了申不害的建議，親自拿著朝見天子時所執的玉圭去朝見魏惠王，這就表明韓國十分敬畏魏國，將魏惠王當做天子來看待。驕狂自大的魏惠王果然十分高興，立即下令撤兵。這次成功的外交斡旋讓韓昭侯意識到了申不害的才華，在後來的幾年之間，申不害在處理國家事務方面屢次表現出過人的智慧和能力，逐步取得了韓昭侯的信任，成爲重要的謀臣。韓昭侯十二年（西元前三五一年），韓昭侯力排眾議，破格提拔申不害爲相，以求變革圖強。申不害終於得償心願，韓國歷史也由此翻開了嶄新的一頁。

變法圖強

爲了應對戰國時代的特殊形勢，

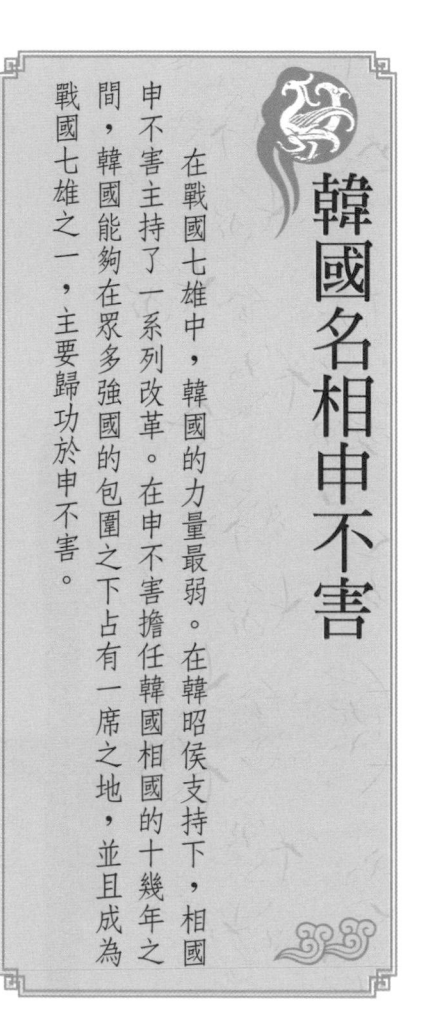

加強君主集權統治成爲各國改革的首要任務。因爲在當時，君主專制這種政權形式最能集中全國的力量，在戰爭狀態之下也是最有效的進攻和自衛的組織形式。要加強君主集權統治，就必須要打擊擁有大量財富和特權的公卿貴族勢力。在韓昭侯的支持下，申不害收回了韓國三大貴族的特權，收回他們的封地，將他們的財富充盈國庫。這些措施一方面穩固了韓國的政治局面，同時也增強了經濟實力。

申不害主張進行吏治改革，嚴格官吏的任免制度，廢除世卿世祿制，改爲根據行政辦事效率。

在吏治改革的同時，申不害還改革了軍制，將之前公卿貴族家的私人軍隊收編爲國家軍隊，並且對國家軍隊進行嚴酷的軍事訓練，大幅提高韓軍的戰鬥力。此外，申不害還重視發展生產。鼓勵百姓們開墾荒地，種植糧食；重視手工業的發展，特別是冶鑄業和兵器製造。

「術」治方略

申不害是早期法家的代表人物，他的核心思想就是君主要利用「術」來控制大臣，管理國家。「術」其實就是權術，是指君主用以管理、控制、駕馭大臣的手腕和方法。「術」的核心內涵包括兩個方面：一是「陽術」，也就是任免、監督、考核臣下的方法；二是「陰術」，指的是駕馭、防範大臣的手腕。

申不害主張君主要「無爲」，也就是說君主只需要掌握生殺大權，樹立絕對的威嚴，在具體的事務方面則不需要事必躬親，只需要將工作交給合適的大臣去處理即可。這就需要在任命大臣的時候選賢任能，讓眞正有能力的人獲得適合的官職；君主要負責對群臣進行監督和考察，隨時考察臣下是否忠於職守，是否以權謀私。一國之君最害怕的就是大臣專權乃至篡權，所以就有了玩弄權術的「陰術」。國君要善於採取各種手段控制臣下，隨時掌握大臣的行動和思想，及時發現臣下的錯誤和陰謀。君主不能夠過於信任大臣，而是要在他們身邊設一些耳目進行監視，在必要的時候既要運用各種手段進行籠絡，也可能會進行威脅。

申不害實施的「術」治方略，促進了韓國的發展。但是這一思想最大的弊端在於，過於依靠君主本人的思想和才能，所以在韓昭侯的支持下，申不害的改革措施頗有成效，但是韓昭侯死後，國家馬上衰落了，這正是「術」治的局限。

商鞅變法

戰國時代最引人注目的變法運動當屬秦國的商鞅變法。商鞅以區區一介布衣，竟然使秦國這個邊遠小國一躍成為戰國霸主，並且最終完成了統一中國的大業。

早年歲月

商鞅原名公孫鞅，是衛國國君的後裔，後來在秦國變法成功之後被封在商這個地方，稱爲「商君」，後人稱之爲商鞅。商鞅雖然是衛國的王室後裔，但是到他這一代的時候家族早已經沒落，他也和當時的多數士人一樣，到各國遊學求仕。

商鞅來到當時的強國魏國，在相國公叔痤家裡做一個叫做「中庶子」的小小家臣，差不多相當於一個見習幹部的職位。商鞅在這裡工作，也趁機學習一下魏國變法的各種文件，慢慢累積學問，思想也逐漸成熟。

魏相國公叔痤年老體衰，眼看不久於人世了。魏惠王去看望公叔痤，順便請教一下相國繼承人的人選問題：「老相國啊，您百年之後，誰比較適合接您的班呢？」公叔痤用微弱的聲音說：「我給您推薦一個人吧，他叫公孫鞅，在微臣家裡做一個小家臣。他雖然年輕位卑，卻十分有才華，是個不可多得的奇才，您讓他接替我做相國吧。」

魏惠王心想：「一個乳臭未乾的小子，連個正當官職都沒有，讓他當相國，簡直是開玩笑嘛！老相國肯定是老糊塗了吧？」他雖然這麼想，但是顧及老相國的面子，就沒說話。

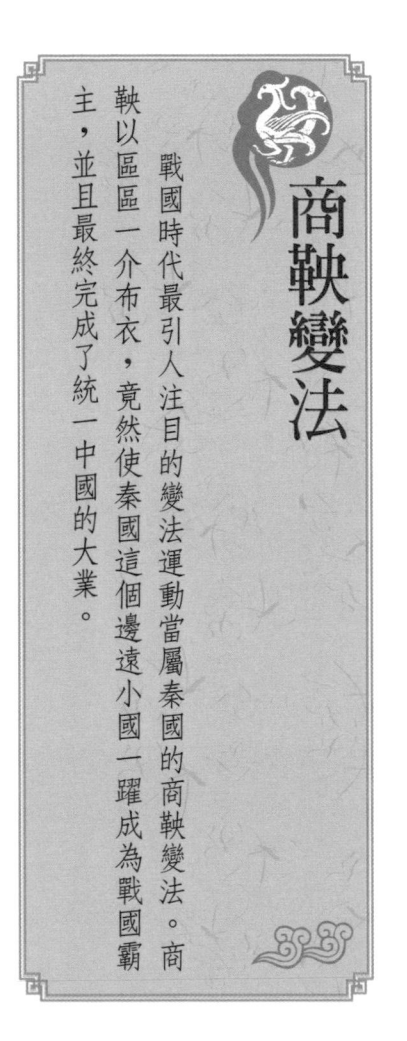

公叔痤猜想魏惠王不接受自己的這個建議，就又鄭重地說：「大王要是不打算重用公孫鞅，乾脆現在就殺了他吧。千萬別讓他爲別的國家效力，否則可是後患無窮啊！」魏惠王聽到這話更是感到莫名其妙，就胡亂答應了幾聲，起身告辭了。他感到十分費解：「一會兒讓我重用一個毛頭小子公孫鞅，一會兒又讓我殺了他以絕後患，看來老相國真的是頭腦不清楚了。」

魏惠王走了之後，公叔痤把商鞅叫進來，說：「我向大王推薦你，但是大王不接受；於是爲了國家利益著想，我又勸他殺了你。唉，但我終究不忍心啊，你趕快走吧。」商鞅笑嘻嘻地說：「不會有事的，我不必走。大王既然不聽你的話，不打算用我，應該也不會殺我的。」

果然，魏惠王權當是公叔痤老糊塗了，根本沒把他的話放在心上，也沒有對商鞅採取任何措施。商鞅在鬱鬱不得志中聽說了秦國大力招攬人才的消息，就離開魏國，前往當時還比較偏遠落後的秦國。

初露鋒芒

商鞅千里迢迢來到秦國，四處託人引薦，終於見到了當時秦國的國君秦孝公。秦孝公年紀輕輕，一心想著如何恢復秦國曾經的榮耀，如何盡快發展秦國的力量，以便在列強爭霸中獲得一席之地。商鞅見了秦孝公，認為他是一位具有改革意願的君主，便著力談富國強兵之術，強化君權之道。秦孝公果然十分感興趣，兩個人促膝長談，一直談了三天三夜。秦孝公決心聽從商鞅的建議，讓商鞅主持變法。

秦孝公召集大臣們開會，徵求大家對於變法的意見。貴族大臣們立刻站出來反對，一個叫甘龍的老臣態度強硬地說：「法令制度是老祖宗傳下來的，哪能隨便說改就改？新法純粹就是胡來，一來不符合我們國家的情況，二來官吏們不熟悉，定會生亂！」

商鞅理直氣壯地說：「古往今來，哪裡有什麼老祖宗傳下來的不變的法令制度呢？上古夏商周三代的禮法各不相同，但都能夠統治天下；春秋五霸的制度也各有各的特點，但都能夠雄霸一方。真正有才能的人向來勇於改革，只有無能的人才會被舊制度所限制。現在各國都在積極謀求變法，誰要是仍然按照老一套路子走，那可要被人恥笑了啊！」

秦孝公說：「公孫鞅提倡變法的主張深得我心，我強烈地支持他。如今秦國的國力衰微，老祖宗傳下來的制度並沒有讓我們的國家興盛起來，所以我們必須進行變法改革，盡快發

作法自斃的由來

商鞅自孝公死後，自知失去靠山，不敢久居京城，返回自己的封地。當他風聞有人誣告他謀反的消息後，情知早晚必罹殺身之禍，便隻身逃出家中，打算潛往他國，躲災避禍。商鞅急於逃離秦境，匆匆趕路，來到關下，不想被守關軍士攔住，聲稱「商君有令，黃昏後非公事不得出城」。商鞅這才意識到必須投宿住店。他來到一家旅店，要求住宿。老闆說：「既是客人我們當然歡迎，請問您是誰，弄不清身分，我會被殺頭的。這是商君的法令，違背不得呀。」商鞅當然不敢承認自己的身分，走出旅店，仰天長歎：「我這是作法自斃呀！」這就是「作法自斃」這個成語的由來。

展國力，擴充軍備，早日恢復大秦王國的榮耀和輝煌！我任命公孫鞅爲左庶長，全面主持開展變法，諸位必須大力支持和配合，嚴禁心懷不滿或暗中違抗！」

商鞅深知，變法開始的時候，如何取信於民，讓百姓們對新法的實施有信心，這是一個必須首先解決的問題。

商鞅下令在市場的南門豎立一根一人高的木頭，貼出佈告說，誰能把木頭扛到市場北門，就獎賞十兩黃金。圍觀的人很多，但是沒有人上來嘗試，因爲這根木頭顯然一般人都能扛得動，人們都不相信會給這麼多黃金。

商鞅不斷下令提高賞金，最終達到了五十兩。這下更沒人相信了，圍觀的人倒是愈來愈多。終於，有一個人抱著試試看、無所謂的態度扛了木頭就走，眾人都嘻嘻哈哈地跟著他來到市場北門，想看看到底能不能兌現。讓所有人都大吃一驚的是：商鞅居然眞的下令，給那個扛木頭的人五十兩黃金。如此一來，增強了人們對新法實施的信心，爲新法的順利推行奠定了基礎。

變法改革

商鞅改革的措施很多，概括來說分爲經濟、軍事、政治三大方面。商鞅採取了一系列鼓勵生產、擴張軍備、加強統治的措施，效果十分顯著。

經濟方面最大的改革措施是「廢井田，開阡陌」。春秋時代以前的公有土地制度是井田制，這是一種土地國有制，全國的土地都歸國家、其實是君主所有，君主再將土地分封給王公大臣們。商鞅利用法令制度，從法律上廢除了井田制度，而實行土地私有制——鼓勵人們開墾荒地，允許自由買賣土地，要求按照土地的多少來繳納賦稅。這些措施激勵了人們開墾土地、發展生產，土地開墾得多了，糧食自然生產得多，國力就慢慢強盛起來。

實行土地私有制的同時，商鞅還獎勵耕織，重農抑商，招募無地農民到秦國開荒，處罰游手好閒、不事生產的人。爲了增加賦稅，征派傜役，他規定成年男子必須自立門戶，成立小家庭。爲了保證全國賦稅收入的一致性，商鞅製造了標準的度量衡器，並在秦國各地嚴格執行。這些經濟措施確立了以私有制爲基礎的土地所有制，發展了生產，增強了國力，爲秦國稱霸奠定了經濟基礎。

除了改革經濟制度，商鞅還致力於建立新的統治秩序。在變法之前，秦國實行的是傳統的世卿世祿制，爵位和官職都是世襲的。商鞅下令「有軍功者，各以率受上爵，爲私鬥爭，各以輕重被刑」，不是按照出身高低，而是根據軍功的大小來授予爵位。貴族子弟如果沒有軍功也不能擔任官吏，而普通士兵如果作戰勇敢，就能夠根據軍功大小獲得相應的爵位和官職。

「獎勵軍功」的措施大大鼓舞了軍隊的士氣，提高了軍隊的戰鬥力。因此，秦國在各場對外戰爭中屢次獲勝，扭轉了長期以來被動落後的局面。秦國還利用武力占領了周邊一些經濟生產比較發達的地區，進一步增強了自己的實力。不過，由於廢除世卿世祿制直接打擊了公侯貴族勢力，危害了他們的利益，因而招致了他們的怨恨，這也對改革帶來了阻力。

商鞅也改革了政治制度，建立起中央集權制度。商鞅下令廢除分封制，建立郡縣制度，「集小都鄉邑聚爲縣」，以「縣」作爲基本的地方行政單位，每個縣下轄若干都、鄉、邑、聚等。縣設縣令、縣丞、縣尉等官職掌管各項事務，直接聽命於中央，這樣就把原來公侯貴族的特權收歸中央，鞏固了中央集權的統治，削弱了豪門貴族在地方的權力。同時，商鞅改革了戶籍制度，規定居民要登記各人的戶籍。同時還實行「連坐法」，將居民五家編爲一「伍」、十家編爲一「什」，讓大家互相監督，如果其中一家犯罪，其他人必須及時告發，否則都要定罪，這就是所謂的「連坐」。這種制度加大了政府對百姓的監督，但是也帶來一些弊端。

商鞅變法順應了時代的要求和歷史發展的潮流，得到了統治者的支持，經過十幾年的努力，獲得了顯著的成效。秦國從落後國家一躍而爲「兵革大強，諸侯畏懼」的強國，出現了「家給人足，民勇於公戰，怯於私鬥，鄉邑大治」的局面，不得不說是商鞅變法的功勞。

商鞅方升

秦魏河西之爭

戰國時期，河西為兵家必爭之地。秦希望透過控制河西，為進駐中原、稱霸天下做好準備，而鄰國魏國，則力圖用占據河西來鉗制秦國的發展。因此，秦魏二國不可避免地在河西一帶上演了一次次血肉紛飛的慘烈戰爭。

魏占上風

所謂河西之地，指戰國時代陝西東部的洛水與黃河相夾的一片狹長地區，由於位於黃河西岸，所以被人稱爲「河西」。在偌大的河西之地上，有少梁（今陝西韓城南）、陰晉（今陝西華陰東）、鄭（今陝西華縣畢家鄉拾村）等多個重要城池。

還在春秋時代，河西之地就是秦晉爭奪的重點。三國分晉之後，魏國在繼承部分晉國土地的同時也繼承了秦晉的「河西之爭」，並在相當長一段時間，都在爭奪河西上死死地壓制著秦國。魏文侯二十七年（西元前四一九年），魏國在河西修築起少梁城（今陝西韓城西南），秦軍伐魏不利，只得老老實實地構建防禦工事。但秦軍的防禦工事對魏軍來說根本不堪一擊。

魏文侯三十三年（西元前四一三年），魏將吳起率兵西征，一舉摧毀秦軍的西河防線，直取位於渭河平原的鄭，嚴重威脅了堪稱秦軍「糧袋」的渭河平原，並大有奪取秦國都城雍（今陝西鳳翔）之勢。焦頭爛額的秦國試圖聯合齊、楚一同抵禦魏軍的進攻。然而，就算齊、楚都果斷迅速地出兵援秦，魏軍在河西的攻勢也依然兇猛。魏太子率兵殺過黃河，將魏軍引入秦國。吳起則在被秦軍斷掉後路的情況下，相繼攻克了秦國的臨晉（今陝西大荔東南）、王城（今陝西大荔）、元裡（今陝西澄城南）、洛陰（今陝西大荔西南）、合陽（今陝西合陽東南）與陰晉。

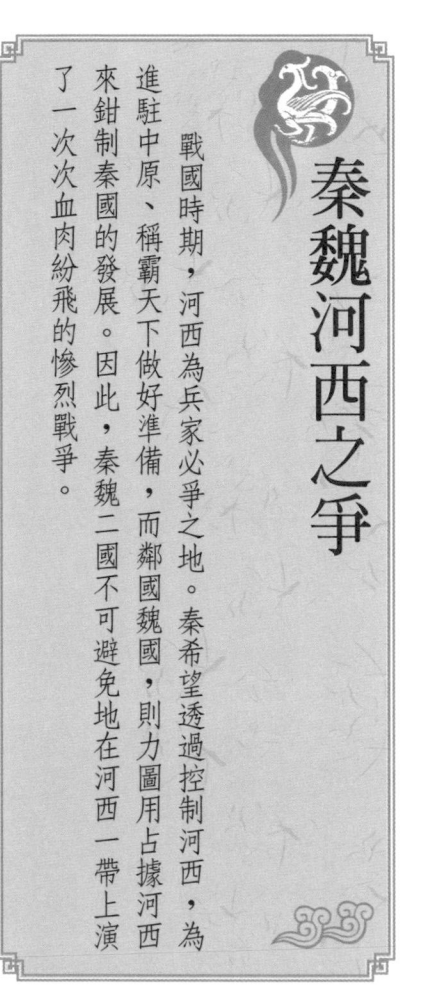

僅僅幾年的光景，偌大的河西之地就被魏國收於囊中，秦國無力反攻。魏文侯將吳起安排在河西嚴防秦軍。在吳起治理河西的時代，秦人甚至不敢「東向」。

穩定了河西之後，魏國又北向拓土，從北方少數民族那裡奪取大片土地。魏文侯在洛河以東、黃河以北的地區建立了上郡，又透過占據陝（今河南三門峽西）進一步控制秦國和中原地帶的交通，致使秦國的發展大受阻礙。秦國只能遙望著日益強大的魏國和夢寐以求的中原。

秦國復興

然而，與魏文侯同時代的秦簡公，即使因爲國力的虛弱無法在和魏國的戰爭中得到便宜，也一刻沒有放鬆強大秦國的步伐。秦簡公七年（西元前四〇八年），他沿洛河東岸向北設法修建了用來防禦魏軍的秦東長城，考慮到和中原的往來已經被魏國控制，他改革國家制度，用實際行動承認了「私田」的合法性，開始按土地畝數徵稅。爲了宣揚尚武的風氣，他又一掃以往只有貴族才能佩劍的舊習，鼓勵平民百姓也帶劍防身。

秦國逐漸恢復元氣，秦簡公十五年（西元前四〇〇年），秦簡公去世，接替他的秦獻公發誓要一雪被魏國欺壓之恥。數年之後魏文侯去世，接替他的魏武侯儘管堪稱英明賢德，卻在用人上犯了一個重要的錯誤——逼走了吳起。秦獻公於是攻打魏國，在洛陰擊潰了韓魏聯軍。秦國信心大增，秦魏在河西的力量對比正微妙地發生變化。

受到激勵的秦國幾次攻打魏國，並漸漸取得了一些大的勝利。秦獻公五年（西元前三六四年），秦軍在石門（今山西

戰國．漆木蓋豆

豆是古代的一種盛食器和禮器，最早出現於商代晚期，盛行於春秋戰國時期。此豆為曾侯乙墓出土。通體髹黑漆，上以朱漆繪變形鳳紋、菱格紋等，繁縟細密，色彩鮮明，是戰國漆工佳作。

運城西南）大破魏軍、殺敵六萬。這場戰爭勝利後，各國驚駭。秦獻公收到了來自周天子的祝賀，秦國也由此成爲戰國七雄之一。

過了兩年，秦國又攻打魏國的少梁，直接威脅到魏都安邑的安全。素以強悍著稱的魏軍竟在少梁被打得落花流水，領軍魏將公叔痤也淪爲俘虜，河西一帶於秦國不再是可望不可即。因此有人認爲，魏惠王正是在這次戰爭後，因畏懼秦國，才將魏國都城從安邑遷徙到位於東方的大梁（今河南開封）。

秦獻公去世後，秦孝公即位，秦國由此進入由弱而強的大轉折時代。反觀魏國，魏惠王在繼任後日子竟一天比一天難過。由於忌憚秦國的崛起，魏惠王十二年（西元前三五八年），惠王命大將龍賈沿洛水河建起旨在防範秦國的長城。但是高大的長城仍不能阻擋秦國進軍的步伐，魏國早已不是戰國初期那個讓諸侯聞風喪膽的強國。

秦孝公不滿足打贏幾次對魏戰爭，他依靠商鞅進行變法，強大秦國的政治、軍事。他賑孤寡，招戰士，明功賞，在外交上也積極應對。魏惠王十五年（秦孝公七年，西元前三五五年），秦孝公和魏惠王在杜平相會，秦國以此爲契機主動和中原諸國進行外交活動，秦國的地位迅速提升。與此同時，秦國還小心觀察著魏國的動向，稍有機會，就伐魏奪地。

第二年，秦趁魏兵伐趙國之際，突襲魏國，在元裡（今陝西澄城）大敗魏軍，殺七千人，攻少梁。秦孝公十年（西元前三五二年），秦國強悍勇猛的士兵又攻打了正忙於和齊、趙纏鬥的魏國，安邑被迫降秦。心神不寧的魏惠王只得在這一年擴建洛水上的長城。此時的魏國雖然實力仍然強勁，卻已能感受到來自秦國的日益增大的威脅。

魏失河西

魏國在魏惠王十九年（西元前三五一年）調整了對秦政策，他將之前在戰爭中從趙國手裡奪取的邯鄲歸還趙國，又想辦法與齊、趙修好，然後便開始調轉頭專注地對付秦國。很快地，魏國的大軍一路伐秦，圍攻了秦國的定陽（今陝西宜川西北）。

此時秦國正於崛起之中，論實力秦雖可以占此便宜，卻還無力招架魏國的這種攻勢。秦孝公在商鞅的幫助下與魏惠王在彤（今陝西華縣）進行和談。爲表歉意，秦孝公將之前從魏國手裡奪走的安邑、少梁都歸還給魏國。

魏惠王二十六年（西元前三四四年），魏國聯合十二個小國討伐秦國，秦孝公則在商鞅的幫助下透過外交手段讓魏惠王最終放棄此次出師。

在接下來的魏惠王稱王，約諸侯會盟的時候，秦國又故意放低姿態，派公子少官前去恭賀。而魏惠王則被秦國的「低姿態」迷惑了，他將精力轉移到別的國家，在第二年攻打韓國，卻受到了韓、齊聯軍的拚死抵抗，又被秦國大兵偷襲。這一戰，魏軍大敗，大將龐涓戰死，太子也成爲俘虜。

魏惠王將國力浪費在吃力不討好的戰爭上，魏國儘管有惠施等賢能之士輔佐，卻仍無法扭轉江河日下的現實。如此，對魏國而言，河西局勢愈加危險。而秦國，若要實現東向擴張，必須併吞河西。

魏國再也看不到秦國的「低姿態」了，魏惠王三十年（西元前三四○年），魏國還沒有從戰敗的傷痛中走出來，就又遭遇了秦國的進攻。不僅如此，一向把魏國當做威脅的趙、齊也加入了伐魏陣營。

魏國派公子昂出兵迎敵，商鞅一聽說魏將乃公子昂，便連忙寫給公子昂一封信：「吾與公子歡，今俱爲兩國相，不忍相攻。可與公子面見，盟，樂飲而罷兵，以安秦、魏。」公子昂信以爲眞，果眞親自到秦軍營帳找商鞅暢飲，結果一進秦營就被秦軍拿下，成爲俘虜。待兩軍交鋒，失去了主將的魏軍吃了敗仗。

秦孝公在位二十四年（西元前三三八年）去世，繼任者秦惠文王雖然一上任就殺掉了在秦魏河西之爭上立有大功的商鞅，卻仍然積極東進。魏國將一些河西城池送給秦國以求平安，秦國又憑藉強大的軍事實力迅速奪得多個河西重地。秦惠文王八年（西元前三三○年），在大將公孫衍的幫助下，秦國勝利完成了對河西陰晉的爭奪戰。而魏國也終於意識到自己再不可能憑藉河西鉗制秦國，只得將該地拱手相讓。

擁有了河西之地的秦國迅速躍升爲不可小覷的戰國一霸，威震中原。

東周列國建築構想圖

惠施和莊子

惠施和莊子都是戰國時期著名的思想家，他們的思想經過無數次交會碰撞，分別結出形態各異、枝蔓不同的智慧之果。

互爲諍友　言悖意合

莊子是戰國時期道家的代表人物，他一生淡泊名利，提出「道法自然」、「出世」等哲學思想。惠施是和莊子同一時代的另一位思想家，與莊子不同的是，惠施曾擔任魏國宰相，名聲傳遍各個諸侯國。

莊子與惠施在哲學觀點、政治立場上有許多不同。超然物外、心境曠達的莊子視榮華富貴猶如敝屣，追求自由和「精神獨與天地往來」的境界；身爲政治家的惠施則不像莊子那樣脫離社會與人群，他觀察世間萬物，擅長從中分析總結規律，然後化爲實用。在政治方面，惠施是一個善於謀劃的決策者和充滿理想的改革者，莊子則把自己的哲學觀與政治觀統一起來，主張無爲治國。雖然兩人擁有完全不同的思路與生活方式，卻是一對諍友式的知己。莊子與惠施都好辯，博學而犀利，所以他們討論問題時經常互相辯詰。

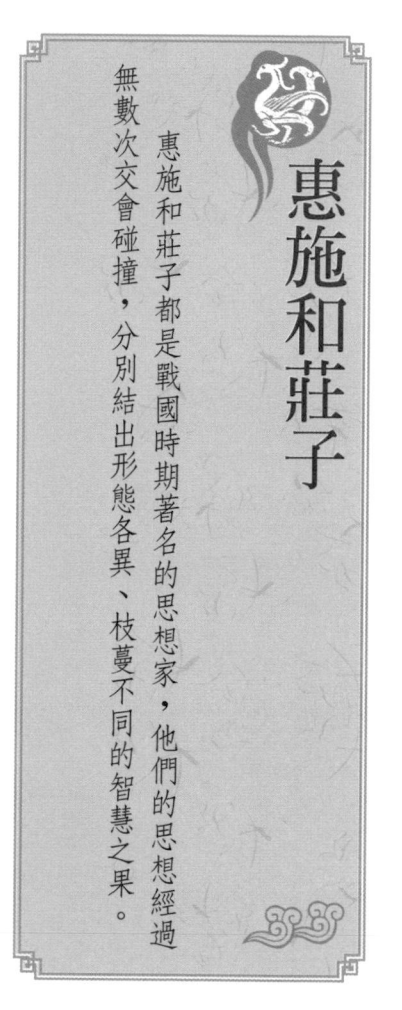

惠施總覺得莊子毫無邊際的談天說地都是些空乏無用的東西。有一次，惠施跑到莊子面前感歎道：「魏王給了我一些能結出大葫蘆的種子，我種下之後，果然結出好大個的葫蘆，倘若拿它盛東西，足足能盛五石呢！可是葫蘆那麼小的嘴只能裝水比較方便，但裝水我又提不動，乾脆劈開兩半當瓢用，可做成瓢的話，又大又淺的怎麼盛水呢。這葫蘆看著用途很多，其實一點用都沒有，我就把它砸碎了，你說這是不是一個沒用的東西？」

莊子心裡明白惠施這番「葫蘆說」是在拐彎抹角嘲諷自己的文章〈逍遙遊〉。於是，莊子悠然自得地說道：「你眞是沒有遠大的眼光。有用之物落在你手上算是白白浪費了，既然葫蘆那麼大，那它的浮力一定也很大，如果它做成船，乘載著遊走四方，那該多麼愜意啊！」看著惠施語塞的樣子，莊子又得意地說：「看來你的心還眞是茅塞不通呀。」惠施本是嘲諷莊子而來，沒想到卻被莊子揶揄得啞口無言，只好訕訕地走了。

過了幾天，惠施又跑來找莊子，他看到莊子正在院子裡修剪樹枝，又想到前幾天取笑的事，靈機一動，站在莊子旁邊自言自語道：「我有一棵樗樹，長得很高大，但紋理不好，不能拿來做大家具，做小家具呢，它的枝幹又曲曲折折的不光滑直順，工匠們都說不好用。別看它長得很大，卻成不了材，像這種東西，只有棄之荒野的命運。」

莊子搖搖頭對惠施說：「你守著這麼好的一棵大樹，卻不能好好利用，眞遺憾啊，看著炎炎烈日，靠在樹下乘涼避暑，喝喝茶讀讀書，累了還能倒在樹蔭之下悠閒地睡上一覺，這難道不是人生第一美事嗎？」

在辯論上惠施總處在下風，他看重透過仕途實現人生價值，所以即便惠施知道莊子視名利如浮雲、一生安貧樂道，但有時面對這個智慧超群的朋友他也會生出狹隘的念頭。有一次，莊子突然來到魏國，當時魏國宰相正是惠施，有人向惠施報告說：「莊子這次來，很想取代您做宰相呢！」惠施對莊子的突然造訪十分不解，另一方面，大概是太瞭解莊子的才華，心下暗歎不如，所以很是驚慌，竟然聽信了下人的讒言，利用相

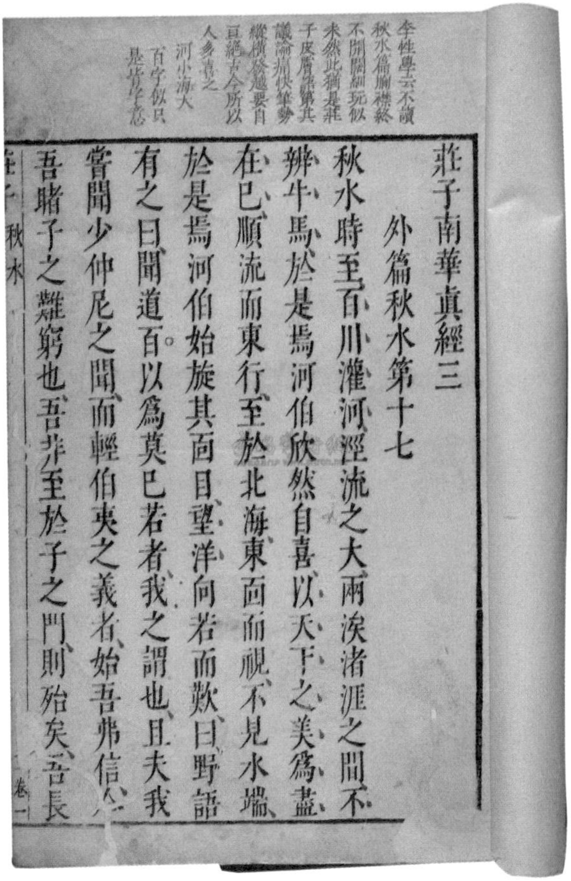

《莊子》書影

權之便派人在全國上下搜捕莊子，整整搜捕了三天三夜。莊子卻不把這當回事，後來，他主動跑來看望惠施，對惠施說：「南方有一種叫做的神鳥，性情高潔，牠一路從南海飛往北海，只肯在梧桐上棲息，只肯飲清澈的泉水，吃乾淨的竹實，牠在空中飛過的時候，恰巧被一隻吃死老鼠肉的貓頭鷹看到，貓頭鷹怕搶走自己的鼠肉，惡狠狠地對說：『走開！』你今天是不是也怕我搶走你相國的位子呀？」惠施聽聞，感到很慚愧，但還是像對待好朋友一樣款待了莊子。

兩種思想　一樣坎坷

與清高桀驁的莊子相比，世故又有才華的惠施不難擁有飛黃騰達的仕途。事實上，惠施的名望確實被各國國君所仰慕，還未步入政界時，魏惠王經常邀請惠施到王宮裡面講學。而惠施在第一次和魏相白圭交談時，他滔滔不絕的辯才和學富五車的知識竟讓白圭無言以對。

但是，惠施的治國理念和對社會的看法卻有很強的理想主義色彩，一旦實施便會遇到很多阻力。在治國上，惠施主張「泛愛」、「去尊」，這與墨家「兼愛」的思想很接近，都反映了平民的願望，卻又都降低了王權的威力，因此惠施的主張一直缺乏國中權貴的支持。在外交上，惠施提倡「偃兵」、「止紛爭」，這些理想在戰事頻繁的戰國根本不可能實現。

於是，魏王另一位卿相的候選人翟翦評價惠施時，說這位「布衣卿相」的治國理念好比鄭衛之樂這種靡靡之音一樣，無法像正統的雅樂那樣登入朝堂。大臣匡章也把惠施及其隨從調侃爲「蝗螟」。惠施的治國大道，處處碰壁，空落紙上，這勢必讓惠施的官場生涯充滿坎坷。

起初，惠施非常受魏惠王的器重，魏惠王聽從他的意見和其他國家結盟合縱抗秦。但是，迫於秦國的軍事壓力，魏惠王卻幾次背棄惠施的「合縱」而尋求和秦國的聯合，還邀張儀到魏國爲相，逼得惠施只能從魏國離開，投奔楚國。

離魏奔楚的經歷對惠施打擊甚大，坎坷的政治生涯讓惠施感慨不斷。《韓非子．說林上》記載著惠施和好友田需的一段對話。在得知田需要到魏王身邊做事時，惠施告訴他：「您和魏王身邊的人一定要做好人際關係。這就好比楊樹，栽的時候怎樣都能活，可是一百個人裡如果有一個人想拔掉它，它就活不成了。」他一方面似是告誡田需，另方面又似是在感慨自己的境遇。

惠施與莊子的治世哲學都體現了一種平民思想，惠施入世，莊子出世。莊子一生只做過名爲漆園吏的小官，一直都生活得十分清貧。縱觀莊子的出世精神，恐怕和他對亂世的悲觀看法有很大關係，莊子曾說：「若天下有道，有才德的人可以成就事業；天下無道，有才德的人頂多只能苟活於世；當今這世道，人們最多能做的僅僅是避開刑殺；幸福眞像羽毛一樣輕，讓人無法承受；災禍重得像大地，讓人無力躲避。」對無道之世的切身體驗恐怕才是無爲思想的現實來源。面對這樣動盪無常的世道，相較於清貧的生活，莊子更多感到的是內心的無力，縱然有才能也只好憑空埋沒。

子非魚安知魚之樂

有一天，惠施和莊子一起悠閒地在河邊散步。莊子看到水中的小魚們快活自由地游來游去，感歎道：「魚兒戲水，魚兒真是快樂啊！」惠施卻故意板著臉說：「你又不是魚，怎麼知道魚兒戲水快樂？」莊子不以為然地說：「你不是我，怎麼知道我不知道魚兒快樂呢？」惠施緊跟著說：「我當然不是你，所以不知道你；你當然也不是魚，所以更不知道魚啦！」莊子說：「你看看你開始時怎麼說的，『你不是魚，怎麼知道魚快樂？』這說明前提是你知道我知道這些你才問我的。告訴你吧，我是站在河邊知道的！」

知己既死　莊子失質

惠施與莊子這對有趣的朋友，雖然見面必爭論，世界觀也大相逕庭，卻有著非常深厚的情誼。惠施早莊子二十年離開人世，這讓莊子十分黯然。

惠施去世，莊子爲其送葬，來到惠施墓前，莊子停下腳步對著弟子們說：「在楚國國都郢城有兩個泥瓦匠，有一次工作的時候，泥漿甩落到其中一名工匠的鼻尖上，正要擦掉，他的同伴大喊一聲：『別動！讓我來！』聲音未落，便掄起斧頭，你們猜怎麼著？」弟子紛紛帶著驚恐的神色說：「恐怕這個工匠的腦袋就要被他的同伴砍掉了吧？」

莊子搖搖頭，說：「這匠人摸摸脖子，嗯，腦袋還在；又摸摸鼻子，上面的泥漿已經被削掉了。」

「然後，」莊子接著講，「宋國國君聽說了這件事，非常驚訝，就找到這位削泥如神的匠人，讓他再表演一次絕技，卻被匠人拒絕了。匠人說：『我的同伴已經不在了，即便我有此絕招，又有什麼意義呢？』」

莊子講的這番話，深深表達出失去惠施這樣一個知己的悲傷。莊子說過，惠施的離世，自己的精神彷彿失掉了「質」一樣，沒有了知己，自己那些超然世人的高見就再也沒有表達的對象了。

齊魏相王

在春秋時代，只有楚國大著膽子自稱為王。但是到了戰國時代，稱王已經成為炫耀實力、威懾天下的表現。齊魏相王，由此引起一番國際政治動盪。

魏惠王的野心

魏惠王當政時期，魏國實力強大，堪稱中原之霸。當時的秦國卻是連名存實亡的周天子都不放在眼裡的虛弱小國。魏惠王二十六年（西元前三四四年），魏惠王聯合十二個小國向秦國發動進攻。素以雄才大略著稱的秦孝公頓時感到陣陣恐慌，急得夜不能寐，他比誰都清楚單純地用武力對抗魏國，凶多吉少。而在這種情況下，唯一能拯救秦國的辦法就是「借刀殺人」，先用計讓魏國成爲眾矢之的，借助其他國家的力量抗擊魏國。

秦孝公的心事被商鞅看在眼裡，作爲一個從魏國出逃投靠秦國的人，他十分清楚魏惠王的弱點。他當即求見秦孝公，自告奮勇要替秦國解除災患、出使魏國。

商鞅的計策是將禍水東引，透過挑撥離間迫使魏國放棄秦國而攻打齊國。魏惠王有著強烈的虛榮心，重浮名而輕實利，商鞅即決定把「浮名」作爲引誘魏惠王的誘餌。於是，一到魏國他就故意做出謙卑的姿態，自降身分，折節屈膝，使魏惠王產生「秦懼魏，以魏爲王」的印象。接著，商鞅又使出渾身解數，向魏惠王大講稱王之事。而他的這番話剛好說到魏惠王的心坎裡。

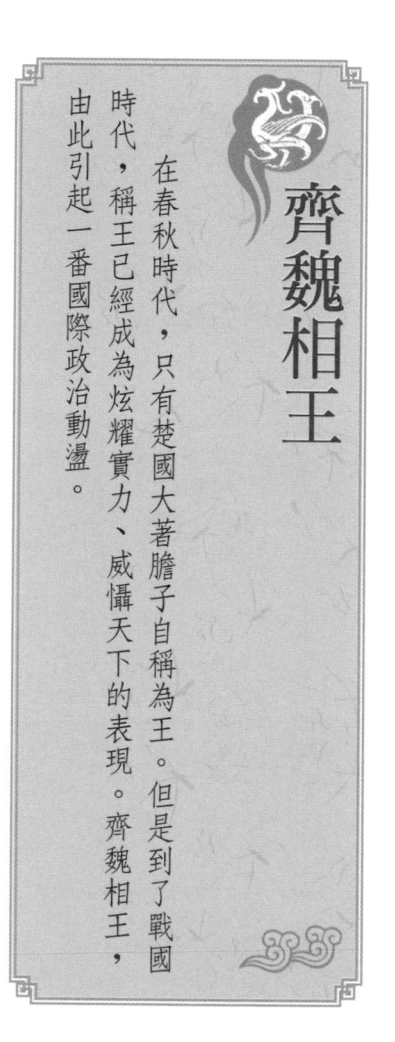

商鞅鼓動魏惠王先行下手，取「王」之威名。並向魏惠王保證，以魏國的強大其他國家定不敢對此有所非議，事實上他們早在心底默認魏惠王爲王，自己爲臣。

魏惠王的虛榮心一下子膨脹起來。他不顧大臣們的勸說，把兵伐秦國的事拋到一邊，專心致志地忙起了稱王儀式。由於魏國所在之地是中國歷史上第一個王朝夏的發源地，因此魏惠王自稱「夏王」，並擇日舉辦了盛大的稱王典禮。魏惠王是戰國第一個自封爲王的人。而一切似乎正如商鞅所說，趙國、秦國還有一干小國都派出使節恭敬地出席典禮；然而另一方面齊、楚、韓卻都沒有派人參加這個稱王儀式。

惠施獻策

秦在魏惠王稱王一事上有功，稱王后，魏惠王沒有再提攻打秦國的事。秦孝公終於長長地吁了一口氣，和商鞅一起關注起魏和齊、楚、韓三國的局勢。楚早在春秋時期就已稱王，齊國的實力和魏國旗鼓相當，商鞅一早料定這二國必不會逢迎魏惠王的稱王。另一方面，魏惠王一直有心降服二國，在稱王儀式順利結束後，

戰國・犧背立人擎盤

此盤為山西長治出土。底座作牛犢形，直立的四足較矮短，遍體鱗紋。在牛背上立一小人像，為束髮女像，雙手前伸力擎盤柄，盤柄可以旋轉，上托施鏤空花紋的圓盤。

他發誓要讓齊、楚嘗嘗不向「王」拜服的惡果，但出於戰術上的考慮，他決定先向相對弱小的韓國下手。

魏惠王二十八年（西元前三四二年），魏攻打韓國。韓國自知無力抵擋魏國，馬上向齊國求救。齊國也正想藉機打擊魏國的囂張氣焰，便令田忌、田嬰為將，孫臏為軍師，在馬陵將魏軍打得落花流水。正當魏國還為馬陵之敗傷痛，秦國就又舉大兵向魏殺來。曾經謙卑地對待魏惠王的商鞅此時也殺氣騰騰地大呼「非魏併秦，秦即併魏」，他親自帶兵，用計殺死魏將公子申，大破魏軍，讓魏軍相當長時間都沒有辦法恢復元氣。

這個時候魏惠王的相國惠施向魏惠王敬獻上一條計策：尊齊為王。

惠施告訴魏惠王：「楚和齊當初都對魏惠王自立為王有所不滿，這次魏惠王若放低姿態尊齊為王，楚王必定認為齊、魏兩國在羞辱自己。到時

候，魏惠王如果能派人從中挑撥、拉攏他國一起捲入楚齊之爭，讓楚國把齊國當成重點打擊對象，就能借楚國之力摧毀齊國。」

魏惠王審時度勢，當即對惠施的意見表示贊同，並願意忍受「屈辱」，尊齊為王。

魏惠王的使者將「尊齊爲王」的意思告訴給齊威王。齊威王當然想像當年魏惠王一樣風光地舉行稱王儀式，但他又擔心鋒芒畢露招致禍患。他的大臣張丑也認爲魏惠王不懷好心：「戰不勝魏，而得朝禮，與魏和而下楚，此可以大勝也。今戰勝魏，覆十萬大軍，而禽太子申；臣萬乘之魏，而卑秦、楚，此其暴於戾定矣。且楚王之爲人也，好用兵而甚務名，終未齊患者，必楚也。」

張丑完全看穿了魏惠王的用心，如果齊國沒有打敗魏國也就罷了，可以透過接受魏惠王的建議和魏和解，進而與魏聯手拿下楚國。但現在齊國已經在之前的攻魏戰中取得了豐厚的成果，根本沒必要爲了一個虛名給自己惹麻煩。一旦稱王必定會引起秦和楚的憤怒，楚王喜歡動武甚於逐名，楚國會因此成爲齊國的心腹大患。

無奈自立爲王的誘惑力太大了，齊威王無法抵擋，更何況，他一向寵信的小兒子田嬰一直在他耳旁鼓動他稱王坐大。齊威王終於接受了魏惠王的建議。

徐州相王

像當年的魏惠王一樣，齊威王也興高采烈地準備起稱王儀式，而忽視了稱王會給他帶來的麻煩。他讓田嬰負責儀式的大小事務，並封其爲齊國丞相，希望能藉稱王之機，將齊國的實力推上一個新的高峰。

如果齊威王稱王，依照規矩，他就要和魏惠王彼此稱「王」，即齊魏相王。表面上看，齊威王的稱王大典只是儀式，實際上，這卻意味著齊魏兩國的結盟。齊威王特地將齊魏相王的地點定在古老的徐州，因爲在徐州

戰國．建鼓座

建鼓是一種貫柱大鼓。此器是最早的建鼓實物，也是現今所見最精美的一件先秦建鼓座。

魏惠王炫寶

魏惠王十五年（齊威王二年，西元前三五五年），齊威王和魏惠王在郊外打獵。魏惠王突然問齊威王：「齊國有什麼寶貝嗎？」齊威王一愣，說：「沒有。」聽到這個回答，魏惠王很驕傲地向齊威王炫耀：「我的國家雖然小，卻有直徑一寸的寶珠，能將十二輛車前後照亮的大寶珠就有十顆，這樣的寶貝像齊國這樣大的國家居然沒有？」

齊威王聽後，答：「我衡量寶物的標準和您的不大一樣，我有個名叫檀子的官吏，讓他守南城，楚國就不敢來犯。泗水背面的諸侯都來向我國朝賀；我還有一個名叫盼子的官吏，讓他守高塘，趙國人就不敢再來河東邊打魚；我還有官吏黔夫，讓他守徐州，燕國人就害怕得祭神，光是遷徙到齊國的燕人就有七千多家；我還有一名官吏叫種首，他擅長防範盜賊，所以齊國人都路不拾遺。這些官吏的光芒榮耀足以照到千里，又何止是十二輛車。」魏惠王聽了，非常慚愧。

遼闊的土地，除了有魏、齊、楚三個大國的領土，還有宋、薛、鄒、魯等若干小國的國土。選址徐州的意思不言自明，就是要向諸國顯示國威，震懾八方。

魏惠王明白齊國有意藉稱王儀式向天下炫耀「魏以齊爲尊」，多少有些不舒服，但他更清楚這恰恰是挑撥齊楚關係的大好時機，齊威王表現得愈張狂就愈能將楚激怒。

魏惠王後元元年（西元前三三四年），齊威王和魏惠王在徐州的泗水東岸舉行了「相王」儀式，史稱「徐州相王」。在齊威王和魏惠王之前，兩國君主的謚號不是「某某公」，就是「某某侯」，而在他們之後，皆變成「某某王」。齊魏相王對當時諸國帶來極大的震憾，周朝樹立起的「四海之內，莫非王土」的典制不復存在。

在齊魏相王后，魏惠王又派人鼓動唇舌，在中原大地掀起一股「稱王熱」。魏惠王馬不停蹄地展開他的「相王」活動，先後和趙、燕、韓、中山等國「相王」。遺憾的是，事情並沒有像惠施當初預料的那樣進展，魏國的實力大不如前，魏惠王的「相王」行動失去了控制，使整個中原陷入混亂。

一直冷眼觀看列國相王的秦，則趁亂出兵，以迅雷不及掩耳之勢攻城奪地，先打了楚，又攻了韓，接著又奪取了魏國的崤山。最後齊、魏等相王之國都因相王受到了不同程度的削弱，只有秦國不圖虛名，藉機坐大。

楚國滅越

越國曾在春秋時期名列「五霸」，但發展到戰國時代，越國各方面發展逐漸衰落。到了無彊稱王的時候，越國已經在衰落的旗幟下苟延殘喘，並最終被楚國所滅。越國的覆滅改變了戰國時代的諸侯割據局面，促使戰國時代邁向結束。

多災多難的越國

越國歷史悠久，大概在夏朝仲康時（約西元前一九五〇年）就已建國。越國從建立以來就延續著一條滅亡與復興的輪迴之路，第一次覆滅是在越王勾踐三年（西元前四九四年），被吳王夫差所敗。當時越國的君主是著名的勾踐，在越國滅亡後他便一直忍辱負重，為吳王當牛做馬，一心一意希望可以重振雄風。

夫差大獲全勝後便開始忘乎所以，沒有對越國斬草除根，而是享受起了勝利者虛妄的榮耀。這種心態成為勾踐復國的肥沃土壤，再加上勾踐身邊圍繞著一群如范蠡、文種等賢士，越國捲土重來就成了必然之事。越王勾踐十五年（西元前四八二年），越國經過了十幾年的儲備實力後終於東山再起，舉兵伐吳。越王勾踐二十四年（吳王夫差二十三年，西元前四七三年），勝利無望的夫差在絕望和自責中揮劍自刎，越國就此復興。復興之後的越國開始謀求春秋霸主之位，越王勾踐二十九年（西元前四六八年），越遷都琅玡，開始一段長達一百多年的北方霸主之路。

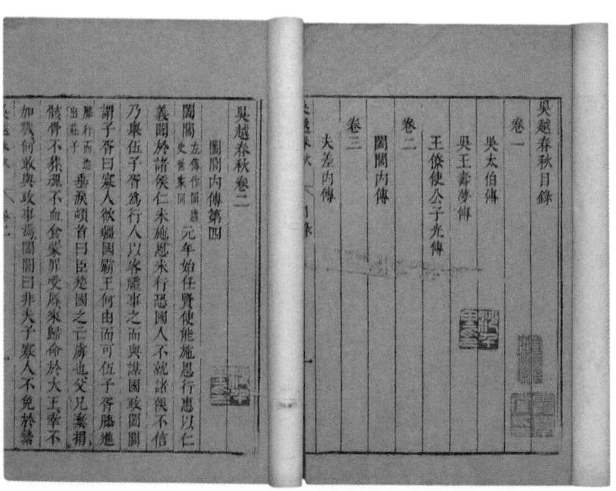
吳越春秋目錄
卷一
吳太伯傳
吳王壽夢傳
王僚使公子光傳
卷二
闔閭內傳
卷三
夫差內傳

吳越春秋卷二
闔閭內傳第四
闔閭元年始任賢使能施恩行惠以仁義聞於諸侯仁未施恩未行恐國人不就諸侯不信乃舉伍子胥為行人以客禮事之而與謀國政闔閭謂子胥曰寡人欲強國霸王何由而可伍子胥膝進垂淚頓首曰臣楚國之亡虜也父兄棄捐骸骨不葬魂不血食蒙罪受辱來歸命於大王幸不加戮何敢與政事焉闔閭曰非夫子寡人不免於縶

《吳越春秋》書影

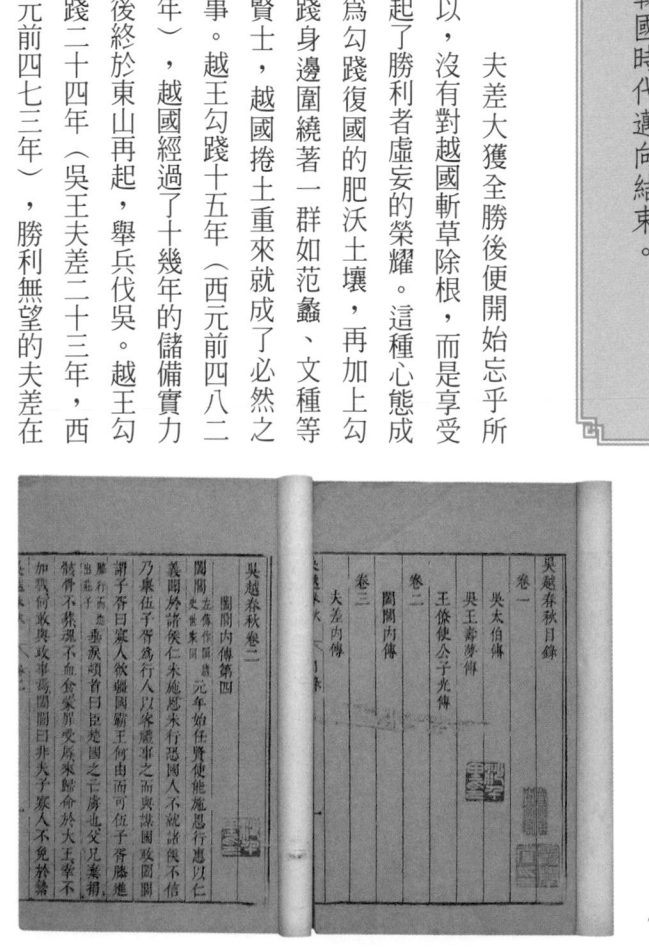

勾踐之前的越國

根據《吳越春秋》的記載，越國的祖先是大禹的後人。當年大禹巡視國家，回到大越後在茅山接見各方諸侯，獎勵有功之人，爲他們封王加爵。也是在這個時候，茅山被大禹正式更名爲會稽山。此後不久，大禹便去世，就被葬在了會稽山。大禹的兒子啓繼承王位，成爲夏朝的開創者。

經過歷代君主，夏朝到了少康時代。少康爲了維繫大禹血脈，便將自己的庶子無餘派到會稽山一帶爲大禹守陵。無餘在這裡建立起越國，成爲後來春秋戰國時代越國的鼻祖。

越國從建立以來就發展緩慢，十分落後，幾乎很少與外界接觸。商湯滅夏之後，無餘的後人也失去了依靠，這算是越國最早的一次覆滅。西周建立之後，無餘的後裔無壬重新建立起越國，並一直代代相傳。到了允常稱王的時候，越國開始頻繁與外界展開戰爭，特別是與鄰國吳國衝突不斷。允常死後，其子勾踐繼位，便開始越國歷史上一段從落寞到輝煌的時光。

轉眼便是戰國時期，越國的雄偉逐漸趨於衰落。到了無彊做越國君主的時候，越國的衰落之勢已經更加不可遏止。無彊是勾踐第六代後人，也有心重現越國往日的風光，於是在周顯王三十六年（西元前三三三年）攻打齊國和楚國，希望能一舉獲勝，傲視中原。但事實並非他想像中簡單，且不說越國兵力不足以支撐攻打齊、楚，就單說無彊本人就缺乏明確的立場和清晰的戰略。於是，越國的第二次亡國之災就此拉開序幕。

無彊的計畫

無彊最先攻打的是齊國，原因很簡單，攻打齊國遠比攻打楚國要省力許多。要攻打楚國，單憑越國一國之力決然不會勝利，因此在無彊的計畫裡，希望能夠跟韓、魏兩國聯手攻楚，大家就可以在楚國的土地上獲得各自的利益。

爲此，無還詳細解釋了如何實現聯合攻楚的計畫，他著重強調了不需要韓、魏直接去跟楚軍交戰，只需聚集兵力把守在各自的都城之下便可。到那時，齊國大軍會在常、郯邊界聚集，阻止方城以外的楚軍南下，而在淮、泗領域的楚軍也不能退向東部，只能留在南部。此時，西部地區的楚軍就完全暴露在秦國大軍的圍困之下，而越國只需要面對淮、泗領域的楚軍就可以了。這樣一算，韓、魏不用耗費一兵一卒就可以獲得楚國大片富裕的疆土，確實是美事一樁。而齊國和秦國也可以在楚國的土地上得到自己所需要的利益，越國也能分得一杯羹，在中原獲得自己的一席之地。

這個計畫看上去無懈可擊，但韓、魏兩國偏偏不敢答應，他們生怕會跟楚國短兵相接。這也難怪，韓國兵力一向虛弱，一旦與強於自己十倍的楚國交戰，很可能會全軍覆沒，那樣韓國就會面臨滅頂之災。而對於魏國來說，其擔憂跟韓國也大同小異，一旦本國軍隊遭受重創，魏國一些重要領地就會成爲楚國的囊中之物，到時候連反擊之力都沒有。於是，韓、魏兩國都拒絕了無彊的要求。

有趣的是，韓、魏雖然不想跟楚國開戰，她們自己倒是在黃河、華山一帶打得不可開交，寧願露出可趁之虛讓齊國和秦國垂涎，都不願意嘗試無彊的建議。

無彊失望透頂，就在這個時候，齊國使節來了，帶著偌大一個陷阱來到無彊的面前。

楚國滅越

齊使知道無彊不出兵直接攻打楚國的主要原因，是魏、韓的不配合，於是齊使告訴無，如果越國不戰勝楚國，永遠也別想能在中原稱王稱霸，至於魏、韓兩國的不支持，大可不必理會。越王希望魏、韓能夠支持自己，並不是要讓他們去立什麼汗馬功勞，不過是爲了利用他們來分散楚國的兵力罷了。其實沒有魏、韓的幫助，楚國的兵力已經分散。

無彊開始動搖了，他追問齊使所說的「楚國兵力已經分散」是什麼意思。齊使表示，楚國主要戰鬥力當下正在作戰，他們將大部隊糾集在北邊，包圍了那裡一些重要的城池，威脅著魯國、齊國等諸侯國的安全，整個戰線長達三千七百里，楚國的兵力已經四分五裂，越國如果在這個時候發兵攻打楚國，楚國一定沒有回擊之力，越王的稱霸夢就得以實現。

無彊聽信了齊使的話，放棄齊國，轉而攻打楚國。後來的事實證明，無彊帶著滿腔熱血跳進了萬丈深淵，心甘情願地當了齊國的馬前卒。

越國大軍浩浩蕩蕩向楚國挺進，就當無彊認爲一切都在按照自己計畫進行的時候，楚國軍隊突然一個回馬槍，殺回楚國，圍剿越軍。無彊也在這次戰役中身亡。楚威王乘勝追擊，不僅滅了越國，而且還占領了原來吳國一直到浙江的所有土地，擴大了楚

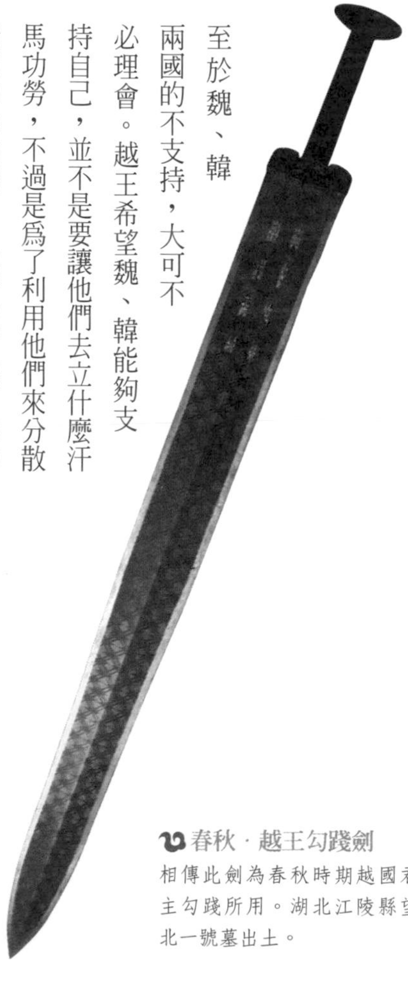

春秋．越王勾踐劍

相傳此劍為春秋時期越國君主勾踐所用。湖北江陵縣望北一號墓出土。

國的版圖。

而齊國也沒有因此而獲得安穩。愈戰愈勇猛的楚威王大軍壓境，攻打齊國，並在徐州一戰中大獲全勝。而此時的齊國由於正忙於跟趙國開戰，沒有足夠的力量對付楚國，只能向楚威王求和。

臥薪嘗膽

在越國的歷史上，勾踐可以說是最有名的一位君主，吳滅越之後，他不惜忍辱負重，臥薪嘗膽，在吳王夫差的身邊小心伺候，最終東山再起，復興了越國。

戰國．彩繪鹿鼓

張儀說秦

張儀，名震戰國的縱橫家，憑藉一張利嘴成為秦國第一任丞相，又憑藉一張利嘴遊走於諸國之間，冒著生命危險實現秦國的「連橫」戰術——「事一強以攻眾弱」。

至秦國　求富貴

張儀，魏惠王四年（西元前三六六年）出生於魏國大梁，年輕時曾向鬼谷子學習縱橫術。儘管他是魏國貴族的後裔，但家境卻十分貧寒。在未發跡前，他爲楚國丞相效力，卻被誣陷偷了楚相的璧，理由僅僅是他很貧窮。當時，張儀被楚相一頓好打，受盡侮辱，可在回家後卻還可以一臉輕鬆地和妻子開玩笑：「看，舌頭還在，這就夠了。」

張儀非常清楚自己的特長：能說會道。當他聽說秦惠文王渴慕人才，就在魏惠王後元六年年（秦惠文王九年，西元前三二九年）投奔秦國，並如願以償得到秦惠文王的賞識，被拜爲客卿。

張儀到秦國不久，就爲秦國立下戰功，他和大臣公子桑一起領兵伐魏，不多時就拿下了魏國的蒲陽（今山西隰縣）。當時的魏國十分虛弱，以秦國的實力掃蕩魏國不在話下，但生性機巧的張儀卻並不滿足於用武力奪取城池，他說服秦王將蒲陽還給魏國，並將秦公子繇送到魏國當人質。而他自己則藉著護送公子繇的名義混入魏國，對魏惠王施以「連橫」之策，鼓動魏惠王向秦屈服。

飽嘗秦軍之苦的魏惠王見秦國將蒲陽送回，又主動送貴族爲人質，早已經冷汗淋漓，知道秦國正在向自己示威，在聽了張儀的鼓動後，愈發驚恐。張儀藉機暗示魏惠王送土地給秦國作爲與秦結盟的代價。魏惠王不敢拒絕，忙將上郡十五縣和戰略意義十分重要的少梁呈給秦國，使秦國不費一兵一卒就收穫了比蒲陽大得多的土地。而經過此事，秦惠文王更是對張儀刮目相看，遂封他爲秦國丞相。

張儀是秦國的第一位丞相。當了丞相的張儀爲保護自己的地位，開始排擠有可能對自己構成威脅的人，他擠走了曾備受秦惠文王重用的大良造公孫衍，逼得公孫衍離秦奔魏。之後張儀又被任命爲將，領兵攻打魏國。

巧舌如簧

魏惠王知道張儀的厲害，惶恐不安，一面頂著秦國的軍事壓力，一面向齊威王求援，試圖聯合齊國共抗強秦。張儀得知此事迅速作出反應，搶在魏惠王前面來籠絡齊國，致使齊不助魏而助秦。

張儀像

就在張儀施展口舌之能，遊說他國「事強秦攻眾弱」時。公孫衍出現了，爲救魏國，也爲報被張儀排擠之仇，公孫衍積極遊說各國合縱，要他們「結眾弱以攻強」。不久魏、韓、趙、燕、中山便「相王結盟」。但論起外交手段，公孫衍終歸要較張儀略遜一籌，他並沒有料到楚國會在這個時候給魏國突然一擊。而眼看公孫衍的「合縱」策略出現紕漏，張儀忙在秦惠文王更元二年（西元前三二三年）邀齊、楚會於嚙桑（今江蘇沛縣西南），目的在於拉攏齊、楚，以便向魏進攻。不僅如此，張儀還在魏惠王面前大談親秦之好，威逼利誘雙管齊下。

張儀游刃有餘地在列國間周旋，玩弄她們於股掌之間，魏惠王以張儀爲魏國立了大功，任他爲相。出於秦國利益的長遠考慮，張儀辭掉了在秦國的職位，似乎一心一意要爲魏國做事。張儀的目的很簡單，就是想讓魏國依附秦國，然後吸引更多的諸侯國效仿。但是張儀的「連橫」直接威脅到各國的利益，所以在秦惠文王更元六年（西元前三一九年），齊、楚、韓、趙、燕等國全力支持公孫衍的「合縱」，並促使他出任魏相，張儀也被驅逐出魏國。

張儀回到秦國，繼續出任秦國丞相，繼續爲秦國搬弄唇舌。

助秦東擴

對秦國來說，實力強大的齊國和地處南方的楚國無疑是自己東擴稱霸的心腹之患，不拔不快。問題是，齊和楚好像猜到了秦國的心思，結成聯盟共同抗秦。要想實現擴張野心，秦惠文王就必須想辦法破壞齊楚聯盟，各個擊破。而這個重責大任自然又落到了張儀頭上。秦惠文王更元十二年（西元前三一三年），張儀故技重施，再次辭掉在秦國的工作，「恭敬」地拜會楚懷王。

到楚國後，張儀沒有忙著求見楚懷王，而是暗中觀察在楚國有哪個大臣既容易被收買，又深得楚懷王信任。他將目光聚焦在楚懷王的寵臣靳尚身上，花重金讓其爲己所用。然後才動用三寸不爛之舌，鼓動楚懷王背棄齊國。

商於之地乃屬秦國，張儀向楚懷王許諾，只要他背棄齊國，秦國就肯將商於之地作爲禮物獻上，到時候，楚懷王既得了土地，又可藉秦之手削弱齊國。楚懷王聽後非常高興，儘管老臣進言張儀乃無信之輩，楚懷王仍舊固執己見。而被張儀收買的靳尚也不斷向楚懷王說張儀之好。利慾熏心的楚懷王竟任命張儀爲楚國丞相，毫不猶豫地撕毀了和齊國的盟約。

張儀以「爲楚國收取商於之地」的名義大搖大擺地回到了秦國。一到秦國，他就謊稱重病連續三個月都不上朝。楚懷王等待商於之地等得心如火焚，等不來張儀的消息，這個不甚聰明的國君以爲秦國遲遲不肯履行諾言是因爲楚國表現的誠意還不夠，竟派人到齊國去侮辱齊王，致使暴怒的齊王宣布和楚國徹底分道揚鑣。張儀聽說此事，心花怒放。想到齊國在短時間內不可能和楚國修好，張儀毫不留情地戲弄了楚懷王，只給了楚國「六里」地。楚懷王發覺上當爲時已晚，他怒氣沖沖地糾集大兵攻打秦國，發誓要給張儀好看。結果秦國早有準備，聯合齊國大敗楚軍，逼得楚懷王割地求和。

平安終老

張儀志得意滿地回到了秦國，將說韓的情況一一道來，秦惠文王非常

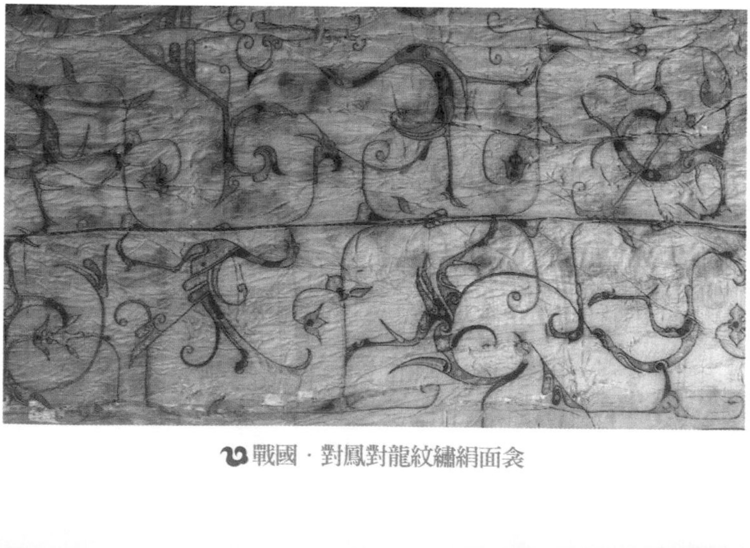
戰國・對鳳對龍紋繡絹面衾

高興，封張儀爲「武信君」，還賞給他五座城池。張儀的事業又登上了高峰。之後，張儀又先後爲秦國來往於趙、燕之間，使趙國「割地謝前過以事秦」，燕「獻恆山之尾五城」。因爲張儀的存在，秦國不費一兵一卒讓諸國將土地拱手送上。

然而，張儀一直清楚樹大招風，盛極則衰。自相秦以來，他於國內、國外都樹敵甚多，若不是蒙秦惠文王的厚愛，他很可能已遭到迫害，死於非命。因此他在累積財富和聲望的同時，也時刻留心秦國那暗潮洶湧的官場，這讓他得以盡早看清秦國之內到底誰寵信自己，誰仇恨自己。於是，秦惠文王一死，他就想辦法辭掉相位，遠離秦國，返回魏國老家。

戰國‧鷹流杯

敞口，流鷹嘴形，嘴銜珠，圜底，橢圓形圈足，俯視呈桃形。

事實上，正如張儀所料，接替秦惠文王的秦武王從小就對張儀十分反感，秦國那些曾被張儀排擠的大臣也都等著武王掌權後給張儀施加顏色。之前那些被迫事秦的國家也趁張儀失寵之機背叛「連橫」，復還合縱。張儀在魏國的日子也不大安穩，齊國一聽說張儀回魏，便舉兵來討，不殺張儀誓不罷休。而張儀又憑藉心思巧妙化解了危機，只用幾句話就讓齊國自行退兵。

原來張儀表面上派人去楚國求援，又暗令使者在從齊國經過時假裝將秦國「機密」洩露給齊國，告訴齊國張儀早就料到齊國會兵困魏國，所以安排秦國趁齊國興兵伐魏的時候，入三川、攻函谷、挾天子、成王業。齊國聽了這話非常吃驚，爲求自保，立即下令退兵。魏國之難由此被張儀輕鬆化解。

齊國退兵後，張儀在魏國過了一段安穩平靜的日子，他被魏國任命爲相，地位尊貴。不過，他只做一年魏相就因病去世。他這一生做了許多言而無信之事，但誰也無法否認他是舉世罕見的外交奇才。他奔走於各國之間，一次次地破壞列國的合縱之盟，幫助秦國大拓疆土、樹立威名，爲秦國的統一大業立下不可磨滅的功勞。

公孫衍合縱攻秦

如果不是張儀的出現，公孫衍在秦國的仕途生涯就不會倉促結束，然而，也正因為從秦國出走，公孫衍才真正開始了他的輝煌歲月。他發動魏、趙、韓、燕、楚五國合縱，給了野心昭彰的秦國以強有力的打擊。

對手張儀

公孫衍和張儀這兩個人，同在魏國出生，也曾同在秦國謀事，當張儀還在尋找飛黃騰達之道時，公孫衍已經貴爲秦惠文王的大良造，手執秦國的軍政大權。和秦國一向關係緊繃的魏國，爲求平安，竟在秦惠文王六年（西元前三三二年）將陰晉之地（今陝西華陰東）獻給秦國。公孫衍的仕途生涯也在此時風光無限，他帶著秦軍攻打魏國，用兩年的時間奪取了魏國的雕陰，擒獲了負責駐守魏國西邊的大將龍賈。

公孫衍爲秦國立了大功，但他在秦惠文王手下的輝煌歲月也到此爲止。秦惠文王九年（西元前三二九年），張儀進入秦國，隨著張儀在秦惠文王面前日益得寵，倍感失落的公孫衍只得無奈地棄秦投魏。

幸運的是，魏惠王並沒有因爲之前數敗於秦而忌恨公孫衍，還馬上任他爲將。此時恰逢楚威王去世，魏國打算趁楚懷王初立、根基不穩之時占楚國些便宜。身爲魏將的公孫衍自然要擔起重任，而他和張儀的較量也就此展開，只不過這初次交鋒的形式有些隱晦。

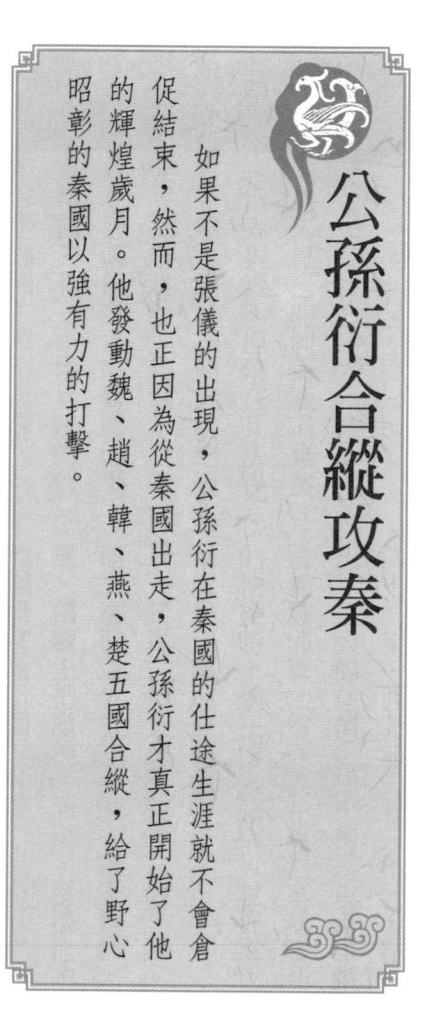

公孫衍爲魏國積極地籌備戰事，考慮到秦國有可能藉魏伐楚之機襲擊魏國，魏惠王打算將上郡送給秦國。而張儀得知此事後，則力諫秦惠文王助魏攻楚。爲避免魏惠王後悔，張儀又讓秦惠文王將之前從魏國奪走的蒲陽歸還給魏惠王施壓。最後，魏國順利地攻下了楚國的陘山，卻又迫於壓力不得不將比蒲陽大得多的上郡、少梁獻給秦國。公孫衍爲魏國浴血奮戰打下了楚國的土地，張儀卻只動了動嘴皮就爲秦國「說」下了魏國的城池。

這次經歷讓公孫衍意識到，要對付強大的秦國，魏國的實力遠遠不

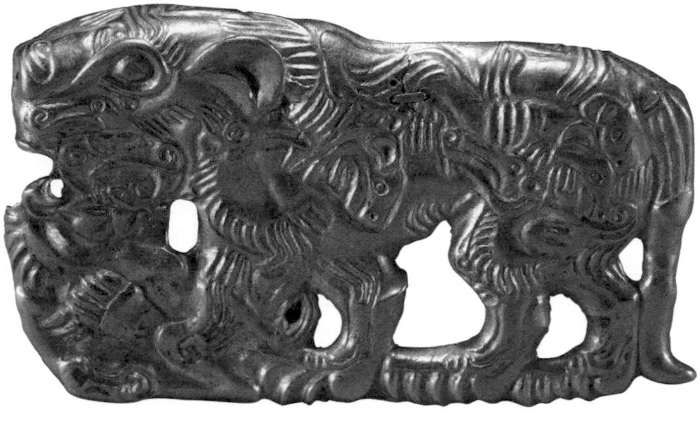

戰國．虎狼搏鬥紋金牌飾

這是一件具有草原文化特徵的藝術品，造型作虎狼搏鬥狀，似乎是猛虎和餓狼為爭食一隻小動物而搏鬥，狼明顯處於下風，它已被虎踩踏於下，只能仰面掙扎。

夠，要想在秦國的威逼下求生，就只有仰仗「合縱」的力量。

曲折的「合縱」

張儀曾獻策秦惠文王，要其「親魏善楚，下兵三川，塞什谷之口，當屯留之道」，但在公孫衍和魏相惠施等人的活動下，魏國和秦國愈來愈遠，與齊、楚的關係倒日益親密。

一旦魏國的合縱成功，秦國的擴張速度就要大幅放緩。心急如焚的張儀親自領兵教訓魏國，迫使魏國再次向秦俯首，然後張儀又使出九牛二虎之力拉攏齊楚，絞盡腦汁破壞了魏、齊、楚的合縱。

在弱肉強食的戰國，要實現「合眾弱以攻強」十分不易。好在公孫衍沒有放棄，積極地進行各種有益於「合縱」的外交，魏惠王對「合縱」也傾力支持。魏王先是尊韓威侯爲王，即韓宣惠王，又拉著韓宣惠王一起不惜屈尊到齊國的平阿（今山東陽谷東北）和齊威王相會，大談聯合之事。在君臣的共同努力下，公孫衍遂於秦惠文王更元二年（西元前三二三年）發起了「五國相王」，促使魏和韓、趙、燕、中山一起認同彼此的稱王，這一活動實際上是一種結盟。儘管因看不起中山國的弱小，齊威王一度試圖要中山國國君放棄王號，但在魏國的左右周旋下，事情不了了之。

「五國相王」氣勢洶洶，讓秦國擔驚受怕，秦相張儀連忙展開了破壞行動。他毅然辭去秦相的職位，親自跑到魏國遊說魏惠王「背縱連橫」。而在一段時間內，魏惠王的反應確實讓張儀看到一絲希望。魏惠王罷免了力主合縱的惠施，轉命張儀出任魏相。公孫衍好不容易建立起的「合縱之盟」眼看就要崩潰。然而，魏惠王終究清醒了過來，任憑張儀費盡唇舌，就是不肯接納「親秦」的建議，

戰國．十五連盞燈

全燈像一株枝條茂盛的大樹，由長短不同的八節枝幹接插而成，伸出的枝條上托圓盤燈盞，共計十五個燈盞。還在燈枝上鑄出一群攀枝嬉戲的猴子，圓形燈座上還立有兩個赤膊的小銅人像，似以食物拋飼群猴，極為生動有趣。河北平山中山王墓出土。

又偏巧在這個時候齊國出兵攻秦大獲成功，秦國無力對魏國施行軍事壓力。秦惠文王更元六年（西元前三一九年），齊、楚二國要求將張儀驅逐出魏，魏國也抓住機會派人到楚、趙、燕再次商談「合縱」事宜。最後，張儀只好萬分失落地離開魏國。

張儀一走，公孫衍就被任命為魏相。魏惠王去世，接替他的魏襄王並不希望依附於秦。這讓公孫衍得以再次大展「合縱」的拳腳。他成功地讓魏國與趙、韓、燕、楚重新結成抗秦同盟，並在魏襄王元年（秦惠文王更元七年，西元前三一八年）主動向秦國發起進攻。遺憾的是，他高估了五國聯軍的戰鬥力，各國在配合上說不上默契，還把並不算聰明的楚懷王推為「縱長」，結果剛到函谷關，五國聯軍就遭到了秦國的迎頭痛擊，各路人馬四散奔逃。

一場仗打下來，魏國元氣大傷，也顧不上「合縱」大業，迫不及待地派人和秦國講和。楚國見勢不好也露出了向秦國求和的意思，趙國本想反抗到底，不料齊國趁火打劫；於是，公孫衍的「合縱」又一次失敗了。

轉赴韓國

「合縱」失敗後，公孫衍承受了莫大的非議，被迫離開魏國。唯一讓他欣慰的是，他曾和西戎義渠聯繫過，說服義渠在五國攻秦之時討伐秦國。當時，他叮囑義渠的國君，待五國與秦開戰，秦一定會送厚禮予義渠。但義渠不能因此信賴秦國，因為野心勃勃的秦國只要從五國這裡得到喘息機會就會向義渠大打出手。事實上，在抗擊五國聯軍時，秦國真的派人帶著貴重禮物和義渠大談兩國友好。義渠國君想到之前公孫衍的叮囑，毫不領情，馬上動員部隊殺向秦國。秦國萬萬沒有料到後院起火，被打得措手不及，被迫放棄了對五國的趕盡殺絕。

沒有國家眞的願意依附於秦，五國伐秦的失敗亦不能代表「合縱」的失敗。公孫衍在離開魏國前說服魏襄王任命齊國的孟嘗君田文赴魏爲相，而田文恰恰也是「合縱」的支持者，他的到來不僅讓魏國的「合縱」之策得以在艱難中延續下去，而他齊國貴族的特殊身分又有助於爲魏聯齊。與此同時，轉投韓國的公孫衍也得到了韓王的重用，被任命爲韓相，大權在握，「合縱」的形勢又一次露出苗頭。

秦惠文王試圖用武力向「不安分」的韓國施壓，沒料到楚懷王突然聲稱要出兵援韓，韓國在楚國的激勵下，咬牙和秦國對抗了一年，直到兵疲力竭才俯首投降。

公孫衍在韓國兵敗後，返回了魏國。「合縱」因「強國逼弱」而生，又一次次地敗於「強國之強，弱國之弱」。公孫衍壯志難酬，而和平安終老的張儀相比，他的結局又格外淒涼。

在魏國，爲了制約公孫衍的權力，魏襄王重用公孫衍的夙敵田需，當公孫衍在魏國勢大時，資質平庸的田需沒有對他構成實質性的傷害。但在公孫衍相韓時，田需日益坐大。據《韓非子》的記載，重回魏國後，公孫衍遭到了田需的暗算。田需殺掉一個和公孫衍不和的大臣張壽，然後嫁禍於公孫衍。魏襄王相信了田需製造的假象，將公孫衍處死。

公孫衍死了，但他的「合縱」策略卻大大啓發了那些不甘於匍匐在秦國威懾下的國家，在他之後，諸國不僅多次透過「合縱」抵抗住秦國的猛攻，還把「合縱」當做拓展土地的一種方法。孟嘗君田文就對「合縱」之策運用自如，多年之後，他出任齊相，憑藉對「合縱」的靈活運用，讓齊國進一步強大。在很長一段時間裡，齊國都爲秦國所深深忌憚。而熙熙攘攘的戰國舞台，也因爲一次次的「合縱」愈發精彩。

思子心切

魏惠王到平阿和齊威王相會後，為博取齊威王的信賴，將太子送到齊國做人質。但一段時間後，魏惠王便開始因思念太子日夜憂愁。大臣朱倉見此，就出主意讓魏惠王裝病，然後又代表魏國出使齊國。朱倉告訴齊相田嬰，魏惠王年紀大了，身體不好，將魏太子送回國，魏惠王一定會感念齊國的恩德。相反，若楚國搶在齊國前面將流亡在楚國的魏公子送回魏國，一旦魏國立魏公子為太子，那現在在齊國的魏太子就失去了價值，而齊國還要背負不仁德的名聲。田嬰十分認同朱倉的說法，勸說齊威王放魏太子回國，讓太子和魏惠王團聚。而齊威王也接受了田嬰的意見。

稷下學宮

稷下學宮是戰國時代的文化中心，它為當時「百家爭鳴」的各大流派提供了一個很好的平台進行辯論和交流，利用自己的學說去影響君主，進而實現自己的政治理想。

國之大學

稷下學宮是戰國時代齊國的一個政治、學術、文化、教育機構，因爲臨近齊國都城臨淄的稷門而得名。它始建於田齊桓公時期，歷經齊威王、齊宣王、齊閔王、齊襄王等，基本與田齊政權相始終，最後隨著秦國滅齊、統一中國而中止。稷下學宮歷時約一百五十年，在齊國乃至整個戰國時代的歷史上都具有重要的地位，人們將其稱爲「中國最古老的大學」。

稷下學宮始建於田齊的第三代君主齊桓公田午執政時期。田氏代齊之後，面臨著鞏固新生政權與發展壯大國力的緊迫任務，而這都需要大量的人才。爲了招攬天下人才爲自己所用，齊桓公繼承了姜齊時代尊賢重士的優良傳統，在國都臨淄的稷門附近建起了巍峨壯麗的學宮，稷下學宮輝煌的歷史就此開始了。齊威王時期，繼續選賢任能，廣開言路，而且進一步擴建了稷下學宮，更多的人才來到這裡交遊講學、議政論道。

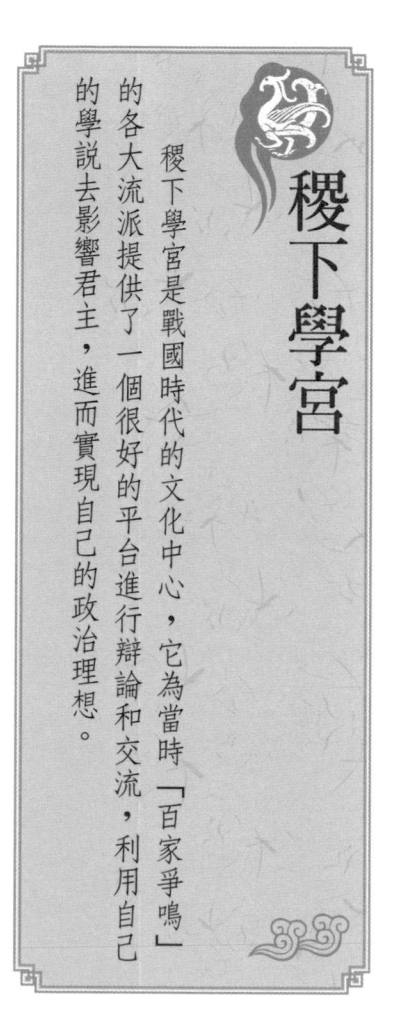

稷下學宮在齊宣王時期達到了鼎盛，這是因爲齊宣王爲了充分發揮學宮的作用，採取了一系列鼓勵和優待政策。政治上，授予稷下學者「上大夫」之號，允許他們以任何形式匡正國君及官吏的過失，鼓勵他們參與國事，充分發揮他們智囊團的作用；經濟上，給他們提供優厚的物質生活待遇，包括寬敞的住宅、很高的俸祿、講學的場所等；學術上，鼓勵稷下學者們著書立說，講學論辯，各個學派之間開展學術爭鳴。透過這些措施，稷下學宮得到了迅速發展，各國學者、各家學派雲集於此，著名的學者就有上千人。

這種興盛的局面一直延續到齊閔王前期，然而到了齊閔王後期，國君開始變得好大喜功、剛愎自用，諸多稷下學者紛紛進諫，但均無效果，反而遭到讒言陷害，於是學者們紛紛離開齊國，學宮出現了衰落的跡象。燕國攻占齊臨淄之後，稷下學宮也遭到嚴重破壞，以致於停辦。田單復國之後，齊國已經元氣大傷，根本無力恢復學宮往日的輝煌。隨著齊國國力的衰弱，稷下學宮也隨之日漸蕭條，直至衰亡。

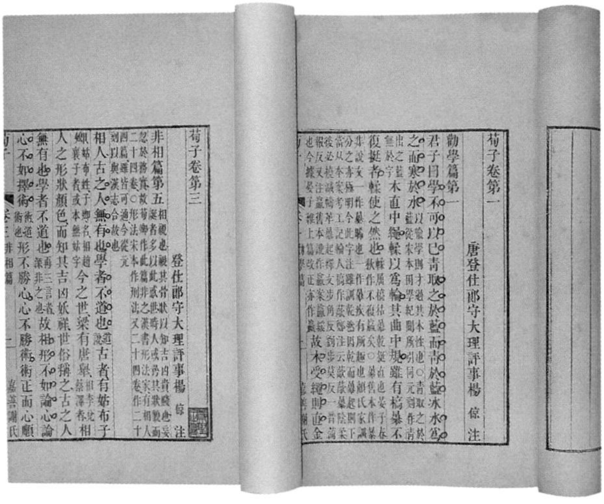
荀子《勸學》書影

不任職而論國事

稷下學宮是一個兼有政治、文化、學術、教育等多方面職能的綜合性機構，不過就其最初的建立目的而言，它是一個服務於國君和政治的強大的智囊團。齊國國君之所以想要招攬「天下之賢士」，就是爲了「有智爲寡人用之」，也就是說讓學者們的智慧和謀略爲國君所用，最終實現發展國家的目的。

爲了讓稷下學者們能夠充分發揮作用，齊國國君採取的方式是「受上大夫之祿，不任職而論國事」，也就是說，稷下學者們雖然不擔任具體的官職，卻具有特殊的政治地位——據其學問、資歷、成就、貢獻的不同，授予他們「客卿」、「大夫」、「上大夫」或「先生」、「學士」等不同的榮譽稱號，並且享受官員的俸祿，以此來鼓勵他們探討治國方略，直言君臣得失。

史書中關於稷下學者論政和諷諫的故事有很多，比如《孟子·梁惠王下》中記載了齊宣王向孟子請教治國方略的故事；《戰國策·齊策一》中有鄒忌鼓琴諷諫齊威王的故事；《史記·滑稽列傳》中也有淳于髡勸喻齊威王「不鳴則已，一鳴驚人」的故事。由此可見當時政治風氣之自由。

百家爭鳴

戰國時代，隨著經濟的發展與政治制度的變革，文化學術狀況也在發生變化，由商周時代的「學在官府」發展到「學下私人」，也就是說官府壟斷文化的局面被打破，有更多的下級貴族和平民掌握了文化知識，這促進了「士」這一社會階層的發展和活躍。

「士」是戰國時代重要的政治力量，他們針對當時的社會狀況提出了各種不同的主張，並且游走於各諸侯國之間，宣揚自己的政治主張，力圖在政治舞台上占有一席之地。而各國君主爲了壯大自己的實力，籠絡大批士人爲自己服務，並且從實用的角度出發，兼收並蓄，並不偏重某一家，這就形成了「百家爭鳴」的文化局面。

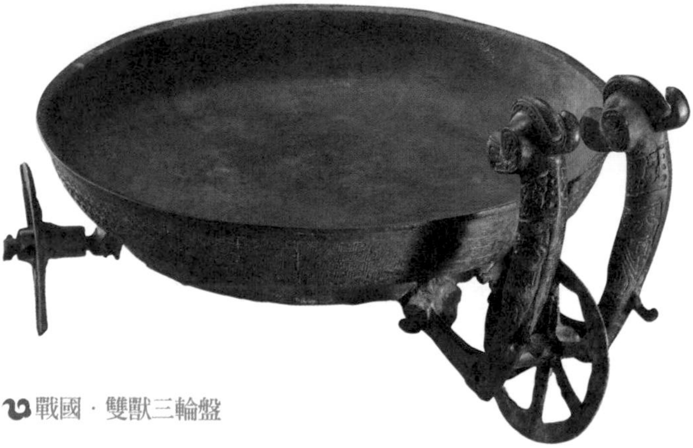

戰國．雙獸三輪盤

由於稷下學宮是一個氣氛十分寬鬆的學術、教育機構，各個學派的代表人物紛紛來到這裡，著書講學，開展論辯，宣揚自己的學說。

法家學派是戰國時期影響比較大的一個學派，各國的改革者多是應用了法家的思想。稷下學宮的法家學派又稱爲齊法家，是繼承了姜齊時代的名相管仲的思想發展而來。法家學派提倡法律面前人人平等，執法公正，他們雖然重視刑罰的作用，但是仍然主張德刑相輔，法教統一，反對嚴刑峻法，只是將「法」作爲達到「以有刑至無刑」的一種手段。

黃老學派是道家學派的一個分支，代表人物是慎到、田駢、接子、環淵等人。其內部也有分化，有的近墨，有的類法，有的則主要繼承老子。黃老學派雖然屬於道家，實際上是老子的道家思想和齊國姜太公、管仲等人的傳統思想兩者融合而成。既注重學理的探討，又重視實際的應用；既研究宇宙起源等大問題，也關注政治制度等具體問題，因而受到統治者的青睞。

儒家學派也是稷下學宮中影響很大的流派，先秦儒家的兩位大師級人物——孟子和荀子都曾經長期在這裡講學。孟子在齊宣王時期待在齊國長達十多年，宣揚自己的主張。荀子從少年時代開始就在齊國遊學，後來長期居住在齊國，曾經三次擔任稷下學宮的「祭酒」，是當時的學術領袖。他的思想在繼承孔孟的基礎上又有所發展，提出「性惡論」，主張禮法並用，思想在儒家學者中獨樹一幟。

陰陽五行學派的代表人物是鄒衍，他以「陰陽五行」理論爲基礎，將其與社會歷史現象相結合，提出了

「五德終始」理論。用木、金、火、水、土這五種基本物質的相剋順序來解釋各種自然現象和社會現象，尤其是闡釋和論證新舊朝代更替的原因以及新政權產生的合理性。這一理論經常被統治者利用來為自己的兼併戰爭作辯護。

雜家學派在早期的稷下學宮有著很大影響，代表人物是齊國的淳于髡。淳于髡是一位著名的謀臣，他善於諷諫，長於隱喻，智慧過人，在齊國享有很高的聲譽。雜家學派雖然自己沒有系統的理論體系和明確的學派特徵，但是卻博采眾家之長，並且比較實用。這一學派雖然在學術方面建樹不大，不過對於統治者來說反而比較有用，能夠幫助解決一些政治、外交方面的實際問題。

除此之外，還有墨家學派、名家學派、兵家學派等許多流派，也都各具特點。總之，稷下學宮為戰國時代諸子百家學說的形成與完善提供了非常有利的條件，大大促進了戰國時代思想文化的繁榮和百家爭鳴局面的產生，對後世產生了深遠的影響。

〈荀子論水〉石刻

孟子進諫

孟子作為戰國時期儒家的代表人物，在很多國家活動和遊學，宣揚自己的政治主張。他在齊國待的時間最長，與齊國君主的交往也比較密切，在《孟子》一書當中，留下了很多孟子與齊國國君探討國事、論辯進諫的故事。這些故事一方面有助於人們瞭解孟子的政治思想，同時也真切地表現出孟子的性格特點和人格風範。

三游齊國

孟子在自己思想比較成熟的中晚年曾經先後三次來到齊國，向國君宣揚自己的政治主張，這是孟子一生經歷中十分重要的部分。

孟子在四十多歲的時候曾經在齊國的城邑平陸講學，齊威王二十八年（西元前三二九年），四十四歲的孟子首次到齊國臨淄。當時齊國的君主齊威王很重視孟子的到來，封他爲「正卿」，但實際上並沒有實權。

孟子自己也雄心勃勃，「如欲平治天下，當今之世，捨我其誰乎？」（《孟子．公孫丑上》）當時的他渴望幹出一番大事業。然而齊國當時正處於擴張時期，齊威王任用孫臏、田忌、淳于髡、鄒忌等人，積極展開爭霸活動。在這種時候，孟子推行的「仁政」的主張和「民本」思想根本不可能被國君所採納。孟子在齊國待了四年左右，雖然齊威王對他十分尊重，卻始終沒有採納他的主張。齊威王三十一年（西元前三二六年），孟子聽說宋國的國君將要實行「王政」，就離開了齊國，前往宋國。

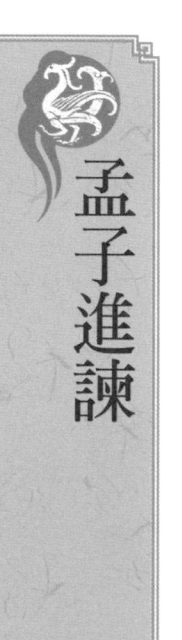

齊威王在位三十七年（西元前三二〇年）卒，齊宣王繼位。齊宣王繼續發展了齊威王時期重士納賢的作風，稷下學宮更加興盛。第二年，孟子從魏國第二次來到齊國，受到了齊宣王的熱情接待。這時孟子已經在列國之間享有較高的聲譽，齊宣王爲孟子及其大批弟子們安排了寬敞舒適的住所，拜孟子爲「卿大夫」，讓他在稷下學宮自由講學。

在居齊的這段時間裡，孟子曾經多次與齊宣王論政，從各種角度宣傳自己的政治主張，提出了一系列重要的觀點。然而，過了三年，孟子的母親去世了，孟子護送母親的靈柩返回家鄉鄒，並且按照當時的禮制居家守喪三年。

齊宣王六年（西元前三一四年），孟子守喪三年之後，第三次來到了齊國。也正是在這一年，齊宣王進攻並且占領了燕國。齊宣王正處於軍事擴張時期，不想實行孟子提倡的「王道」，所以孟子在齊國雖然很受尊重，但實際上一直沒有眞正實現自己的政治理想。最後孟子終於決定離開齊都臨淄，他其實對齊宣王仍然存在著幻想，一連在齊國邊境逗留了三天，期盼齊宣王能夠回心轉意，派人來挽留他，結果不如人意。孟子只好徹底離開齊國，結束了他在齊國前後十多年的政治、學術活動。

孟母三遷

孟子小的時候，他的母親為了讓他能夠有一個好的環境，不惜多次遷居，以防他誤入歧途。

治國之道

孟子遊歷齊國的時候，齊宣王經常和他探討治理國家的道理，孟子也多次藉這種機會向齊宣王宣揚自己的政治主張。

有一次，齊宣王向孟子詢問春秋時期的齊桓公、晉文公稱霸的事情。孟子心裡不希望齊宣王對「霸道」感興趣，就故意把話頭引到行使「王道」上來。

齊宣王問：「什麼樣的人能夠行王道而統治天下呢？像我這樣的人，能夠安撫百姓、籠絡民心嗎？」孟子說：「大王能夠做到的。我聽說大王有一次坐在大殿上，看見有人牽著一頭牛從殿下走過，要把牛用來祭鐘，您就命令他放了那頭牛，因爲不忍心看到牛恐懼發抖的樣子。但是祭鐘的儀式也不能取消，就用一隻羊來代替。老百姓有人認爲這是您吝嗇，其實我知道，這表現了您的仁愛之心。您擁有這種仁愛的惻隱之心，就能夠行使王道來統治天下。」

齊宣王很高興，說：「先生您再仔細說說。」孟子接著說道：「假如有人和大王說，他的力氣能夠舉起三千斤重的東西，卻舉不起一根羽毛；他的視力能夠看得見鳥獸毫毛的末梢，卻看不見整車的柴草，大王您會相信嗎？」

齊宣王說：「當然不相信了。」

孟子說：「您的仁愛和恩德能夠推及牛羊等禽獸，卻不能讓老百姓們感覺到，這就好像是舉不起羽毛、看不見柴草一樣，是沒有用心去做。所以說，大王還沒有用王道統一天下，不是做不到，而是根本不肯做。」

齊宣王不服氣地問：「怎樣是做不到，怎樣是不肯做？」孟子解釋說：「要求一個人用胳膊夾著泰山跳過渤海，他說做不到，那說明是真的做不到；若是要求他對長輩恭敬地彎腰行禮，他說做不到，那就是不肯做了。大王行使王道，並不像夾著泰山跳過渤海那麼困難，其實只要由尊敬自己的長輩推廣到尊敬所有的老人，由愛護自己的孩子推廣到愛護所有的孩子，想要統一天下是非常容易的。您的恩德能夠惠及禽獸卻不能讓百姓受益，是因爲您不肯去做而已。」

就這樣，孟子採用舉例和類比的方法，巧妙地向齊宣王進諫，希望他能夠行使「王道」，造福百姓。

遠見卓識

燕國內亂，齊宣王趁此機會，打著仁義之師的旗號，用了很短的時間就攻占了燕國的幾十座城池。

齊宣王問孟子：「我們是否應該吞併燕國呢？我們的力量本來與燕國勢均力敵，但是用了這麼短的時間就完全占領了燕國，這不僅僅是憑藉人力吧？是不是天意如此呢？如果我們不吞併燕國，可能就違反了天意吧？」

孟子說：「如果吞併燕國，燕國百姓很高興，那就可以這麼做；如果百姓們有意見，我們就不能去吞併她。齊國和燕國基本勢均力敵，當大王攻占燕國城池的時候，燕國百姓卻用竹筐盛著乾飯，用壺盛著酒漿來歡迎大王的軍隊，這說明他們生活在水深火熱之中，等著精力旺盛的軍隊前來救援。從前周武王征伐紂王的時候，從不驚擾百姓，只是誅殺暴虐的國君，以解救那些被殘害的百姓。人們盼望武王軍隊的來到，就像盼望天上降下及時雨一樣。」

齊宣王說：「那按照現在的情況來看，應該怎麼辦？」

孟子皺著眉說：「燕王雖然被您打敗了，可是您對燕國人民卻不怎麼好。您的軍隊殺掉燕國的士兵，擄掠燕國的人民，毀壞他們的宗廟祠堂，搬走他們的廟堂寶器，這怎麼可能獲得燕國人民的支持呢？如果占領燕國，齊國的土地又將擴大了一倍，與此同時，齊國還變得暴虐無道，這一定會招致燕國人民的反抗和其他諸侯國的不滿。所以我認爲，您應該和燕國人協商立一位新燕王，歸還俘虜和寶物，再然後您從燕國撤回齊軍，這樣，才能留下千古美名。」

齊宣王對孟子的話不怎麼信服，堅持占領燕國，但是不久之後，果然遭到各方面的反對。齊宣王只好放棄燕國，班師回國。

山東鄒城孟子雕像

孟子，名軻，《孟子世家譜》上記載他生於周威烈王四年（西元前三七二年），卒於周赧王二十六年（西元前二八九年）。山東鄒城人。孟子是中國古代著名思想家，戰國時期儒家代表人物。著有《孟子》一書。繼承併發揚了孔子的思想，成為僅次於孔子的一代儒家宗師，有「亞聖」之稱，與孔子合稱為「孔孟」。

醜女鍾無鹽

戰國時代是一個非常時期，出現許多富有傳奇色彩的人物。其中有一位女子，面貌醜陋不堪，年逾四十還未嫁，但是她求見國君，侃侃而談一番之後，居然成了王后，並且輔佐國君勵精圖治，強國安邦。這位奇女子就是齊宣王的王后鍾無鹽。

醜女兼才女

戰國時代，齊國有個無鹽邑（今山東北部），這裡有一位面目醜陋卻身懷絕學的女子，名叫鍾離春。鍾離春複姓「鍾離」，單名「春」。由於她是無鹽人，因此又被稱為「鍾離無鹽」，後來也簡稱為「鍾無鹽」。由於鍾離春面貌醜陋，後人也將其名字訛傳為「鍾無艷」。

鍾離春的父親是齊國的一位下級軍官，也許是因為鍾離春生得面目醜陋，她的父親自幼把女兒當做男孩來培養，不但教她讀書識字，還教她習武。在父親的悉心培養之下，鍾離春飽讀詩書，武藝高強，關心國家大事，成為一位和普通女性完全不同的奇女子。然而，鍾離春一直到了四十歲還沒有嫁出去。

自薦枕席

鍾離春生活的時期，齊國正是齊宣王當政。齊宣王是位享樂主義者，他喜好聲色犬馬，愛聽阿諛奉承，不思進取，不理朝政，整日在華麗舒適的宮殿裡面飲酒作樂，齊國的國勢每況愈下。

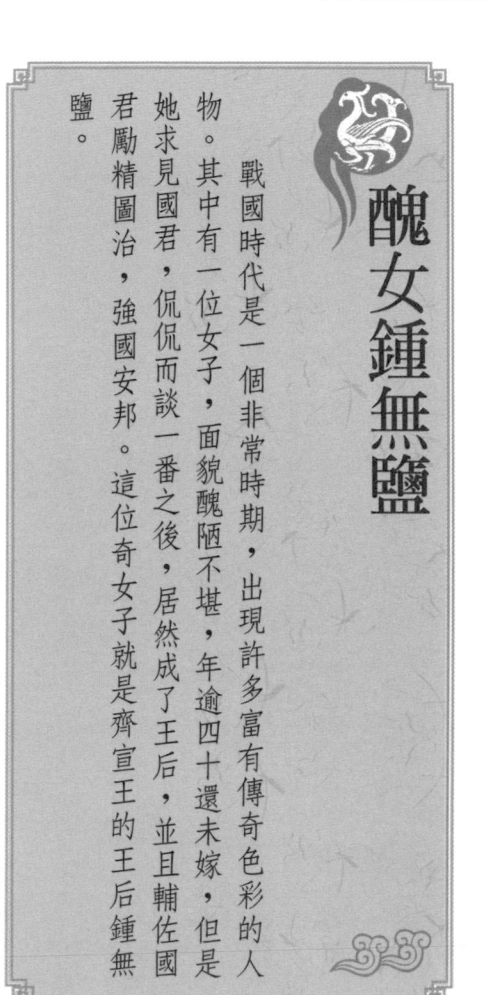

鍾離春非常具有遠見卓識，她認為齊國目前的狀況十分危險，便希望透過自己的努力讓齊宣王認識到治國的責任。

於是，鍾離春離開家鄉無鹽邑，來到齊國首都臨淄。她來到齊宣王的宮殿外面，對守門的士兵說：「小女子姓鍾離名春，來自無鹽邑，因為傾慕我們大王的美德，願執箕帚，聽從差遣！」士兵大為驚詫又覺得十分可笑，一方面是因為鍾離春實在長得太醜，另一方面是因為她說的話太嚇人，「執箕帚」的意思可不是普通的打掃衛生，而是要嫁給齊宣王做嬪妃的意思。士兵覺得這事情十分蹊蹺，趕緊進宮稟報去了。

齊宣王正在和眾大臣們喝酒聽歌，尋歡作樂，只見一個士兵跑來稟報說：「大王，外面有一個長得奇醜無比的女子求見，她說……她說要來給大王做嬪妃！」齊宣王一開始以爲自己聽錯了，等到士兵把事情又說了一遍之後，冷靜下來的齊宣王反倒來了興趣，他決心見見這個「自薦枕席」的醜女鍾離春。

鍾無鹽畫像

諷諫齊王

鍾離春來到齊宣王的宮殿，從容不迫地拜見了齊宣王。大家見到她的面容之後都倒抽了一口冷氣，齊宣王更是驚詫萬分，但還是開口問道：「姑娘應該知道，我的後宮一向是美女如雲，你有什麼特別之處，想要做寡人的嬪妃呢？」

鍾離春並不回答齊宣王的話，而是環顧左右，忽然瞪大眼睛，一聲大呼：「危險啊！」這一聲呼叫聲如洪鐘，滿朝文武都被嚇了一跳。大家還沒來得及發問，只見鍾離春咬緊牙關、雙臂上舉，接連又大喊了四聲：「危險啊——」喊完之後，整個宮殿裡的人們都目瞪口呆，大家緊盯著鍾離春，不知道她還想幹麼？

齊宣王忍不住問：「你大喊『危險啊』，是什麼意思啊？」鍾離春等的就是這句話，她整整衣裳，開始侃侃而談：「齊國的邊境有強大的秦國和楚國一直在虎視眈眈，而大王卻不理朝政，不辨忠奸，不立太子，整天只是遊戲享樂，這是第一大危險；大王興建高聳入雲的漸台，用黃金美玉、綾羅綢緞加以裝飾，純屬玩物喪志，這是第二大危險；大王的周圍全是阿諛奉承的小人，賢良之人紛紛隱居，聽不到忠言直諫，這是第三大危險；大王面對內憂外患，仍然整天耽於女樂，對外不開展外交，對內不治理國家，這是第四大危險！」

齊宣王聽完之後，彷彿被雷擊中一般，沉默良久，然後對鍾離春說：「想不到你一介女流，竟然有此等高見，寡人決定封你爲后！」從此，齊宣王痛改前非，勵精圖治，在鍾離春的輔佐之下努力治理國家，使齊國進入了一個新的強盛時期，鍾無鹽的故事也因此而流芳千古。

齊宣王趁亂攻燕國

齊宣王六年（西元前三一四年），齊國只用了五十天的時間就攻破了燕國大門。然而齊宣王的野心最終也沒有得以實現，因為燕國百姓的反抗和其他諸侯國的威脅，足以讓齊國退避三舍。

禪讓風波

齊國一直想吞併燕國，燕國一直以來也對齊國有所防範，可惜百密一疏，燕國禍起蕭牆，白白送給齊國一個乘虛而入的機會。齊宣王六年（西元前三一四年），燕國發生了嚴重的內訌，燕國太子平起兵發難，與燕王子之兵戎相見。

太子平與子之沒有血緣關係，前者是燕國名副其實的太子，本應該是燕國未來的繼承人；後者是燕國國相，本應恪守己責輔佐君王。但是在一場禪讓鬧劇之後，兩個人的地位卻發生了翻天覆地的變化。

這場禪讓的實行者是燕王噲，也就是太子平的父親。燕王噲對堯、舜二帝的禪讓精神十分敬佩，而且也有心效仿。子之是個不折不扣的野心家，他心思縝密、頭腦冷靜、手段強悍，是燕國改革的推行者，也是燕國至高權力的覬覦者。當他覺察到燕王噲的心意時，內心對權力的渴望便持續膨脹。很快地，一場變相的篡權大戲展開了序幕。

要想成爲禪讓的受益者，子之明白自己不可直接向燕王噲索取，那樣只會降低所有人對自己的好感。於是，子之利用周圍的朋黨關係，輪番向燕王噲進行諫言轟炸。最先出場的是蘇秦的哥哥蘇代。

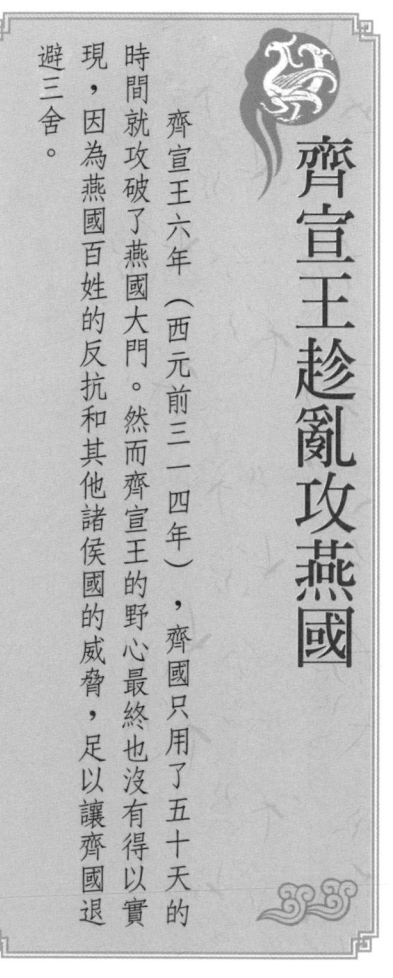

蘇代能言善辯，備受燕王噲的重視。當時正值他出使齊國歸來，燕王急忙問他關於齊宣王的情況。蘇代很有把握地告訴燕王，齊宣王成不了大事，他根本就不信任大臣。這言外之意十分明顯，就是從側面警示燕王一定要無條件信任下臣。於是，作爲燕國最重要的大臣、相國子之便得到了燕王噲的信任。

得到了燕王百分之百的信任，子之趁熱打鐵，囑托大夫鹿毛壽到燕王噲面前煽風點火。鹿毛壽勸諫燕王，要做堯、舜那樣名垂千古的大帝，一定要懂得禪讓。這個天下，能者居之，應該找個最有本事的人來繼承燕國，而今朝堂之上，沒有比相國子之更有本事的人了，大王應該把天下禪讓給子之，這樣一定能成就跟堯、舜一樣的千古美名。

燕王噲聽了鹿毛壽的話有些動搖，經過反反覆覆的思考，燕王噲終於打定主意要把王位禪讓給子之。

太子的報復

不久之後，燕王果眞將王位讓給子之。坐上了燕國的第一把交椅，子之並不完全滿意，因爲此時太子平還保留著強大的權力，隨時隨地可能扳倒自己。爲了獨攬大權，子之又派人不斷在燕王噲耳邊挑撥，說大禹當年是要禪位給益的，無奈禹的兒子啓權力太大，最後起兵謀反，奪了益的天下。如果要使禪讓沒有後顧之憂，就必須奪取太子平的權力。

燕王噲又一次聽信了這些言論，剝奪了太子的權力，並換掉了太子在朝廷的心腹。燕王噲七年（西元前三一四年），太子平糾集舊部，招兵買馬，組織了一支反抗大軍攻打子之。子之則動用了燕國軍隊與之抗衡。燕國內戰爆發，雙方激戰數月，死傷無數。

戰國・彩繪獸紋鏡

戰國銅鏡的特點是：形體輕巧，紋飾精緻，線條流暢，一掃前期銅鏡幼稚樸拙的風格，展現出青銅工藝的新面貌。此時銅鏡多為圓形。紋飾表現手法多樣，有淺浮雕、高浮雕、金銀錯、嵌石、彩繪等。圖案多採用地紋映襯主紋手法，主紋地紋相映成趣。圖案顯得完善而和諧。

趁火打劫

燕國生靈塗炭，人心惶惶，但早就對其垂涎的齊國則是另一番景象。

齊宣王聽說燕國內亂，大爲高興。倘若此時攻打燕國，不但成全了齊國長久以來的吞併夢想，而且還能落得個正義之師的好名聲。所謂正義，是協助原本該是燕國君王的太子平扳倒名不正言不順的篡權者子之，以順民意，以解民憂。

齊宣王準備用兵伐燕。在孟子的指點下，齊宣王調集全國精銳兵力，打著正義的大旗，喊著拯救燕國百姓於水火的口號衝到了燕國都城的門口。齊軍根本沒有費力，燕國守城的大軍就不戰而敗，而燕國的百姓則視齊軍如救世主，恨不得立即將其迎進城來。五十天之後，齊軍占領了燕國都城。子之和燕王噲都被處死，燕國禪讓的大戲也隨之落幕。

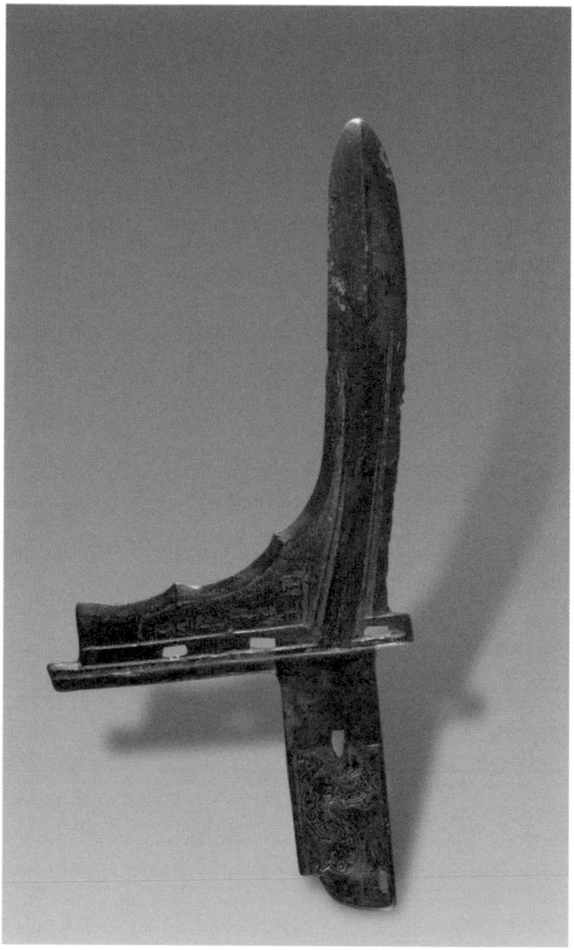

戰國後期．燕王職戈

直援尖鋒，長胡，胡刃和闌出齒。內較長，下沿內凹，內上一橫穿。內刻銘文十一字。今藏於遼寧省博物館。

齊宣王用了五十天就攻下了燕國，有意順勢占領燕國。他爲此又請教了孟子，詢問齊國是否應該就此占領燕國。孟子認爲，如果燕國百姓歡迎齊國的統治，那就可以占領；反之，如果齊國強行占領，那麼燕國百姓就會揭竿而起，反抗到底。

孟子的話再明顯不過，就是要勸告齊宣王放棄占領燕國的念頭，因爲當下燕國百姓已經蠢蠢欲動，有了反抗齊國的苗頭。這也難怪，齊軍占領燕國都城之後，在燕國都城內橫行霸

燕昭王的身分

歷史上關於燕昭王的身分記載混亂，單是《史記》前後記載都有所不同。〈燕召公世家〉一卷記載，「而燕人共立太子平，是爲燕昭王」，也就是說太子平繼位，即爲燕昭王。但在〈趙世家〉一卷中卻記載「齊破燕。燕相子之爲君，君反爲臣。十一年，王召公子職於韓，立爲燕王，使樂池送之」。公子職是太子平的弟弟，一直在韓國當人質。按照〈趙世家〉中的記載，是趙武靈王爲了破壞齊國占領燕國的計畫，特地從韓國要回了公子職，並將其扶植上燕國王位。

不僅《史記》記載前後矛盾，很多古史對燕昭王身分的記載都有所不同。一九五八年，中國容城發現銘文爲「燕王職作旻萃鋸」的銅戈。不久之後，遼寧北票也出土了燕王職戈。於是現代最普遍的說法，便是公子職即爲燕昭王。至於太子平的下落，有人認爲他在燕國內戰中就已經死亡；也有認爲他曾當過短暫的燕王，最後爲百姓殺死。

道。他們毀了燕國的宗廟，屠殺燕國宗親，搜刮民脂民膏。燕國百姓沒想到卻是引狼入室，瞬時民憤迭起，不可遏止。

齊宣王有些猶豫，這到了嘴邊的肥肉不咬上一口實在是不甘心。孟子清楚齊宣王的心思，但更清楚齊國眼下的形勢。燕國百姓隨時可能會奮起反抗，齊國離心離德，勢必眾叛親離。更為重要的是，齊國占領了燕國會對其他諸侯國造成威脅，各個諸侯國一定會設法把齊國從燕國趕走，這實在不是筆划算的買賣。最好的辦法就是齊國停止在燕國的暴行，幫助燕國百姓恢復秩序，讓太子平登基為王管理燕國，這樣齊國就能全身而退。

貪心所至，齊宣王難以自拔。他終究還是沒有聽取孟子的意見，執意占領了燕國。不久之後，燕國百姓攻打齊軍。齊軍不敵，倉皇逃走。齊宣王此時羞憤難當，悔當初沒有聽從孟子的話。此時一個叫陳賈的大臣挺身而出，表示可以替齊宣王向孟子解釋。

陳賈見到孟子，陳述了關於聖人也會犯錯的理論，說周公當年派管叔去管理殷商遺民，卻沒想到管叔就地造反，這種事情本不是能事先預知的。孟子聽了這番話，不僅生氣，而且失望，他說：「管叔是周公的兄長，周公的過錯是可以原諒的。而且，古來君子有錯就改。如今的君子，不僅將錯就錯，而且還找各種理由來掩蓋錯誤。」

此後不久，孟子便離開了齊國。至於燕國，由燕昭王繼位，開始了一段國富民強的輝煌歷史。

燕昭王築立黃金台

李白曾寫過這樣一首詩：「燕昭延郭隗，遂築黃金台。劇辛方趙至，鄒衍復齊來……」這幾句詩說的是戰國時期的燕昭王先尊崇大臣郭隗為師，後築造黃金台，都是為了招攬天下賢士。果然，劇辛、鄒衍、屈庸、樂毅等一批賢臣猛將從各國趕來投奔，幫助燕昭王實現了復仇興國的大業。

昭王即位

燕國是戰國七雄之一，國勢也不弱，然而在國君燕王噲的主導之下，竟然差點鬧出了亡國的慘劇。燕王噲這個人的慕古思想十分嚴重，他特別崇尚上古三代堯、舜禪讓王位的偉大事跡，恨不得自己實踐一番。燕國的相國子之覺察到燕王的這種思想，便慫恿燕王噲將王位禪讓給了子之。可是，這直接威脅了燕太子平的利益，太子平當然不會善罷甘休，雙方為了爭奪王位而開戰，導致了燕國大規模內亂。

內亂往往會帶來外患。齊國對燕國也是覬覦已久，這時趁著內亂的時機，打著幫助平定戰亂的旗號出兵燕國，迅速占領了燕國的許多城池，沒過多久就攻下了燕國都城薊，燕王噲與相國子之統統喪命。齊國干涉完別國內政之後，並不想著離開，其真實意圖是完全占領燕國。於是齊軍在燕國境內燒殺搶掠，激起了燕國人民的不滿和反抗。而且齊國占領燕國也威脅到了其他國家的利益，大家紛紛前來干涉，齊國最後被迫撤軍。

燕國暫時由太子平掌控，但是局勢仍然不太平。燕王噲七年（西元前三一四年），趙武靈王將原來在韓國作為人質的公子職護送回燕國，參與王權之爭。公子職透過易王后的關係，獲得了秦國的支持，燕昭王元年（西元前三一一），秦魏聯軍擊敗燕太子平並且殺之，立公子職為王，是為燕昭王。

燕昭王一即位就接手了一個爛攤子，面對百廢待興的局面，不知該從何處下手，就打算去請教老臣郭隗。

黃金求士

燕昭王十分懇切地對郭隗說：

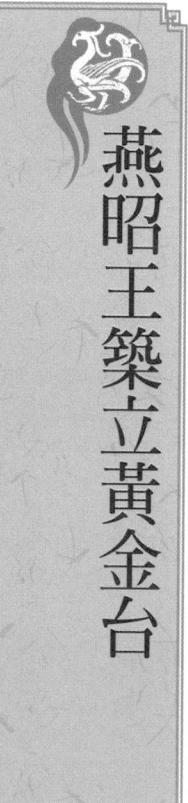

「我們燕國遭此劫難，民生凋敝，政局混亂，我決心發憤圖強、振興國家，卻不知道應該從何下手，請問先生您有何見解？」

郭隗回答說：「自古至今，凡是有成就的君主，總是有大批的賢臣輔佐他；而那些亡國之君，身邊都是奴才和小人。想要治理好國家，最關鍵的就是要想辦法招攬大批人才。」

燕昭王十分迫切地問：「那怎樣才能招攬到眞正有才能的大臣呢？」

郭隗說：「讓老臣給大王講個故事吧！古時候有個國君想買一匹千里馬，聽說一個地方有一匹，就讓一個大臣帶著千兩黃金去購買。大臣趕去的時候，千里馬已經死了，他就用五百兩黃金把屍骨買了回來。國君十分生氣，要懲罰大臣；大臣卻解釋說，天下人都知道大王肯花五百兩黃金買千里馬的屍骨，還愁沒人把活的千里馬送上門嗎？果然沒過多久，就從不同的地方送來了三匹千里馬。大王如果想要招攬天下人才，不妨把老臣作爲千里馬的屍骨來試試。大家看到像我這樣的平庸之人都能得到您的賞識，天下的豪傑才俊自然會向這裡聚集了。」

燕昭王聽從了郭隗的主意，先是拜郭隗爲師，用非常尊崇的禮節對待他，還專門爲他修建了豪華的府第。另外燕昭王還專門修築了一座高台，上面放置了幾千兩黃金，作爲贈送給賢士的禮物，以此來表明自己招徠天下賢士的誠意。這座高台因此被後人稱爲「黃金台」。

燕昭王修建「黃金台」的事情很快傳遍了各國，許多希望一展宏圖的士人蜂擁而至，燕昭王以禮相待，也因此籠絡了大批人才，最終在他們的幫助之下重振了燕國國威。

戰國．方柱形飾透雕樓觀

此樓觀是人物鳥獸鬪狀方形飾，是在燕下都遺址東貫城村所採集的戰國文物。

司馬錯滅巴蜀

在戰國時期，巴蜀是西南的一方霸主，也是鄰國楚和秦最想吞併的風水寶地。秦惠文王更元九年（西元前三一六年），秦惠文王在司馬錯的建議下攻打巴蜀，一舉成功，不僅對楚國形成了夾擊之勢，還對其他諸侯國形成了戰略上的壓迫。

兩個計畫

秦惠文王更元九年（西元前三一六年），五國伐秦失敗後不久，秦惠文王與群臣討論下一步的擴張計畫。朝堂之上聲音不斷，各種征討藍圖不斷湧現。不過在這眾多爭執之中，有兩人的計畫最爲可行。一個是大將司馬錯攻打巴蜀的計畫，一個則是秦相張儀攻打韓國的藍圖。

張儀認爲秦國一定要在東方打開一條出路，而韓國無疑是這條出路的突破口。在他的計畫裡，秦國應該聯合楚魏兩國一起攻打韓國。屆時，楚國和魏國分別攻打南鄭和南陽，而秦國就直取韓國都城。韓國是周天子設在東方的一道大門，韓國一破，周天子定然十分驚恐，必會跟秦國求饒。到那時，秦國可以爲所欲爲，拿到象徵天下的九州鼎，這是成就統一天下至關重要的一步。

司馬錯雖然不如張儀能言善辯，但對自己的計畫也是成竹在胸。他認爲張儀的計畫的確是威風凜凜，哪個國家不想挾天子以令諸侯，但問題的關鍵是，秦國奪取了韓國，必然會引

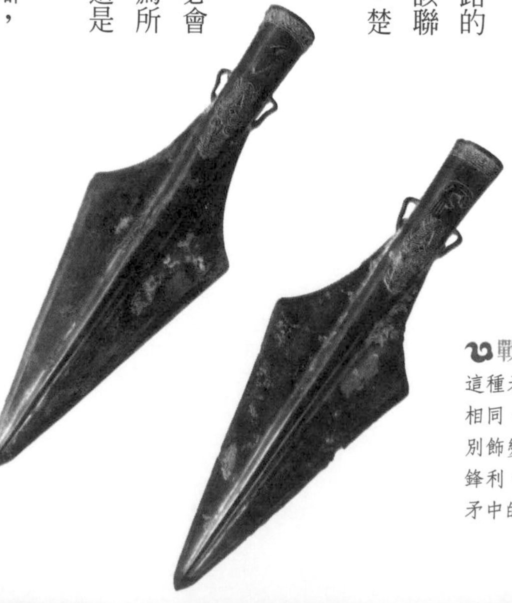

戰國・蟬紋矛

這種矛兩件成對，形制紋飾均相同，矛身略呈菱形，兩面分別飾變形蟬紋、手紋。其刃口鋒利，紋飾精細，為巴蜀式銅矛中的精器。

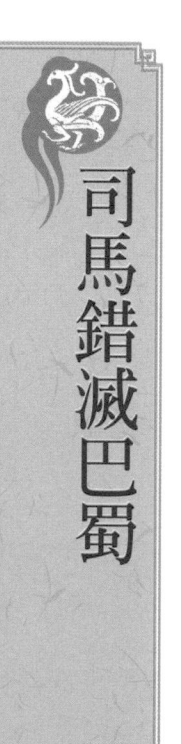

起其他諸侯國的不滿。秦國尚未完成大業就如此肆無忌憚地樹敵，實在是一步險棋。而且，拿了九州鼎固然是名聲在外，但實際的好處秦國並沒有撈到多少，反而會招致接連不斷的諸侯戰爭。與其落個虛名，不如占著實實在在的土地。巴蜀兩國如今正在互鬥，民不聊生。倘若秦國趁機打著解救兩國百姓的旗號舉兵進攻，不僅可以獲得美譽，而且還能得到大片土地。名利雙收，才是王道。

巴蜀之爭

十分明顯，張儀計畫的重點在「威懾」，威懾周天子，威懾諸侯國。但是威懾背後需要強大的經濟軍事力量的支持，而秦國此時實在沒有充足的實力跟六國周旋。司馬錯計畫的重點在「務實」，展開西南攻勢，尋求更多的土地，利用土地創造經濟效益，從而提高軍事力量。

秦惠文王毫不猶豫地選擇了司馬錯的建議。後來的事實證明，秦惠文王的選擇沒有錯，而司馬錯也成爲秦國歷史上舉足輕重的一位大將，他的建議直接影響了秦統一天下的進程。

巴國和蜀國是西南兩個最強的古國，本地文化根基深厚，地理位置凶險。多少年來，巴蜀之地總是烽煙不斷，不是遭到他國侵略，就是彼此互相打擊。他國侵略還不足以造成威脅，因爲兩國地勢險峻、易守難攻，很容易保全。但是攻打彼此就爲他國侵略提供了趁火打劫的絕好機會。

此次巴蜀之爭源於蜀國對巴國盟國苴國的攻打。苴國也是西南地區的一個強國，跟巴國一向交好，兩國常常聯合攻打蜀國。蜀國爲了削弱巴國實力而攻打苴國，苴國與巴國聯合抵

戰國．虎紋戈

此戈為窄三角形長援，中起脊，上有銘文一行。援本處向上下延伸形成短胡，呈雙翼狀，有三穿。援與長方形內的交接處鑄虎紋。今藏於四川省博物館。

抗，但都敗下陣來。莒國君主考慮再三，打算向鄰國秦國求助。他認爲秦國跟巴蜀僅有一小片土地相連，而且中間隔著楚國占領的漢中，秦國介於楚國的勢力不會多作停留。

秦國很痛快地答應了莒國的求助，當即派兵攻入蜀國。蜀王組織防禦，浴血奮戰，但最終敗給了裝備精良的秦軍，自己也成爲秦軍的刀下亡魂。張儀藉勝利之機向巴國提出要求，說想在巴國犒賞三軍。蜀國大敗，巴王得意忘形，當即答應了張儀的請求，打開城門迎接秦軍。就這樣，秦軍不費一兵一卒就踏上了巴國的土地，趁其不備一舉攻下巴國。

秦在巴蜀

蜀王被殺，巴王被俘，巴蜀徹底成爲秦國的囊中之物。要怎麼打理這大片的土地，秦惠文王也費了一番苦心。他扶植巴蜀宗親爲巴蜀之地的君長，實際上就是秦國的郡官，替秦國管理巴蜀，畢竟這些曾經的皇親國戚熟悉當地的風土人情，而且這種象徵性的存在不至於讓巴蜀人民感到陌生和不安定。

爲了拉近巴蜀與秦國的關係，秦惠文王向巴蜀輸送了大量秦國女子，表面上是要跟巴蜀結爲姻親，實際上是促使下一代巴蜀人有秦人的血統。秦國還往巴蜀成批遷徙秦人。這些秦人帶著秦國的生活習慣和傳統文化定居在巴蜀，任務就是要同化當地人，讓秦國文化成爲巴蜀之地的主要文化。

沒過多久，巴蜀人就掌握了秦人的生活方式和習俗，開始煉鐵、農

戰國・獸面紋戈

戈盛行於中國商朝至戰國時期，可以用來擊刺、勾、啄，但使用起來並不是很靈活，後來漸漸隨著兵器和戰術的發展而消失。

便金之牛

在秦國滅巴蜀的過程之中，還有一件逸事記錄在《括地誌》裡，講的是一隻便金之牛，也就是一隻可以拉出黃金糞便的石牛。

當時巴蜀兩國常常互相征伐，蜀國擔心秦國會出兵幫助巴國，便派使臣帶著重禮出使秦國，並跟秦惠文王達成共識，秦國無論如何都不能出兵蜀國。秦惠文王心裡早已打定主意要攻占巴蜀，表面上答應蜀國的要求，不過是放鬆蜀國警戒的障眼法而已。

蜀國使臣很高興地回去了，蜀王也安下心來跟巴國對抗，完全放鬆了對秦國的警惕。就在這個時候，秦惠文王邀請蜀王到秦國一聚，蜀王也欣然前往。到了秦宮，秦惠文王特地爲蜀王展現了秦國之寶——會拉黃金的石牛。秦王事先已經安排好，將黃金放在牛後，當蜀王看到的時候，恰好以爲牛正在拉金子。秦王表示要送五頭這樣的牛給蜀國，蜀王大喜，立即下令讓蜀國工兵開出一條便於拉金牛進入蜀國的通道。石牛拉回了蜀國，蜀王日日等待石牛拉金，然而始終沒有看到這一奇景。蜀王這才幡然醒悟，他上了秦國的當，無緣無故爲秦國開出了一條進蜀之路。然而此時醒悟已然晚矣，秦國大軍已經到了蜀國的門口。

耕。秦國還派人到巴蜀擔任相國，說是輔政，其實就是去操縱大局。這樣一來，巴蜀從政治文化，到生活經濟，都有了秦國的影子。

秦國對待巴蜀百姓也確實不薄，稅收從優，如果錢不夠繳稅，可以拿農副產品抵稅。不僅如此，秦國還時常給一些巴蜀百姓可以世襲的爵位，而這些爵位在秦國只封給那些久經沙場，有過豐功偉績的大人物。

有了付出，也自然有所收穫。巴蜀每年的糧食產量不僅夠自己食用，還可以資助秦國。到後來，單是巴蜀之地繳納的糧食就夠支持秦國養活六十萬將士。司馬錯的計畫讓秦國的經濟軍事實力逐年增長。如果說商鞅的變法是秦國統一天下的政治基礎，那司馬錯的計畫就是秦國統一天下的軍事基礎。

占領了巴蜀之地，就等於完成了秦國在函谷關以西之地權威的樹立。這樣秦國就可以放心大膽地攻打楚國和韓國。秦惠文王更元十三年（西元前三一二年）前後，秦國先重挫韓國，後占領楚地漢中，將漢中、巴蜀、關中連成一片，秦國以絕對的優勢壓迫著六國。

齊楚決裂

齊國和楚國本是由利益牽連在一起的聯盟，當楚國遇到更大利益的時候，便毫不猶豫甩掉齊國。在齊楚決裂的整個過程裡，張儀發揮了至關重要的作用，他兩次哄騙楚懷王，讓楚懷王乖乖背叛齊國投入了秦國的懷抱。

張儀入楚

秦惠文王更元八年（西元前三一七年），秦國和韓、趙、魏三國聯軍決戰於修魚（今河南原陽西南）。聯軍大敗，死傷人數超過八萬。這一戰讓六國看到了秦國的強大，於是六國之間開始尋求聯盟，以阻止秦國迅猛的擴張態勢。

作爲東方霸主的齊國和南方虎狼的楚國，他們的聯合更能起到威懾秦國的作用。於是齊楚聯盟在修魚之戰後不久形成。這讓秦國如鯁在喉，不得不設法離間齊楚的關係。秦惠文王更元十二年（西元前三一三年），秦相張儀辭去職務，轉而到楚國謀求發展。張儀不是背叛秦國，而是要從楚國入手，幫助秦國破壞齊楚聯盟。戰國七雄都知道楚懷王重利輕義，所以不管壞事好事都從他這裡下手，而楚懷王也十有八九會中計。

張儀花重金買通了楚懷王的近臣，從而順利得到楚懷王的信任，成爲楚國朝堂中舉足輕重的一位謀客。張儀費盡心機讓楚懷王相信秦國的友好，相信秦王對楚王的敬仰之情。然後拚命渲染齊國的詭詐，說秦齊之間本是姻親關係，按理說應該無比親近，但齊國卻屢次背信棄義謀害秦國，這種行爲實在令人髮指。齊國能這樣對秦國，有朝一日就能以同樣的手段對付楚國。

亂世之中，本來就沒有朋友可言，楚懷王也知道這一點，所以本來也對盟友存著提防之心。張儀這番話，更加重了楚懷王的疑心。張儀承諾楚懷王，只要楚國斷絕了齊國的關係，他就回秦國請求秦王割讓楚國商於六百里的土地。到時候齊國被削弱，楚國卻強大了，這樣的好事一定要及時把握。

楚懷王利令智昏，毫不猶豫地答應了張儀，表示要跟齊國絕交。

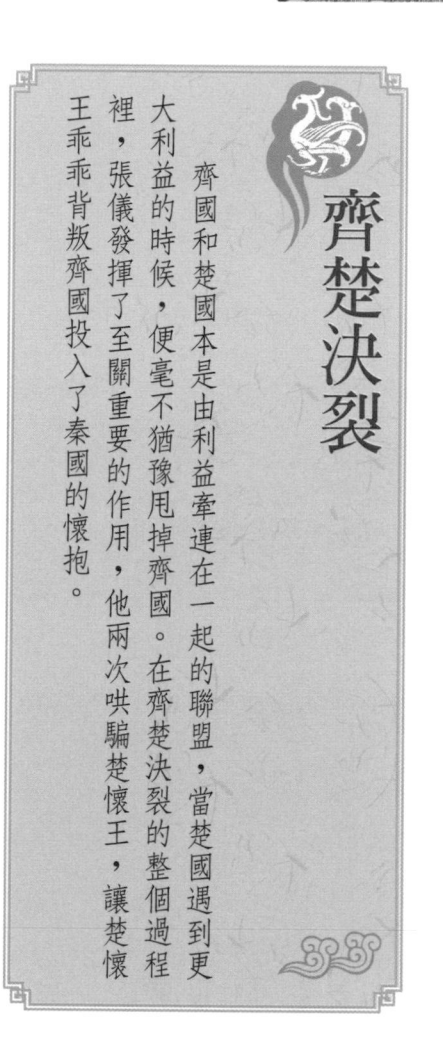

懷王中計　齊楚決裂

楚國的大臣們大多親秦，得知此事自然各個喜不自勝。但有人看得明白，知道張儀口蜜腹劍，此人就是從秦國轉而入楚的陳軫。陳軫原先跟張儀同朝為官，直到張儀被封為相國後才到楚國用事。正因如此，陳軫才清楚秦國的野心和張儀的為人。陳軫多次向楚懷王進諫，勸懷王不要相信張儀，萬萬不能跟齊國斷交。然而，楚懷王的眼裡只有利益，根本看不到危險，他執意派人出使齊國，宣布解除聯盟。

張儀心滿意足地回秦國去了，楚懷王怕張儀變卦，特地派大將逢侯醜跟隨張儀一同回去，準備接收土地。可是張儀回去後不久便佯裝墜馬，說自己需要靜養，三個月沒有上朝。逢侯醜許久沒有見到張儀，親自登門找張儀要地。豈料張儀始終不肯開門會客，理由只有一個，身體虛弱不能見客，不單是逢侯醜，是所有人都不見。

張儀閉門謝客，逢侯醜心急如焚，無奈之下只能寫了封信給秦王，說自己代表楚國跟張儀拿那六百里土地，可是張儀受傷臥床休養，還望大王能處理此事。秦王很快回了封信給逢侯醜，大致意思是這個事情前前後後都是張儀操辦的，秦王不是很清楚，還是等張儀病好了確認之後再說。

秦國的態度很明顯，六百里土地要等張儀痊癒後才能討論，而且還有一個前提，就是齊楚關係一定要斷得乾乾淨淨。逢侯醜將秦王信裡的內容轉達給了楚懷王，楚懷王一聽，覺得是自己對齊國做得不夠狠，秦國不放心，於是派人去辱罵齊王。齊王莫名其妙挨了頓臭罵，當即震怒，不僅宣布與楚國劃清界限，還派人到秦國去跟秦王商討攻楚的策略。

秦國的陰謀得逞了，張儀也可以露面見逢侯醜了。他告訴逢侯醜，當

戰國前期・鑲嵌龍鳳紋壺

湖北隨州擂鼓墩曾侯乙墓出土，今藏於湖北省博物館。

戰國後期．人形柄短劍

此劍柄鑄成人形。大眼、高鼻、頭梳圓髻，雙耳戴耳墜，腰繫短裙，手腕戴手鐲。似為南方古代民族人物形象。今藏於湖南省博物館。

時承諾給楚國的六里土地馬上就能割讓。逢侯醜不禁一驚，怎麼六百里就變成了六里。張儀一口咬定，當初承諾的就是六里地，他哪裡有權力承諾割讓六百里。

逢侯醜這才知道從張儀入楚到齊楚決裂，都是秦國一手策劃的陰謀。他急忙離開秦國，跟楚懷王報告。聽了逢侯醜的報告，楚懷王大發雷霆，這才知道自己中計，於是口口聲聲叫嚷要攻打秦國，以雪張儀欺楚之恥。

陳軫又一次出面勸諫，這時不如跟秦聯合攻齊，勝算要遠遠大過楚國單槍匹馬攻打跟齊國恢復聯盟的秦國。此時楚懷王羞憤難當，哪裡還有什麼策略可言，只是一心要報復張儀。他沒有聽取陳軫的勸告，執意派大軍攻秦，結果大敗於丹陽。

張儀再戲楚懷王

經過這一次失敗，楚懷王對張儀恨之入骨，同時又開始向齊國示好。

兩年之後，楚國和齊國關係轉暖，有望再建聯盟。秦國又著急了，齊楚聯盟一旦復活，那一定會聯合其他諸侯國對付秦國。於是，張儀又一次出使楚國，防止齊楚聯盟再次生根發芽。

張儀又來了，楚懷王當即抓捕了張儀，打算在楚國宗廟殺了張儀。但楚懷王不知道，張儀在來楚國之前就已經為自己培養了兩根「救命稻草」，一個是楚王近臣靳尚，一個是楚王寵妾鄭袖。

靳尚私下收受過張儀許多好處，關鍵時刻自然要幫他的忙。至於鄭袖，她一直把張儀視為恩人。當年張儀第一次入楚的時候，除了承諾割讓六百里土地之外，還答應要送給楚懷王許多秦國美女。鄭袖知道此事後便準備了許多禮物登門拜訪張儀，勸說張儀早點離開楚國。從鄭袖一進門，張儀就知道她的目的是什麼，無非是不希望多幾個跟自己爭寵的秦國美女，希望張儀不再提及此事。

第二天，張儀便收拾行裝要回秦國。臨行之前，還跟楚懷王吃了頓告別宴，並在宴席上誇讚楚國美女如雲，特別是鄭袖更是傾國傾城，相比之下，秦國美女哪裡還有姿色可言。楚懷王聽了這話不禁得意，對鄭袖更加寵信。那次之後，鄭袖便對張儀十分感激。

此次張儀落難，鄭袖自然不會袖手旁觀。這一晚，楚懷王到了鄭袖寢宮，看到鄭袖痛哭流涕十分傷心，便急忙詢問緣由。鄭袖告訴楚懷王，張儀是秦國的使者，代表的是秦國，倘若殺了秦使，一定會得罪秦國，秦國實力強於楚國，一旦開戰後果不堪設想，到那時，恐怕也沒有鄭袖的立足之地。與其到那時落荒而逃，還不如現在就回娘家去。

楚懷王受鄭袖影響，又怕得罪秦國，便釋放了張儀。張儀趁機繼續對楚懷王灌輸親秦的思想，他為楚懷王詳細分析了楚國當下的處境：秦國將會攻打魏、韓，這兩國一旦倒戈，就會聯合秦國威脅楚國的西北面。而秦國自從攻下巴蜀之後，要到達楚國的東部地區只需要十天的時間，到時候楚國東部不保，就連北部也會殃及。粗略算一算，秦國攻至楚國都城只需要三個月的時間，這麼短的時間，楚國連其他諸侯的救援都等不到就會亡國。如此看來，楚國最好還是跟秦國合作。跟秦國合作之後，秦國負責攻打衛都和陽晉，楚國就可以攻打宋國，然後一路東進，吞併泗水沿岸的諸多小國。楚國不僅擴充了自己的土地，還不用擔心秦國會來攻打，以後兩國平分天下，永不交戰，豈不是兩全其美。

楚懷王再一次相信了張儀，打算跟秦國結成聯盟。

這下，齊王對楚懷王徹底失望了，盛怒之下再也不打算恢復與楚國的關係。齊楚聯盟失去了重建的希望，齊楚之間也失去了迴旋的餘地，而秦國則獲得了更大的發展空間。

張儀不愧是歷史有名的遊說專家，單是那些智慧就足夠他在亂世中生存，而且是更有尊嚴地生存。

戰國・楚王璋戈

楚懷王攻秦

位於南方的楚國幅員遼闊，人口眾多，一直是諸國覬覦、顧忌的對象。楚懷王一直十分清楚合縱抗秦的重要性，並積極研究抗秦之策。遺憾的是，作為一介君王，在面對一些重大事件時，他又不免感情用事，結果屢遭失敗。

先人的遺產

作爲一國之主，一開始楚懷王的運氣還很好。楚國在春秋時期就是不容小覷的大國，擁有非常優越的地理位置，它南臨南嶺，北至安徽北部，西起大巴山、巫山，東擁浩瀚大海。它又坐享長江、漢水一帶的肥沃土地，國富民眾，魚米豐足。論軍事，早在楚悼王二年（西元前四百年），被戰事激發了憂患意識的楚人，就在楚悼王的率領下，謀求強國之策。名將吳起在楚國推行變法，削弱世卿世祿制，又透過嚴明的賞罰爲楚國締造了數量龐大又作戰力驚人的軍隊。在很長一段時間裡，就連強大的秦國也不敢亂打楚國的主意。

身爲楚國之君，無須像中山、宋等疲弱小國那樣擔心被強國吞噬，而大可以憑藉令人艷羨的優越環境在戰國的大舞台上縱橫馳騁。再加上楚懷王的父親楚威王又是難得的賢能明君。楚威王七年（西元前三三三年），楚軍在徐州大敗齊軍，並嚴重削弱魏國的勢力，將楚國的土地拓展到泗水之上，名震諸侯。而在徐州大戰的同時，楚國又透過對越的討伐，將吳越之地大片納入懷中，讓沿海一帶的越人無不爲楚國的強大懾服。四年後，當楚威王去世時，楚國已被很多人認爲是唯一能和秦國相抗衡的國家。

對楚懷王來說，他的使命絕非是在凶險的戰爭中讓國家「苟延殘喘，艱難爲生」，而是「開疆拓土，建功立業」。楚懷王元年（西元前三二八年），曾經不可一世的魏國已輝煌不再，秦國雖崛起迅速卻還沒有達到「天下無敵手」的程度。諸如齊國、趙國、燕國都忙著藉合縱之策爲己爭利，楚懷王大可以藉機將楚國的國力推上一個新的高峰。

遺憾的是，楚懷王並沒有善加利

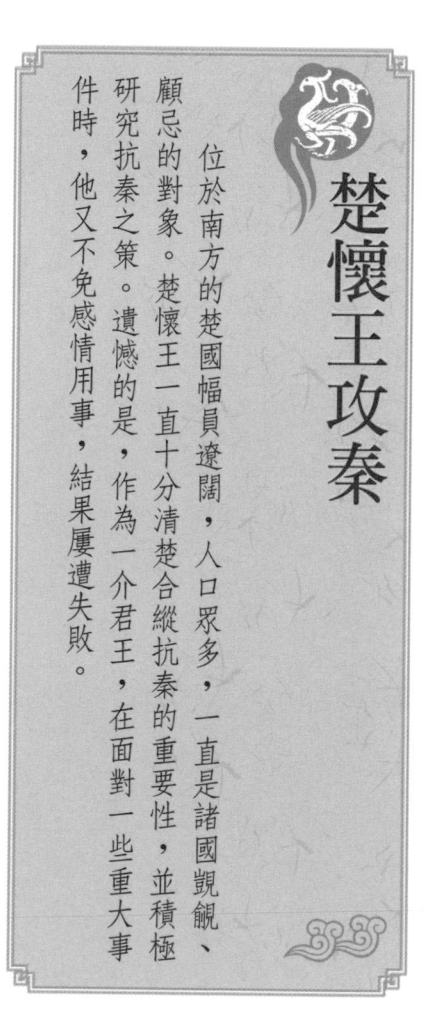

用先人們留下的豐厚遺產。

志大才疏

楚懷王元年（魏惠王後元七年，西元前三二八年），魏惠王伐楚，奪取了楚國的陘山。楚懷王馬上做出強硬回擊，派大將昭陽打退了魏國大軍。之後，楚懷王又與秦國、齊國聯合，從東、西、南三個方向向魏國發動進攻，並在令尹昭陽的幫助下，透過攻打魏國的襄陵拿下了魏國八邑，讓魏惠王不得不向楚懷王請求停戰。

與此同時，楚懷王還十分注重外交活動。齊國因重臣鄒忌和田忌的內鬥發生變亂，後者率大軍攻打臨淄，結果一敗塗地。楚懷王忙向精通軍事的田忌敞開大門，試圖藉田忌之力兵伐齊國。齊國將田忌招回麾下，爲避免被楚國抓到把柄，小心處理將相之亂。楚懷王則膽識過人，一不做二不休，立即讓重臣昭陽揮師向齊。被嚇壞了的齊國只好大談齊楚友好，和楚國結盟。而楚國恰恰憑藉這一聯盟威懾到日益強大的秦國。

秦國在張儀的幫助下，或武力脅迫，或假意拉攏韓、魏，想集合多方力量一起對付齊楚聯盟。但韓、魏卻一次次地「背橫爲縱」，讓秦國平添不少煩惱。楚懷王十一年（西元前三一八年），魏國和韓國都明確向楚國示好，還放話願追隨楚懷王一同伐秦。素知合縱之力的楚懷王當即表示贊同，要魏國大臣公孫衍代表自己，與韓、燕、趙、魏四國一同討伐秦國。楚懷王本人被推舉爲「縱長」，當時各國都認爲楚國軍強望眾，縱長之職非楚懷王莫屬。但楚懷王並沒有抓住這個大好機會，身爲縱長，他忽略了五國的利益差異對伐秦一事造成的影響：燕國由於地理上距離秦國較遠，只象徵性地派了少部分兵力壯大聲勢；也忽視了其他小國對戰爭起的

戰國．彩繪透雕漆座屏

屏面橫長方形，木質透雕，表面髹漆。屏面居中是一組相對的鳳鳥，其左右兩側各有一組對鹿，雙鹿間在蟠曲纏繞的長蛇上有一隻展翅下窺的鳥，最外側各是一隻面朝外的鳳鳥。

作用——宋國的介入。

秦惠文王面對洶洶而來的五國聯軍，一面調集大兵迎戰，一面尋求盟友宋國的幫助，決定用分而擊破的戰術瓦解五國同盟。於是，就在楚懷王等人意氣風發地向函谷關進攻時，宋國出動了，在潁水大敗楚軍。

楚懷王一來沒有料到後院起火，被宋國一口氣吞掉三百里土地；二來又因心慌意亂，沒能在關鍵時刻組織各國集中力量攻打秦軍。看似強大的五國同盟很快就被向來卑微的宋國弄得手忙腳亂。楚懷王為保自家土地，忙不迭地從攻打秦國的楚軍中抽取人手反擊宋國，結果在和宋國纏鬥了好一陣後都沒有取得勝利，只好和宋國進行講和。而另一方面，心思各異的五國聯軍在函谷關遭到了秦軍的頑強抵抗。既想攻秦，又想滅宋的楚懷王最終哪邊都沒能顧上。轟轟烈烈的五國伐秦就這樣虎頭蛇尾地結束了。

輕信讒言　攻秦不克

五國伐秦的失敗讓楚懷王不僅錯失重創秦國的大好良機，也讓好不容易建立起的合縱隊伍四分五裂。楚國國力受到削弱，秦國動用軍事力量迫使韓、魏再度向秦依附，從地理位置上對楚國進行壓制。在這種情況下，楚懷王只好聯合齊國，繼續對付秦國。

秦國得知後便派張儀赴楚，利用楚懷王好貪便宜的心理，以六百里地為誘餌，要楚懷王背棄和齊國的盟約。而楚懷王果然上了當，任張儀為相、侮辱齊君，致使齊國一怒之下和楚國決裂。之後，楚懷王見秦國遲遲不兌現許諾給楚國的六百里地，便叫囂著要用武力報復秦國，將大臣「絕於齊而責欺於秦……國必大傷」的忠言拋置腦後。

楚懷王十七年（西元前三一二年）興兵於秦，在丹陽和秦軍大戰，結果被秦軍消滅了兵士八萬，擄走大將七十餘人，楚國的漢中六百里土地也落入秦手。楚懷王大怒，不甘失敗的他又集結全國軍士，計畫趁秦國攻打齊國的時候，集中全部力量突襲秦國後方。

而秦國的反應速度之快，遠遠超出楚懷王的預料。起初，楚軍連連攻克了以險要著稱的武關，直指秦都咸陽，似乎就要將秦國拿下。但秦國很快組織起防禦力量，並拉攏韓、魏兩國協助自己抗擊楚軍。秦軍在離咸陽不遠的藍田和楚軍展開大戰，秦國的貴族公子、大臣名將都使出渾身解數來抗擊敵人。

藍田一役事關秦國生死，的確是楚削弱秦的大好機會，兩方人馬都拚盡全力殺得血肉橫飛。就在此時，前來援秦的韓、魏卻逼近了楚國，秦楚大軍在藍田的力量對比隨即發生變化。韓、魏兵襲楚地，一直深入楚國的鄧城，楚懷王方寸大亂，只得放棄最初計畫，草草收兵。

楚懷王讓秦軍在藍田付出了巨大的傷亡代價，但從作戰目的來看，卻是秦軍守住了防線，取得了勝利。楚懷王十八年（秦惠文王更元十四年，西元前三一一年），因爲和齊國關係的惡化，秦國向楚懷王轉達了想與楚交好的意思，還承諾把漢中之地分出一半送給楚國。但楚懷王因前次被張儀戲弄，竟然意氣用事地處理外交大事，拒絕了漢中土地，而要秦國將「欺楚罪人」張儀送予楚國發落。張儀得知後坦然入楚。

一到楚國，張儀就被楚懷王投入監獄，等候處死。但楚懷王並不知道，張儀在第一次赴楚的時候就已經收買了楚懷王的寵臣靳尚，這次張儀又事先在暗中塞給了靳尚厚禮。因此，貪財的靳尚一面向楚懷王大說「殺張儀，得罪秦國，後患無窮」，一面告訴楚懷王的寵妃鄭袖「秦王定會用秦地美女來交換張儀，你的地位將岌岌可危」。於是，鄭袖開始不厭其煩地要求楚懷王厚待張儀。而感情用事的楚懷王也很快就被說動了心。他不僅將張儀從大牢裡接出，還送給張儀一堆禮物，作爲讓其深受牢獄之苦的補償。

以賢能聞名的楚臣屈原，在聽說楚懷王放走張儀後十分生氣，忙覲見楚懷王曉之利害，讓其清醒過來。然而，當楚懷王重新發佈捉拿張儀的命令時，張儀早已逃之夭夭。楚懷王對「秦國的報復」最終以這個充滿諷刺意味的情形收場。

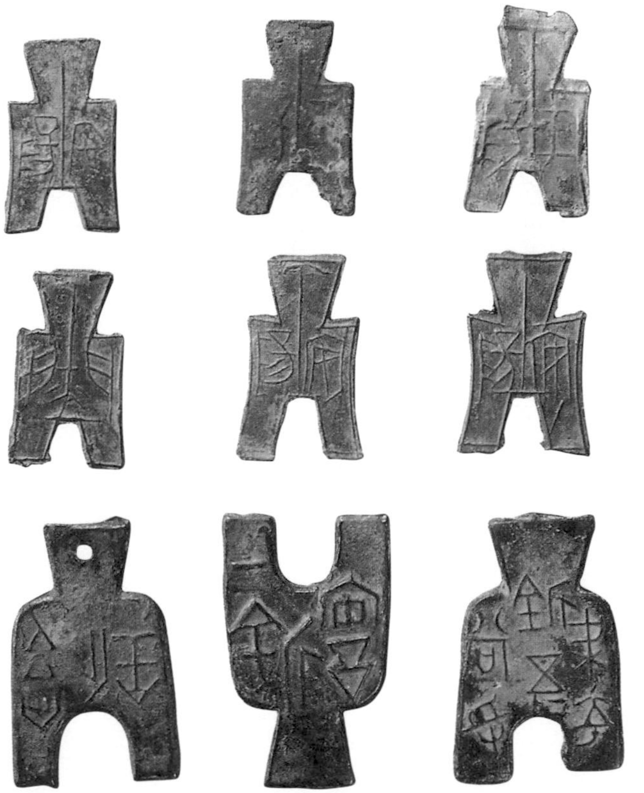

戰國．楚幣

此為楚地通行的貨幣。貨幣的形狀均為布幣，幣上都鑄有銘文。

大詩人屈原

屈原是戰國時代不可不提的愛國詩人，可惜的是，他未遇明君，所以也注定了一場悲劇。在屈原詩人身分的背後，卻是令人神傷的失意政客。

年少得志

屈氏本姓羋，與楚王一樣都是上古貴族祝融氏的後代。羋姓族群因從商而不斷遷徙，最後被當時君主封爲楚地的主人，於是這個族群便在丹陽（今湖北秭歸境內）落戶。

隨著時間的推移，羋姓開始慢慢分裂，出現多種不同的氏族，這其中包括了楚王的熊氏以及屈原的屈氏。跟中國歷史上所有的王室族人一樣，歷代屈氏的身分都非富即貴。也就是說，屈原跟楚王有著牽扯不清的親緣關係，這大概也是他在那個紛亂的戰國時代裡年紀輕輕便能勝任要職的原因之一。

由於擁有不錯的家庭背景，屈原從小受到了文學、藝術以及政治思想方面的嚴格教育。屈原天賦異稟，過目成誦，爲楚懷王所看重。

陷入政治泥潭

然而屈原年少得寵，令一些臣子感到不安。他們想讓楚懷王徹底對屈原失望。不久之後，機會來了。屈原受命起草楚國改革內政的憲令，從中不難看出楚懷王要帶領楚國重塑輝煌、對抗日益強大的秦國的決心。可惜的是，楚懷王的決心遠遠沒有群小的讒言來得堅定。憲令還沒有制定完畢，一直對屈原心懷嫉妒的上官大夫便要奪其底稿。

屈原誓死保護自己苦心起草的憲令底稿，上官大夫碰壁之後，便極盡所能地在楚懷王面前誣陷屈原。很快地，屈原被貶爲三閭大夫，一下子從掌管國家政務的高層變成了管理宗室雜務的小官，被派到偏遠的夷陵任職，他就此失去了參與國家大事的資格。

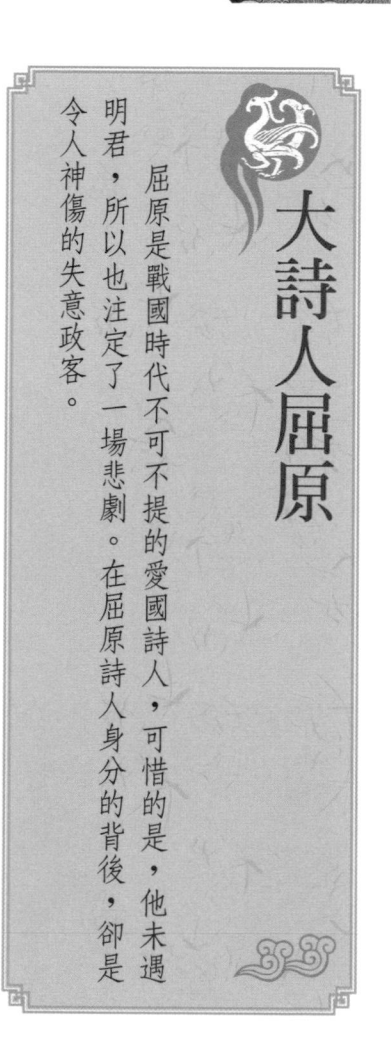

楚國的頹喪

秦惠文王更元十二年（西元前三一三年），秦國宰相張儀透過各種手段收買了楚國幾位重臣，利用他們瓦解楚國跟其他聯盟國的關係。張儀的計謀很快收到了不錯的效果，楚國與齊國斷交，六國聯盟名存實亡。

楚國瞬間變成了眾矢之的，不僅成為盟國的攻擊對象，而且還遭到了來自秦國的軍事重創。楚懷王這才幡然醒悟，立刻重新啓用屈原，讓他出使齊國以修復楚齊之間破裂的關係。然而，儘管屈原十分努力，仍無法改變楚國頹喪的趨勢。

秦昭襄王八年（楚懷王三十年，西元前二九九年），秦國舉兵攻陷了楚國的八個城池。楚懷王頓時亂了手腳，只希望能盡快停戰。就在此時，秦國發來一封信函，邀請楚懷王到秦國武關與秦昭襄王會晤，商討停戰事宜。楚懷王停戰心切，根本不考慮信函背後的用意便急忙答應，準備奔赴秦國。屈原提醒楚懷王，這可能只是秦國的計謀，但楚懷王置若罔聞。

楚懷王如約到了秦國，結果一到武關便被軟禁，秦王的目的很明確，只要割地就能

天問圖

〈天問〉是戰國時期著名愛國志士屈原的名作，此圖刻畫了大詩人在靈感產生、創作偉大詩篇的一刹那時的情景。

化干戈為玉帛。秦昭襄王十一年（楚頃襄王三年，西元前二九六年），楚懷王客死秦國。

屈原之死

楚懷王入秦後，頃襄王即位，但是楚國的情勢並沒有因此而好轉，屈原也不再受到重用。秦昭襄王十三年（韓僖王二年，西元前二九四年），秦國攻陷韓國，殺戮無數，血流成河。此後不久，秦國再次致信楚國，稱秦國準備率領其他諸侯國攻打楚國，希望楚國能夠做好充分的準備應戰。

頃襄王繼承了其父安逸軟弱的求和思想，一味希望能夠避免戰亂，哪怕是割地求饒，甚至是對秦國俯首稱臣。屈原又一次站出來加以阻止，然而，頃襄王早已有了臣秦之心，他只希望能安心做個衣食無憂的貴族，根本沒有復興楚國的理想和期望。君心已定，再加上朝內親秦勢力的詆毀，屈原最終被流放江南。

在流放江南的日子裡，屈原雖然有所不甘，但也已經意懶心灰，面對楚國不可抗拒的頹勢，他只能藉以大量的詩詞來發洩，其中就有聞名千古的〈離騷〉。

此時的屈原已經不再年輕，流放生活對他來說是一種身體和心理上的雙重折磨。歸國無望，幾十年的付出毫無回報，政治抱負亦無法實現，在這種壓抑的心情下，屈原自感失去了生存的價值，也許只有一死才能留住他的質本高潔和美好嚮往。

楚頃襄王二十一年（秦昭襄王二十九年，西元前二七八年），屈原在江南聽到了一個倍感絕望的消息：秦國出兵攻陷楚國郢都，楚王倉皇出

現代．傅抱石．屈原行吟圖

屈原披髮解衣，行吟於澤畔，身形蕭條，面容憔悴。

逃。這個消息讓屈原預見了楚國的淪喪，但更悲哀的是他無法挽回這種淪喪的局面。在這個階段他寫了〈懷沙〉，將哀傷、無奈、絕望的心情展露無遺。此後不久，他便在汨羅江自沉離世。

關於屈原的死，在《屈原列傳》和〈漁父〉中有過一段大同小異的描寫，都是跟漁父的對話。在這段短小精悍的對話裡，屈原用一句「舉世皆濁我獨清，眾人皆醉我獨醒，是以見放」，不僅道出心底的寂寞，也最終道出了他不願再存活於世的主要原因。沒什麼比身在人群中卻倍感寂寞更令人絕望的事情了，屈原一腔熱情、滿懷抱負全被殘酷冰冷的政治現實折磨殆盡。或許，選擇死亡對他來說是一種解脫，儘管這種結局有些悲涼，但卻成全了他自始至終都在精心維護的高潔品質。

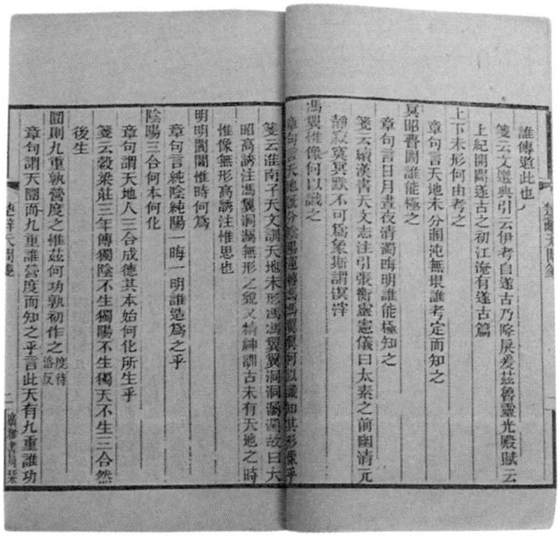
誰傳道此也
箋云文選典引云伊考自遂古乃降戻爰茲啓靈光殿賦云
上紀開闢遂古之初江淹有遂古篇
上下未形何由考之
章句言天地未分溷沌無垠誰考定而知之
冥昭瞢闇誰能極之
章句言日月晝夜清濁晦明誰能極知之
箋云漢書天文志注引張衡靈憲儀曰太素之前幽清元
靜寂寞冥默不可為象斯謂溟涬
馮翼惟像何以識之
箋云淮南子天文訓天地未形馮馮翼翼洞洞灟灟故曰大
昭高誘注馮翼洞灟無形之貌又精神訓古未有天地之時
惟像無形高誘注惟思也
明明闇闇惟時何為
章句言純陰純陽一晦一明誰造為之乎
陰陽三合何本何化
章句謂天地人三合成德其本始何化所生乎
箋云穀梁莊三年傳獨陰不生獨陽不生獨天不生三合然
後生
圜則九重孰營度之惟茲何功孰初作之
章句謂天圜而九重誰營度而知之乎言此天有九重誰功

〈天問〉書影

清．黃應諶．屈原卜居圖

此圖描繪的是戰國時期楚國大夫屈原忠心為國卻被放逐，一時心迷意惑，往見楚國太卜鄭詹尹，問卜尋道的故事。

戰國時代的刑法

戰國時期，封建制度確立，井田制被破壞，郡縣制形成，宗法制日益衰落。這些重大變化都要求各國的統治者必須面對「改革法律」的問題。

親疏貴賤　一斷於法

春秋戰國時期，在學術上出現了百家爭鳴的局面。儒家、道家、法家在治國立法上都有自己的觀點。儒家要求「以德治國，尊先王之法」，道家主張「無爲而治」，法家則強調「依法治國」。而在諸國爭霸的大環境影響下，極具功利性質的法家備受推崇。

在法家看來，國家必須用法律去規範人的行爲，避免人因爲專注於追逐個人利益而破壞國家的秩序和穩定。要想達到這個目的，治國者就需要將成文的法律——「法」、控制臣子的權術——「術」以及牢固而不容置疑的統治權——「勢」，綜合運用。這就意味著，「法」要爲君主的統治利益服務，要成爲君主控制臣子的一種工具，如果「親疏貴賤」都能「一斷於法」，那麼國家的秩序也就有了保障。與此同時，強調法是「成文法」，就又在很大程度上避免了當權者隨性制法擾亂國家的情況。

中國最早的成文法誕生在春秋時代的鄭國。鄭簡公三十年（西元前五三六年），鄭國執政者子產「鑄刑書於鼎」，讓法律被實實在在地確定下來。儘管這種做法在當時由於有破壞舊傳統之嫌，遭到了叔向等老臣的非議，認爲百姓一旦知道了有確實存在的法律條文，就會以此爲依據有了「爭心」，「不忌於上」。但子產還是堅持自己的所謂「吾以救世也」。而子產刑書的內容——新開墾荒地爲開墾者私有，不准他人任意侵占等——則有力地促進了井田制的滅亡。

時間證明了子產鑄刑書多麼有遠見，鄭國並沒有因子產「鑄刑書」發生大亂，到子產去世時，鄭國已經享受到「刑書」的成果：「都鄙有章，上下有序」，「路不拾遺，夜不閉戶」。

實際上，就算百姓會因成文法而

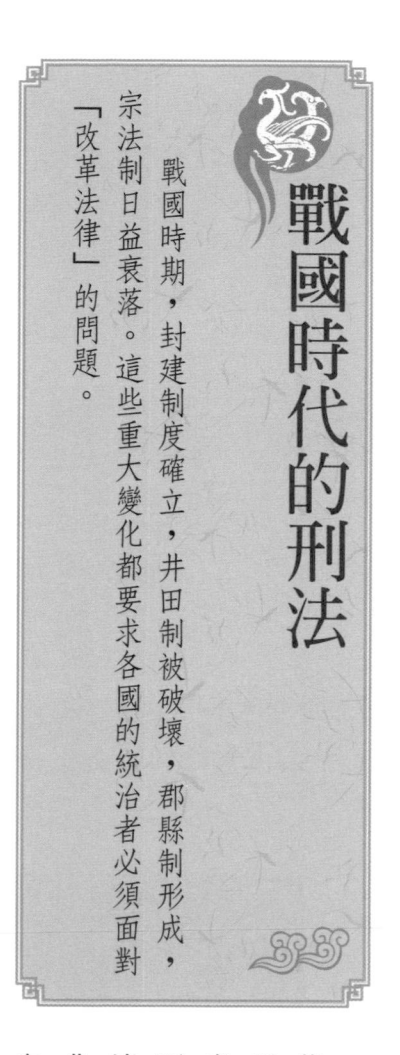

萌生「爭心」，只要他們的行動被法律嚴格圈定，也不用擔心會對統治者構成威脅。因此，到了戰國時代，已經很少有哪個國君會感歎成文法破壞舊俗。各國紛紛將法編纂成圖籍，放在官府之中，發告示公佈於百姓，要他們人人知法，人人以法爲依。秦國的商鞅在變法時，就非常注重向百姓普及「法律知識」。傳統的「祕密法」被完全否定。

人物紋靴形鉞

鉞在商周時期只是作為一種禮器存在，到春秋時期則演變為一種兵器，在戰國時期更是大量使用。鉞是斧的一種，但比斧大，多用青銅鑄成

在立法的輕重上，戰國的統治者一般遵循「亂世用重典」的觀點，認爲「行刑，重其輕者」，對輕罪的刑罰也十分嚴厲。這種「禁奸止過，莫若重刑」的思想對中國古代立法產生了深遠影響。在今天看來，當時的一些刑罰已經殘忍到令人髮指的地步。

肉刑氾濫

「殺人者死，傷人者創」。肉刑是指傷害人形體的刑罰，早在夏朝就已出現，但春秋戰國卻堪稱酷刑最盛的時期。當時常見的肉刑有黥、劓、刖、宮、大辟等。其中，黥刑就是刺面並著墨，劓是割掉鼻子，刖是指砍掉單只腳或雙腳，宮又稱腐刑、淫刑，大辟則是死刑。

在戰國，刑罰的使用十分頻繁。首先，一些雞鳴狗盜的小罪就會被以肉刑處置。在魏國的《法經》中就規定侵犯他人財產情節嚴重的要被處以死刑，窺視宮殿和撿拾他人遺失之物的要被處以刖刑或臏刑（挖去膝蓋）。秦國則把戰爭中被俘虜的軍士和百姓施以劓刑，待其滅掉六國後，沒有鼻子的人竟然比有鼻子的還要多，以至於人們開始以無鼻爲美、有鼻爲醜。

在戰國時期，一不小心就會身犯重罪。在秦國，如果臣子所推薦的人犯了罪，推薦者也要和犯罪者承擔一樣的刑責。秦昭襄王圍攻邯鄲，丞相范雎推薦鄭安平出戰，後來鄭安平出戰不利，不得不投降敵軍，鄭安平犯了降軍之罪理當處死，株連三族，范雎於法也當被施以死刑並株連三族——「秦之法，任人而所任不善者，各以其罪罪之」。幸好秦昭襄王對范雎一向賞識並信賴有加，嚴禁他人議論鄭安平之事，范雎這才逃過一劫。

其次，就算法家提倡「依法治國」，統治者也是凌駕於法律之上的存在，可以隨意對臣下百姓施加刑罰，並不一定需要參考法律條文。在《戰國策》中就有這樣的故事，楚王的一個美人總擔心自己鼻子長得不好看，所以見到楚王時就用袖子把鼻子遮住。楚王以爲美人遮鼻是「惡聞君王之臭」，一怒之下，不等問清原委，就下令割掉了美人的鼻子。

此外，戰國諸國多有連坐族誅的傳統，一人獲罪，全家、全族甚至鄰里都要遭罪。人們即使小心翼翼遵紀守法，也無法預測哪天災禍會突然降臨。商鞅變法時曾對連坐的範圍做了細緻的劃分，竟有鄰里連坐、職務連坐、軍事連坐、同居連坐等四種之多。如果旅店老闆接待了沒有證件的客人，客犯法，老闆也要被連坐。

死難得全屍

肉刑中的大辟，即是死刑。縱觀戰國時代的死刑，不禁讓人感歎古人那豐富的想像力。死刑在戰國不僅僅是「奪走犯人的生命」，還有震懾民眾、宣洩憤怒的意味，所以極盡殘忍之能事。

戰國時期的死刑種類非常多，有的是法律中規定的，比如磔、斬首、絞，有的則是當權者靈感突現自創的。翻閱當時的一些史書典籍，盡可見讓人毛骨悚然的死刑。

烹刑，把人放在巨大的容器中活活煮死。烹人用的容器通常是用銅鑄就，三足的爲「鼎」，無足的爲「鑊」。戰國時的很多大臣士人都動輒把「就鼎鑊」放在嘴邊，可見該刑的盛行程度。不過，在某些時候「就鼎鑊」卻是人臣忠義的象徵。名醫文摯爲了讓齊閔王「大發雷霆治療惡疾」，故意激怒齊閔王，被盛怒的齊閔王丟進燒滾的大鑊中，烹了三天三夜才死。其「就鼎鑊以救王」的事跡讓後人感慨萬千。

磔刑，據《史記》的描述是：「裂其肢體而殺之。」被判該刑的人要被人用刀刃等利器碎爛身體而死。據說這一刑罰就是後來「凌遲」之刑的前身。也有人認爲磔刑就是車裂。

在戰國，遭受車裂之刑的豪傑志士中最著名的就是商鞅。所謂車裂，就是把人的四肢，有時還有人的頭，分別綁在幾輛不同的車子上，在上面套上牲畜，一般爲馬或牛。行刑時，劊子手驅趕這些牲畜分別向不同的方向拉，人的肢體便在這種生拉硬拽中四分五裂。這種刑罰十分殘忍，受刑人不會立即死掉，要忍受肢體被生生分裂開來的撕心裂肺般的疼痛。因此，受刑人不是犯了滔天大罪，就是爲當權者深深忌恨。值得一提的是，車裂有時也會施加在死者身上，蘇秦、吳起都在死後遭受車裂。

戮刑，戮刑有生戮和死戮之分，在戰國時代，比較常見的是生戮。就是用刀具殘虐受刑者直至其痛苦死去的刑罰。今天的人經常講「殺戮」，認為戮和殺同義，但在戰國，殺與戮的意思並不相同，殺通常指用刀將人簡單地處死，比如斬首。戮比殺多了更多凌虐的意味，被判戮刑的人在死亡前後都會被刻意侮辱。待秦朝建立之後，戮刑漸漸變成一種死後刑，即常說的「戮屍」，後世朝代在使用戮刑時，大多也是指「戮屍」。

腰斬，就是將人剝光衣服，使腰部裸露，趴在鍘床或木、鐵的砧板上，用刀或斧切為兩截。這也是戰國時期非常常見的一種死刑。在《戰國策》中，張儀曾對秦王說：「張軍數千百萬，白刃在前，斧質在後，而皆去走，不能死。」此中的「斧質」即指「腰斬」之刑的刑具。商鞅在變法時則有規定：「……令民為什伍，而相牧司連坐。不告奸者腰斬。」被腰斬的人往往不會馬上死去，如果斬人的刀斧不夠鋒利，受刑人的痛苦就更為深重。清代《野史大觀》卷五的〈腰斬之慘〉曾對這一刑罰有非常細緻的描述：「……俞君既斬為兩段，在地亂滾，且以手自染其血連書七『慘』字。其宛轉未死之狀，令人目不忍睹。」

和這些死刑相比，斬首、絞都稱得上溫和。而就算被行刑人已經氣絕身亡，對他的「死刑」也有可能仍未結束，屍體的頭顱被砍下來掛在木樁上示眾，是為「梟首」；屍體被隨便扔到大街上任人凌虐，是為「棄市」。

就當權者而言，屍體是教化民眾遵紀守法的有效道具，是發洩憤怒的出口。魏國大將樂羊帶兵攻打中山國，中山國的國君就把正在自己國中的樂羊的兒子烹死，製成肉羹，還把其作為「禮物」送給樂羊。樂羊在得知該肉羹乃自己兒子的肉所制後，為顯示毫不屈服的決心，竟將肉羹一口喝光。

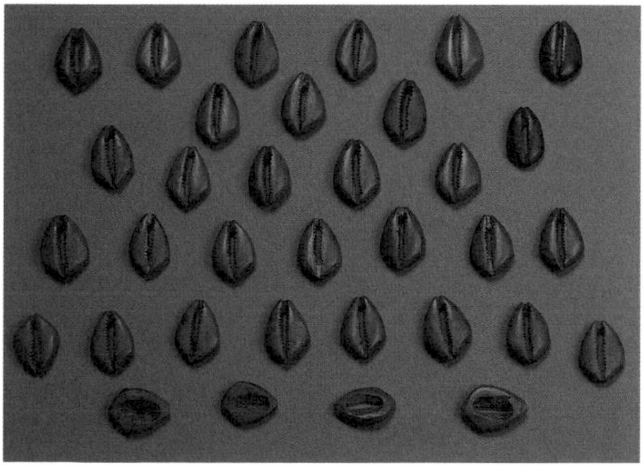

戰國．骨幣

骨幣系用動物肢骨製成的貝形幣，用作隨葬器物，這是楚國貴族倣傚中原的做法，希望子孫昌盛。

宜陽之戰

強者生存，這條規則在戰國時代得到了淋漓盡致的體現，弱小的韓國在這個規則下注定變成強者的戰利品。

七雄之末

能稱得上戰國七雄的諸侯國，必然在那段歷史中有過輝煌和榮耀。意外的是，七雄之一的韓國卻是一個不曾有過傲人成就的諸侯國，最起碼跟其他六國的歷史相比稍顯遜色。

從中國歷史進入戰國時期開始，韓國就始終處於一種常被欺負的狀態。她的東邊有綜合力量遠勝自己的魏國，西邊緊挨著野心勃勃的秦國，這樣尷尬的地理位置讓韓國時常遭遇被動的戰爭。於是，史書上關於韓國的記載便大多是其受侵犯、痛失領地等事件。

糟糕的地理位置並不是韓國一直弱小的原因，更重要的是這個國家缺乏改革的意識和行動，君主大多安於現狀，不願費神費力去推陳出新。當然，在韓國歷史上也有過令人稱頌的改革家，他叫申不害，是昭侯時期的宰相。經由他的改革，韓國有過一段難能可貴的安穩時光，在這段時光裡，內政強大，周圍諸侯國無一來侵。只可惜，這段時光在韓國二百多年的歷史裡僅僅只有十五年，鳳毛麟角。

不僅如此，韓國從成立到滅亡都沒有一位大有作爲的君主，這大概是其從未輝煌過的最頑固的惡疾，也是導致後來宜陽之戰的本因之一。

其實上數韓國先祖，也曾有過一位比較強悍的領袖，名爲韓起，也就是後人常提及的韓宣子。當時韓國尚未創立，韓起不過是晉國的朝臣，被封爲韓原（今山西河津東）的主人。但是韓起在政治上表現出的膽色和才華，卻遠遠超過了當時晉國的君主晉平公。他在晉國實行改革，代表晉國出使他國，代表晉國參與各種同盟或戰爭。

正是有了韓起的努力，韓氏在晉國的地位逐漸高大起來。周威烈王二十三年（西元前四〇三年）韓、趙、魏三家將晉國一分爲三，成爲獨立的諸侯國。對於韓國來說則是從附屬到獨立的蛻變。

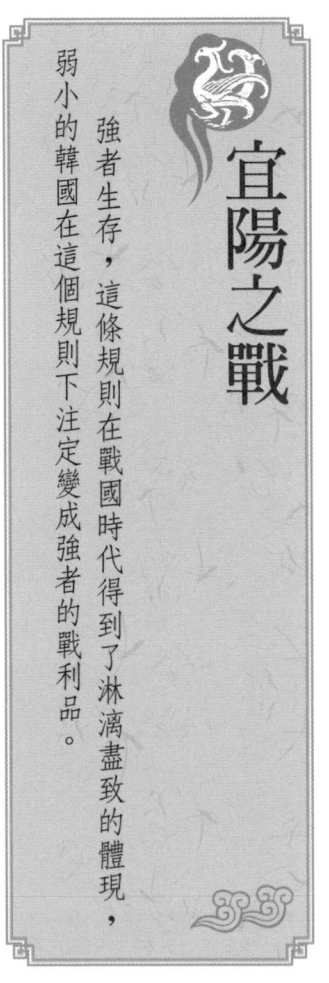

定都宜陽

在韓國尚未獨立之前，就完成了都城的遷移，這一點對其之後的發展至關重要。

韓舊都本是平陽（今山西臨汾西南），無奈平陽周圍都是實力雄厚於韓的他人都城，有趙都中牟（今河南鶴壁西）、魏都安邑（今山西聞喜）以及晉都絳（今山西曲沃西北），夾在這樣的地理環境中，要想有所發展十分艱難。於是，周威烈王二年（韓武子元年，西元前四二四年），剛剛成爲韓氏首領的韓武子決定遷都宜陽。

宜陽在今河南宜陽韓城，地處宜水之北，秦嶺之南，西近崤山，東臨周都雒邑，北邊橫跨黃河，可謂依山傍水，四面都是天然要塞，一夫當關萬夫莫敵。更爲重要的是，宜陽的西邊是虢國舊地，那裡有晉國幾百年的辛勞汗水，早已是富庶穩定；東南方向是一片遼闊之地，物產豐富，曾是伊洛陰戎故地。在宜陽建都，不僅可以抵禦外侵，內部也能發展農耕商貿。

《史記》中這樣解讀韓遷都宜陽的措施：「中挾雒邑，提攜周室，天子成爲附庸。」韓已經對雒邑展現出包圍之勢，隨時可以讓周朝天子變成自己的傀儡。不可否認，這次遷都，成全了韓的分晉計畫，提前完成了獨立。但是也正是因爲宜陽之地的天時地利，才造就了後來的宜陽之戰。

宜陽之戰

宜陽對於韓國來說是塊風水寶地，但對於有心稱霸天下的秦國來說就是不得不拔的眼中釘。秦國爲了奪得天下，先行控制了西北邊陲，然後遵循張儀留下的「東進計畫」一路向東。而宜陽正好扼住了秦國的東西通道，只要破了宜陽，韓國不僅唾手可得，東方大門也便隨之打開，統一天下便指日可待。

秦武王尚武，爲了增加攻占宜陽的把握，武王在繼位後不久便展開對韓國周圍諸國的利誘與恐嚇。他先派

戰國後期．鑲嵌卷雲紋獸首形轅飾
此轅飾作獸首形，無角，以雲紋為地，鑲嵌金銀。今藏於中國國家博物館。

人跟魏國交好，並簽下盟約。

秦武王三年（西元前三〇八年），秦國大臣馮章南奉命出使楚國。楚懷王早已經失去了鬥秦之心，只希望能以低姿態換來楚國的安寧。當時馮章南用楚國失地作爲交換，讓楚國在即將上演的宜陽之戰中保持中立。楚懷王一聽，當即十分高興，便不假思索地答應了下來。韓國敗局已定。

戰國後期・鉤形兵器

當一切準備就緒之後，秦武王最後一次向韓國發出了警告，表示如果韓國主動獻出宜陽，便可免去一場戰禍。但是韓王的態度卻堅定得超乎秦國的意料，秦武王最終失去了和談的耐心。

同年，秦將甘茂奉命率領重兵由潼關到河南西部，然後路過函谷關、陝城到了崤山。從崤山一路往南，途經永昌河、洛河等河流，沿岸直抵宜陽城下。

到達目的地，甘茂馬不停蹄開始進攻，連續三次都沒有攻破城門。這也難怪，宜陽城是韓國的心臟，不僅有重兵把守，而且有強大的經濟實力做後盾，不是輕而易舉就能拿下。甘茂對整個戰鬥形勢做了過於樂觀的估計，他沒有想到三次強攻換來的不是城門的開啓，而是秦軍的重傷。就在這個時候，楚國更是背叛秦國加入了抗秦的隊伍，跟韓國並肩作戰。

贏得戰事，也爲了堵住朝中政敵的讒言，甘茂在軍中下了死令，如果再攻不下，那就把宜陽當做自己的墳墓。不僅如此，甘茂還拿出自己的積蓄犒賞英勇將士。宜陽最終在這種攻勢下淪陷，六萬韓國守軍成爲沙場亡魂。

再戰宜陽

此次宜陽之戰，讓韓國元氣大傷，也讓其他諸侯國心驚膽戰。秦國的野心昭然若揭，誰敢保證自己不是第二個韓國。六國聯盟在此時「復活」，聯合抗秦成爲保住自己的唯一方法。諸侯國的聯盟暫時遏制了秦國勢如水火的攻勢，周赧王十七年（西元前二九八年），韓國收復宜陽失地，重振旗鼓。

可惜的是，這種相對和平的局面並沒有持續多久。四年後，魏、韓兩國君主相繼去世，而齊國也發生了強烈的政治地震：齊相孟嘗君被迫離開朝野。這對秦國來說無疑是扳回一城的絕佳機會，秦昭襄王立即出兵壓境宜陽。此次攻打宜陽的秦軍兵分三路，分別控制了魏國襄城（今河南方城西北）、魏國解邑（今山西解縣），由秦將魏冉率領的中路大軍則直搗宜陽。

魏韓兩國聯合抗秦，幾乎動用了所有能用的兵力，讓秦軍一時間無法靠近。此時，秦軍中路大軍臨陣易帥，換上了能征善戰的軍事奇才白起。白起一上任便狠狠騙了韓魏一把，他佯裝帶兵攻打新城（今洛陽伊川西南），誘來韓、魏二十四萬大軍。而就在此時，白起已經命部分主力繞到韓魏大軍背後，使其腹背受敵。韓魏大軍受困於秦軍的包圍之中，一邊血戰一邊逃脫，但最後都被逼在了龍門山和軒轅山的峽谷之間。秦軍早已占領了峽谷高地，韓魏大軍成了甕中之鱉，最後全部戰死在峽谷之中。

二十四萬大軍全軍覆沒，這對韓、魏兩國無疑是致命的重創。沒過多久，秦軍就重新占領了宜陽及其附近的城池。

宜陽的再次失守讓韓、魏徹底失去了抵抗能力，本就弱小的韓國更是迅速走向衰落。而秦國，則走上了強國之路。

戰國．跽坐人漆繪燈

人作跽坐狀，頭頂梳一偏髻，插簪束冠，身著右衽掩膝長袍，腰束寬帶，並有帶鉤扣合，雙手前伸擎燈柄。燈盤作圓形，內有尖釘形三燭芯。今藏於河南博物院。

武王絕臏

在中國歷史上，每個特別的時期，都會湧現出一批特別的君主，秦武王就是其中一位。他生性好武，喜歡與人比力，最終也死在自己的好勝心下，絕臏中原。

任力好勇的秦武王

秦武王是秦國歷史上有些另類的君主，他生性好武，還喜歡任命孔武有力之人做官。正因爲有如此君王，秦國上下才多了不少尚武重力的猛漢，他們只要在秦武王面前證明自己力量超群，就可以謀得一官半職，甚至是高官厚祿。

齊國有一位大力士，名叫孟賁，據說他連蛟龍豺狼都不畏懼。相傳有一次孟賁在野外看到兩頭野牛在打架，他怒吼一聲，猶如響雷，走上前去抓住兩頭牛的角，將兩頭牛硬生生分開。此時，一頭牛已經倒在地上動彈不得，而另一頭牛卻怒氣衝天再次撲來，孟賁一使勁，將牛角從牛頭上拔了出來，鮮血淋漓，牛掙扎兩下便斷了氣。

孟賁聽說秦武王一向器重勇猛有力之人，便帶著嘗試的心情前往秦國。秦武王聽說齊國來了一位力大無窮的勇士，十分開心，不僅親自召見孟賁，而且還賜給孟賁榮華富貴。

絕臏中原

秦武王的生活方式另類，死亡方式也同樣不可思議。在中國歷史上，爲了比力氣而送了自己性命的君主，恐怕也獨秦武王一人。

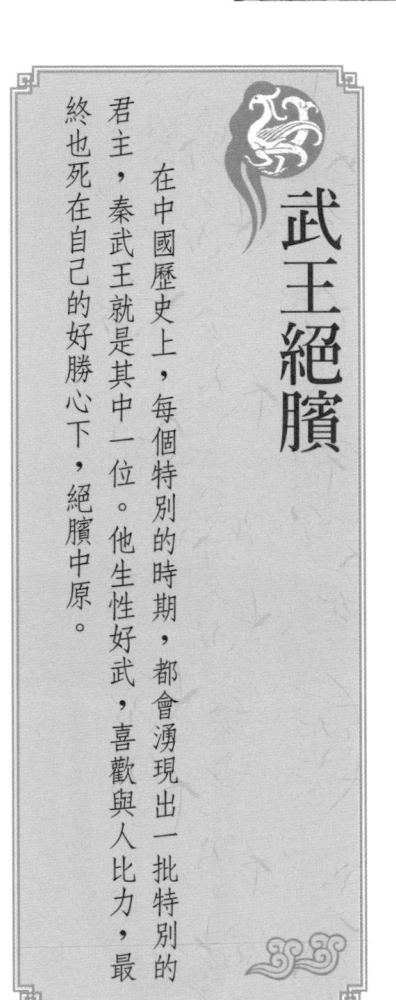

秦武王四年（周赧王八年，西元前三〇七年），秦軍占領宜陽，直逼周朝都城雒邑。此時的周天子早已失去抵抗能力，只能大開城門迎接秦軍。秦武王自小生活在西北邊陲，一向對中原的繁榮心有所往，而且對中原文化十分仰慕。這次中原門戶大開，無疑是一次領略中原風光的絕好機會。秦武王帶著孟賁等幾位大將到了周室太廟，打算一睹中原文化精華之貌。

周室太廟收藏著從大禹時期留下的九鼎，代表著古老中國九州文化。每一鼎代表一州，九鼎分別代表著荊、梁、雍、豫、徐、青、揚、兗、冀等九州。這九鼎上鑄刻著九州的風土人情，還有各自的疆域領土和貢賦數額，都是純金打造。

秦武王對這些鼎充滿了好奇，但他好奇的不是九鼎背後的歷史意義，而是這些鼎自鑄成以來是否有人舉起過。他在雍州鼎旁佇立良久，問守鼎大臣是否有人將其舉起過。守鼎大臣慌忙答道：「這鼎從誕生起，就沒聽說過誰舉起過。一隻鼎重達千鈞，有誰能有如此大的力量將其舉起！」武王轉頭詢問孟賁和另一位大力士任鄙，問他們是否能夠舉起大鼎。

任鄙是個聰明人，他不僅有自知之明，而且知道武王是個好勝之君，倘若自己逞強舉起大鼎，武王定會與自己比個高下，到時候不管武王是贏是輸，自己都不會有好結果。於是，任鄙告訴武王說自己只能舉起百鈞重量，這千鈞之鼎定然難以舉起。孟賁不同，他神力過人可心思卻不如任鄙縝密，他不由分說上前舉鼎，費了九牛二虎之力才把大鼎舉起離地面半尺的高度，當大鼎落地的一剎那，孟賁差點摔倒在地。

秦武王豈能就此認輸，他一邊嘲笑孟賁不中用，一邊脫衣挽袖準備親自上陣。任鄙在一旁驚得不輕，趕忙勸止秦武王，這鼎重千鈞，可不是能拿來比試的道具。武王個性好鬥好勝，根本聽不得任鄙之言，執意上前舉鼎。

武王抓住大鼎之耳，心裡不禁想，如果只是舉起大鼎，實在無法突出自己的強大，要是舉起大鼎再走上兩步，這勝局就明顯了。於是，武王大喝一聲，將大鼎舉離地面半尺，緊接著他便要移動腳步。當武王剛邁出左腳，整個身體已經不堪重負向一邊傾斜，而大鼎也順勢落了下來，重重砸在了武王右腳之上。隨行之人皆大驚失色，慌忙上前，七手八腳挪開了大鼎。此時武王右腿整個脛骨都被壓碎，鮮血汩汩。他的好勝終於讓他付出了生命的代價。

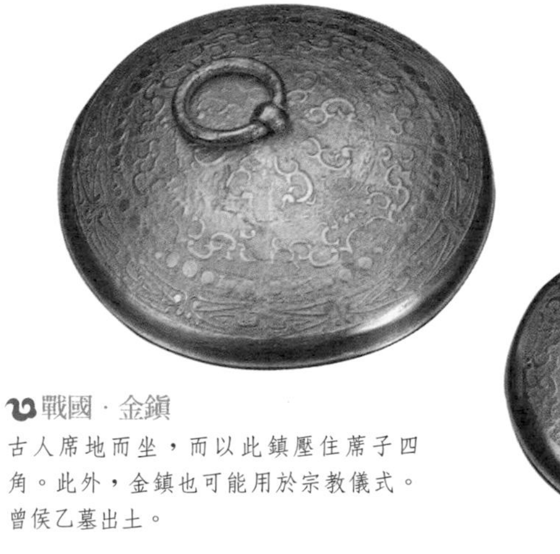

戰國・金鎮

古人席地而坐，而以此鎮壓住蓆子四角。此外，金鎮也可能用於宗教儀式。曾侯乙墓出土。

趙武靈王胡服騎射

趙武靈王是戰國時期趙國一名出色的政治家和軍事家，這位十五歲登基的少年君主，以其獨特的政治視角推行胡服騎射，不僅提高了趙國的軍事戰鬥力，而且還改變了兩個不同民族之間原本水火不容的關係。

靈王少年時

在戰爭頻繁的戰國時代，每個諸侯國都會設法在每次戰爭中贏得勝利。然而，單憑純粹的武力並不能提高勝利的機率，戰鬥方式、戰鬥武器、戰爭謀略、外交手段等都必須跟武力一起平衡發展，甚至要超過武力而存在。於是，很多諸侯國創造出許多特別而具有殺傷力的戰爭手段。對於趙國來說，「胡服騎射」無疑是戰爭手段中的一次革命，也同樣是政治理念的一次創新。

這次革命的主人公是趙國歷史上一位年輕有爲的君主——趙武靈王。

趙武靈王名雍，是趙肅侯之子。也許是繼承了父親勇猛善戰的品質和智慧，趙武靈王從小就隱隱顯現著君王風範。在趙武靈王繼位的時候，年僅十五歲，正是志學之年。雖然年少，但是處理事情的手段卻十分老辣。

趙肅侯在位二十四年（西元前三二六年）去世，趙武靈王新君繼位便要著手處理父親的喪事。當時的政治環境十分複雜，由於趙肅侯一生驍勇善戰，得罪了不少諸侯國，跟很多封地領主都有過節。於是，趙肅侯的葬禮就變成了一場明爭暗鬥的政治較量。

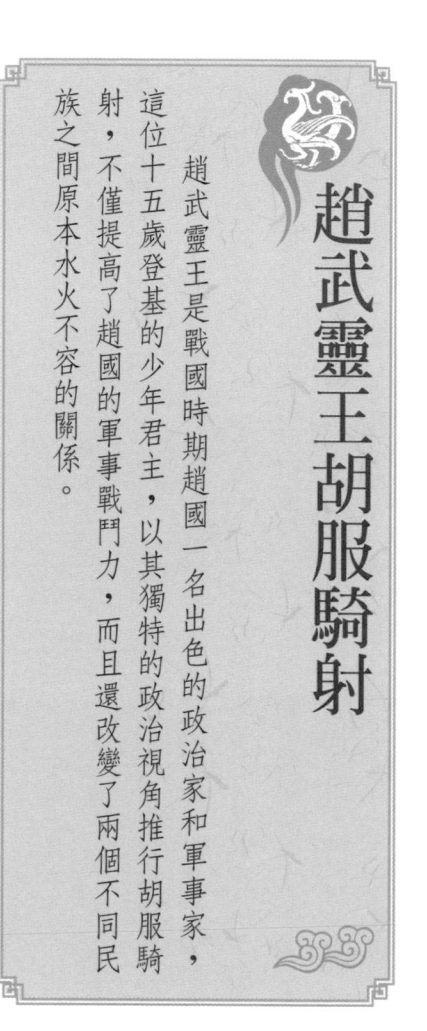

魏惠王是最想報復趙肅侯的一位諸侯，因爲當年趙肅侯曾率兵攻打魏國，並一口氣摧垮了魏國的根基，打開了趙國南下的大門。這場失敗一直讓魏惠王如鯁在喉，他無時無刻不在伺機報復趙國。趙肅侯時，他聯合楚、秦、燕、齊四國，表面上打著弔唁的旗號，暗中卻各自派兵，乘機攻城。

趙武靈王深知來者不善，他一邊命趙國軍隊處於戰備狀態，一邊拉攏了韓、宋兩國一起準備戰鬥。韓、宋兩國的地理位置正好處於秦、魏、楚、齊之間，她們跟趙國一起割斷了秦、魏、楚、齊之間的地理聯繫，讓這些諸侯國總是處於腹背受敵的狀態。

與此同時，趙武靈王重金唆使樓煩王攻打燕國。燕國實力弱小，一邊頂著樓煩的打擊，一邊又要擔心趙國會不會也在此刻發兵，早已身心俱疲，不能分身。而此時楚國正受到越國的挑戰，楚軍大部分兵力都被調去滅越。這樣一來，楚國和燕國基本上對趙國失去了威脅。剩下秦、魏、齊三國兵力，與趙、宋、韓處於伯仲之間。

「武靈王胡服騎射」雕塑

就在葬禮開始的那一天，趙武靈王頒布禁令，禁止前來弔唁的諸侯國帶兵進入趙國國境，只能由使者帶著弔唁之物前往，並由趙國大臣接待。

形勢已然不如先前嚴峻，此時的魏、楚等五國已經不敢輕言戰事，加之趙國秣馬厲兵、枕戈待旦，五國更是不敢輕舉妄動，只能安安分分參加完葬禮各自回各國。

趙武靈王以其敏銳果敢的行事作風，粉碎了一場處心積慮的陰謀。

國家騎兵

隨著趙武靈王的成長，趙國也在以不可估量的速度壯大著。國家壯大，就必須壯大國家的軍隊，提高趙軍的整體作戰能力。於是，他借鑒了胡人的作戰方式，爲趙國訓練出一支強大的騎兵。

胡人是靠近趙國的一支遊牧民族，遊牧狩獵的生活方式直接影響了其馬上打天下的軍事模式。對於胡人來說，在馬背上的安全感勝於在陸地上行走。於是，他們也有了一套完整的騎兵訓練體系，有專門的騎兵服裝和變幻多端的騎兵陣形，將騎兵的機動和靈活性能發揮到極致。

趙國作爲跟胡人地區接壤的諸侯國，自然少不了與胡人的征戰，但大多數時候都敗給胡人的騎兵。趙武靈王坐穩王位後，便開始正式引進胡人的騎兵體系，他邀請了胡人騎兵當趙

趙武靈王帥軍出征

河北省邯鄲市壁畫《趙武靈王率軍出征》。

國騎兵的教官或是士兵，將胡人的服裝直接加以複製穿在了趙國騎兵的身上，這便是胡服騎射。

趙國時常會與胡人短兵相接，敗仗吃久了便開始從對方身上吸取作戰經驗，將士們爲了在與胡人的對抗中減少傷亡，不自覺地採用了騎兵的作戰方式。

經過趙武靈王的發展和管理，趙國騎兵部隊逐漸發展成一支漢胡相結合的騎兵，整個隊伍由胡人和精通胡人戰術的將士組成，不僅能在馬背上作戰，也適用於步兵作戰。

胡服騎射的另一面

從表面看，胡服騎射是趙武靈王軍事改革的一次嘗試，但事實上這不僅僅是軍事改革，更是政治文化上的一次革命。

在趙國長期以來存在一個矛盾：遊牧文化和中原文化的分歧。眾所周知，趙國是一個遊牧文明和農耕文明結合的國家。在趙國，王公貴族與戎狄的通婚十分常見，就連一國之君都有戎狄民族的血統。顯而易見，趙國骨子裡就有兩種文化形態和文明歷史的交融，但是這兩種文化卻總是會發生激烈的衝突。

這種衝突表現在實際中，就是代郡與邯鄲的南北分裂。代郡是典型的遊牧民族居住地，邯鄲是趙國農耕文明的中心，它們同是趙國重鎮，但卻由於文化分歧而長期處於斷裂狀態。趙國歷代君王都在設法彌補斷痕，他們有意將一些漢族大臣分到代郡去做官，而將戎狄民族的領袖拉到邯鄲爲臣。

然而，這種交換式的平衡方式並不如統治者意料中那麼奏效。代郡並沒有接受國君的美意，而是不斷發展自己的民族勢力，逐漸將控制範圍擴大到類似太原郡等其他遊牧民族的重鎮。邯鄲也不甘示弱，控制了靠近中原的上黨郡。這樣一來，趙國南北分裂的形式愈來愈嚴重，兩種文化政治的強對抗持續升級。

趙武靈王作爲新的君王，也在繼承祖先們的平衡計畫。於是，趙武靈王除了胡服騎射之外，還將戎狄外族培養成朝中重臣。兩種文化政治的和睦相處，就從胡服騎射和重用戎狄族人開始。

胡服騎射的實施

胡服騎射對趙國的傳統理念無疑是個挑戰，許多王孫貴族並不同意，他們認為胡服騎射會影響國家其他政策，會滋生出很多不穩定因素，有可能會危害趙國的國內安全。趙武靈王明白，只是靠嘴巴說永遠沒有說服力，於是他索性用實際行動證明。

趙武靈王二十年（西元前三〇六年），趙武靈王率領騎兵進攻北邊的中山國，捷報頻傳，奪下中山國數座城池，將中山部隊打得潰不成軍。穿過中山國繼續往北，就是趙國的代郡，代郡的戎狄騎兵根本無法抵抗。趙武靈王一路前行，先後穿過樓煩邊境的無窮之門（今河北張北之南），橫渡黃河，到了林胡人聚集的地方。在這期間，趙武靈王帶著騎兵一路大打勝仗，徹底改變了過去一遇游牧民族騎兵便失敗的局面。

接二連三的勝利，讓趙國臣民對騎兵信心倍增。胡服騎射得到了良好的實戰效果，使臣下紛紛改觀。有了確實的成功案例，趙武靈王在說服起其他異議者時便有理可依。沒過多久，在趙武靈王的努力下，胡服騎射徹底得到了國內所有貴族大臣的認可，正式成為趙國軍隊的作戰模式之一。

趙武靈王成功地用一次軍事改革，將漢人與胡人的生活聯繫在一起，讓兩者的文化互相滲透交融。

武靈叢台

相傳此台是戰國時期趙武靈王為閱兵與歌舞而建的，故而命名「武靈叢台」。

孟嘗君引戰

孟嘗君是戰國四公子之一，以門客三千而揚名四海。在齊國與楚國的恩怨糾葛中，孟嘗君的睿智和他收攬的門客發揮舉足輕重的作用。

孟嘗君的信

楚國滅越之後，占領了吳越之地。楚懷王繼承王位之後，便開始在吳越之地進行經濟發展，楚國的經濟實力大幅提升。

楚懷王二十三年（西元前三〇六年），楚國突然收到了一封來自齊相孟嘗君寫來的信。信的大致內容是說楚懷王曾經受過秦國張儀的矇騙，導致在丹水藍田、漢中地區戰爭的失利，這是楚國的恥辱，更是楚懷王的恥辱。但是楚懷王不僅沒有報復秦國，反而因爲懼怕秦國而跟其成爲了朋友，甚至把秦國當成了主人，這豈不是讓楚國的恥辱更加一層。

這封信的出現看似有些無緣無故，實則卻是有因可尋。當年楚齊兩國相交甚好，楚懷王因爲受到了張儀的欺騙而跟齊國斷交，從此與秦國修好，這對齊國來說是莫大的威脅。孟嘗君這一封信就是希望能恢復楚齊聯盟，一起對抗日益強大的秦國。

楚懷王將信交給令尹昭睢，昭睢看過之後告訴楚懷王，這是齊國想跟楚國聯手抗秦。楚懷王有些猶豫，楚國若跟秦國兵戎相見，勝算不大。但昭睢卻不這麼想，他認爲這是一雪前恥，重挫秦國的絕好機會，難得齊國有意，不計前嫌，楚國要再不有所行動，就要被人恥笑了。於是，他勸說楚懷王，如果現在能與齊國聯盟，再加上韓、魏的力量，四國聯合，就是氣勢上也能威懾秦國，然後從秦國那裡奪回失地，那才大快人心。

楚懷王一聽，君心大悅，覺得昭睢言之有理，於是便打定主意要跟齊國聯手，痛擊秦國。

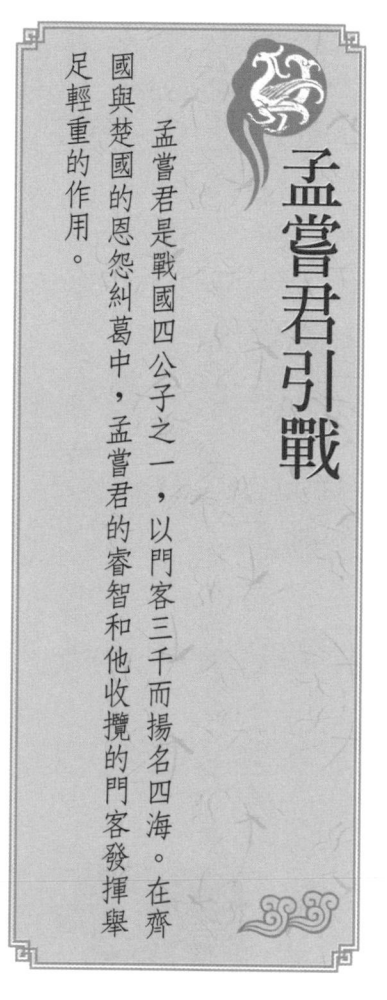

齊國的煙霧

齊楚復盟，這讓秦國始料不及。楚國的倒戈，對秦國造成最直接的影響就是政治上的孤立。爲了挽回楚國的信任，秦國拿出部分楚國舊地還給楚國。楚懷王見秦國竟然向自己示

河南靈寶古函谷關雞鳴台田文（孟嘗君）雕像

好，便又動搖，認爲前恥已洗，與其得寸進尺惹惱秦國，不如見好就收，日後也好相見。於是，楚懷王毅然決然地背棄了跟齊國的盟約，再一次投入秦國的懷抱。

楚國的背叛，讓齊國怒火中燒，齊、魏、韓三國立即組兵攻打楚國。然而，楚國跟秦國反倒聯手抗三國聯軍，關係更進一層。正當齊國一籌莫展的時候，從外邊傳來了楚國太子打死秦國大夫並出逃的消息。孟嘗君一聽便喜上心來，打死秦大夫事小，不負責任地逃脫便是大事，這下秦楚關係必然受到影響，如果此時派兵攻打楚國，一定事半功倍。

楚懷王二十八年（齊宣王十九年，西元前三〇一年），齊國聯合魏、韓兩國一起發兵楚國，以懲罰楚懷王左右搖擺的外交政策。這次出兵，孟嘗君十分謹慎，有了前車之鑒，就要做好萬無一失的準備。在開戰前他曾問過自己的門客，如果這次秦國又一次援助楚國該怎麼辦？

門客爲孟嘗君出了個不錯的主意，對楚國放出煙霧，迷惑楚懷王的視線。所謂的煙霧是指對楚懷王謊稱三國聯軍已經抵達楚國北邊的邊境，如果楚國能夠認輸，聯軍就放棄進攻。這個時候，齊國再要求楚國派出一支軍隊，聯合三國聯軍一起轉而攻打秦國。集合四國之兵力，直搗秦都咸陽，一定可以成功，屆時楚國就可以收復大部分失地。

門客認爲，楚懷王之所以搖擺不定，完全是受利益左右，只要給他好處，他就會猶豫。那時他會跟秦國再次斷交，轉而投入三國聯盟的懷抱。秦國一旦知道楚國背叛，便會恨之入骨，絕對不會對楚國加以援助。這樣一來，齊、魏、韓三國便可以毫無後顧之憂地攻打楚國，一定會大獲全勝。到最後，楚國只能乖乖臣服於齊國。

孟嘗君聽後十分歡喜，於是按照門客的方法一步步將楚國逼上孤立無援的道路。在這場三國聯軍攻楚的戰役裡，楚國損兵折將，丟城失地，而秦國因爲楚國的背叛一直袖手旁觀。孟嘗君成功地爲齊國狠狠報復了楚懷王的背信棄義，也使戰國時代無情的聯盟關係顯得更加殘酷。

楚懷王入秦

楚懷王在位時一味尋求安逸，卻一度讓楚國陷入危險之境。他的統治受到過很多人的質疑和打擊，但是在他過世之後，卻沒有一個臣民不為其掉淚哀傷。

秦楚的春天

秦國野心勃勃，是所有諸侯國都知道的事情。但玄妙之處就在於，大家都知道彼此的野心，但卻都出於利益考量而合作。戰國時代是個濃縮的國際，沒有永遠的朋友，只有永遠的利益。

好力鬥勇的秦武王絕臏之後，他的異母弟弟嬴稷成為新的秦國君主，也就是中國歷史上赫赫有名的秦昭襄王，也常被稱為秦昭王。秦昭襄王稱王時年方十八歲，還沒有足夠的能力獨立管理秦國。於是，秦昭襄王的母親宣太后聽政，成為秦國政權實際的管理者。

宣太后是個有手段、有謀略的女人。她任命自己同母異父的弟弟魏冉擔任將軍，並借魏冉之手殺害了惠文后、武王后等許多公子嬴壯的支持者，秦國的軍政大權徹底落入了宣太后和魏冉的手裡。

宣太后掌權後不久，便開始推行「親楚聯姻政策」。當時齊、楚、魏、韓同盟，誓言要聯合制秦，這對剛剛穩定住內政的秦國來說無疑是顆定時炸彈。西元前三〇五年（秦昭襄王二年，楚懷王二十四年），宣太后為秦昭襄王選定了楚國的貴族之女為妃，同時也將秦國王室的年輕女子嫁與楚國。不僅如此，宣太后還時常送厚禮給楚懷王，讓楚懷王誤以為秦國忌憚楚國而不得不拉攏討好自己。

秦昭襄王三年（西元前三〇四年），秦昭襄王親政，他在宣太后的

戰國後期．四山紋鏡

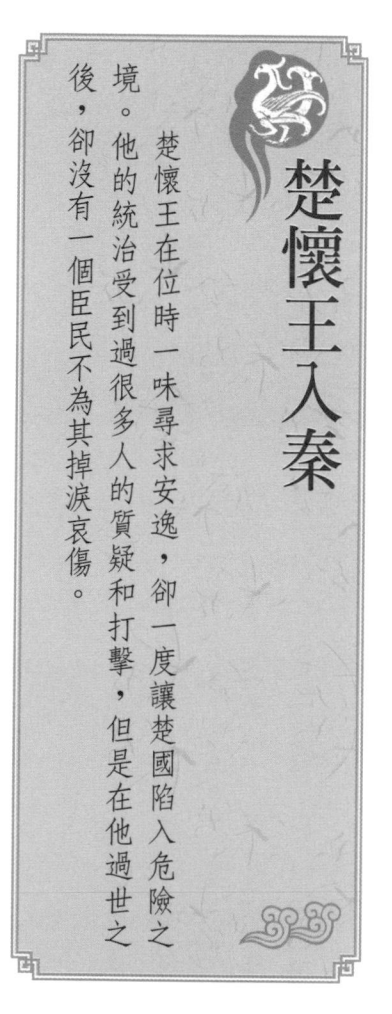

督促下繼續與楚國交好，與楚懷王在黃棘（今河南南陽）會晤，並達成聯盟之約。秦昭襄王爲了表達誠意，將秦國一直占領的古楚之地上庸（今湖北房山）還給了楚國。於是，楚懷王相信了秦國的誠懇，開始跟秦國展開一段如膠似漆的外交關係。

戰國後期・臥鹿

關係破裂

秦楚外交的蜜月期爲兩國產生不一樣的利益，卻給其他諸侯國帶來一樣的災難。秦昭襄王四年（楚懷王二十六年，西元前三〇三年），秦軍舉兵攻打韓、魏。由於楚國背棄了聯合制秦的同盟，韓、魏因此在對抗秦國的戰爭中接連失利，失去了大片的領土。怒不可遏的韓、魏兩國聯合齊國一起攻打楚國，以懲罰楚懷王的背信棄義。楚懷王驚慌失措，只好向秦國求救，並將楚太子作爲人質送到了秦國。秦國派大軍開往楚國，逼退了三國大軍。

被逼退的魏、韓、齊突然明白了一個道理，既然楚國能夠跟秦國相交甚歡，那麼自己也可以。於是，魏、韓兩國轉變了政策，主動向秦國示好，並相繼與秦昭襄王會晤——六國聯盟名存實亡。

就在這個時候，楚國出事了。在秦國做人質的楚太子打死了秦國一名大夫，並連夜逃回楚國。秦楚關係的春天瞬間冰雪凝結，戰火又重新燒到了楚國大門。秦昭襄王六年（西元前三〇一年），秦國聯合韓、魏、齊兵分兩路討伐楚國。

楚懷王派遣大將昭雎和唐昧分別率兵狙擊秦軍和其他三國的聯軍。昭雎所率部隊並未跟秦軍發生激烈衝突，雙方處於對峙狀態。而唐昧所率領的楚軍跟韓、魏、齊三國聯軍打得不可開交，成爲保全楚國的關鍵性戰役，歷史上稱爲「沘水之戰」。

沘水在今天的河南西南唐河流域，下游不遠處就是漢水。當時三國聯軍跟楚軍在沘水拉開戰線，對峙了六個月的時間。楚軍守在沘水之岸，安排弓箭手設防，齊軍幾次派出探測水情的人都被楚軍弓箭手射殺。

三國聯軍明白，不能渡過沘水就

不能給楚軍以重創。就在三國將領們一籌莫展之際，有位常在水邊放牧的百姓告訴齊國將領匡章，要想知道泚水的深淺十分容易，楚軍重兵把守之處，一定是水淺的地方；楚軍防守鬆散簡易的地方，那一定就是水深之處。匡章受此啓示欣喜若狂，立即派遣了一支精銳之師從楚軍重兵把守的地方進行夜襲，並最終在泚水旁的垂沙（今河南唐河西南）大敗楚軍，大將唐昧陣亡。這一戰就是歷史上著名的「垂沙之役」。

內憂外患

垂沙戰爭的慘敗，算是對楚懷王只求一時安逸思想的懲罰，也是他外交政策失敗的象徵。魏、韓、齊進行了一次痛快的報復，楚國遭受了一次傷及元氣的軍事重創。而就在這時，楚國發生了一場前所未有的內亂，亂軍領導者名叫莊。

楚懷王在統治國家方面目光短淺、腐朽守舊，導致楚國貴族肆無忌憚地橫徵暴斂，欺壓百姓，國內民不聊生、怨聲載道。在莊叛亂之後，楚國內部的管理階層各自爲政，楚懷王陷入了政治孤立的境地，一個國家四分五裂，不得統一。

就值此內憂外患之時，楚懷王還心有不甘地出兵攻打較爲衰弱的韓國。沒想到，秦國藉此機會大兵壓到楚國之境，殺了楚軍三萬人，攻占襄城（今河南襄城）。

楚懷王著急了，又把太子送到了齊國做人質，然而徒勞無功，因爲秦昭襄王也將自己的胞弟送到齊國做人質，並成功得到了齊國的盟約。

楚懷王入秦

此時的秦國可謂春風得意，玩弄楚國於股掌之間。爲了徹底掌握楚國，秦昭襄王一邊派軍隊占領楚國八座城池，一邊寫了一封「深情款款」的信給楚懷王，表示他很懷念當年與楚國交好的歲月，如果不是楚太子殺人越貨，秦楚之間也不至於弄得短兵相接，秦國現在還是很想跟楚國重修舊好，希望楚懷王給秦國面子到武關會盟，能讓事情有個圓滿的落幕。

楚懷王猶豫不決，不知道秦昭襄王意圖何在。如果貿然前去，恐怕會中了對方的圈套；如果不去，又怕惹惱了秦國，招致不必要的麻煩。屈原出面勸阻，警示懷王，說秦國虎狼之國，從前已經上過當，這次不可再輕易前往。但是楚懷王身邊有一群佞臣，紛紛支持懷王前往武關。

楚懷王最終決定赴約，他怎麼都不會想到，這個決定會讓他成爲有國回不得的流亡君主。

秦昭襄王八年（楚懷王三十年，西元前二九九年），楚懷王應邀到了武關。而此時的武關殺機四伏，秦國在這裡埋伏了一批將士，準備請君入甕。秦軍將楚懷王劫持到咸陽，表面上是請他到秦國做客，實際上則是將其軟禁，用自由來逼迫他割地。楚懷王這才恍然大悟，原來「秦詐我而又強要我以地」。

楚國君主被囚，國內忙於挑選一個合適人選領導臣民，此時齊、秦一旦聯合，楚國就只能任人魚肉。楚國大臣設法從齊國接回了楚太子，冊立新君，是為楚頃襄王；換句話說，楚懷王已經對秦國失去了利用價值。秦昭襄王為此十分惱怒，他的威脅不僅沒有得到楚國的割地，反而促成楚國新君的冊立，於是索性直接動用武力，楚頃襄王元年（秦昭襄王九年，西元前二九八年），秦發兵攻楚。這場戰役又以楚國的失敗告終，秦國一舉斬獲楚國十六座城邑，大勝而歸。

此時此刻最難過的不是新君楚頃襄王，而是他的父親楚懷王。楚懷王每日提心吊膽，不知道什麼時候會丟了性命。他殫精竭慮，希望盡快離開秦國，眼下依靠楚國是不可能了，因為楚國自身難保，只能挑選一個時機自行逃走。

秦昭襄王十年（楚頃襄王三年，西元前二九七年），秦國遭到了來自韓、魏的攻伐。楚懷王乘機潛逃，卻在回楚的路上被秦人發現。為了掩人耳目，楚懷王只能另闢蹊徑到了趙國，希望能在趙國的幫助下回國。可惜，趙國忌憚秦國軍力，不敢接納他。無奈之下，楚懷王只能往魏國逃去。然而就在逃往魏國的路上，秦國追兵趕到，又將其帶回秦國。

翌年，楚懷王在絕望與卑微中離世。秦國將他的靈柩送回了楚國，楚、秦之間的關係再也沒有迴旋的餘地。

戰國後期．鄂君啓節

楚懷王發給鄂君啓的水陸通行符節。節為青銅所製，分為兩組，每組五枚，合起來呈竹筒狀。今藏於中國國家博物館。

雞鳴狗盜

戰國時秦昭王因禁孟嘗君，打算加以殺害。孟嘗君的門客，一個裝狗入秦宮偷狐白裘；另一個學雞叫使函谷關關門早開，孟嘗君因此而脫難。後人便以「雞鳴狗盜」比喻有某種卑下技能的人，或指卑微的技能。

田文此人

田文一名，遠不如其另一個稱號來得有名。田文出身貴族，他的父親田嬰是齊國君王齊威王的小兒子、齊宣王的異母弟弟。田嬰恪守己責，一心一意爲齊國效力。在齊威王和齊宣王時期，田嬰立下過不少汗馬功勞，曾跟田忌、孫臏在馬陵道完勝魏國，也曾出使韓、魏，使其歸附於齊國。由於田嬰勞苦功高，齊宣王特地任命他爲宰相，一人之下萬人之上。齊威王三十四年（西元前三二三年），田嬰受封於薛邑，成爲封地之君。

田文的母親是田嬰的一個小妾，田文出生的日子是五月初五。當時在齊國，認爲這個日期出生的小孩與父母相剋，長大成人後身高會高過門戶，十分不吉利。

因此，田文剛剛誕生，田嬰就命令妾室將他扔掉，千萬不能養大。於是，田文的母親背著田嬰，偷偷將田文撫養成人。

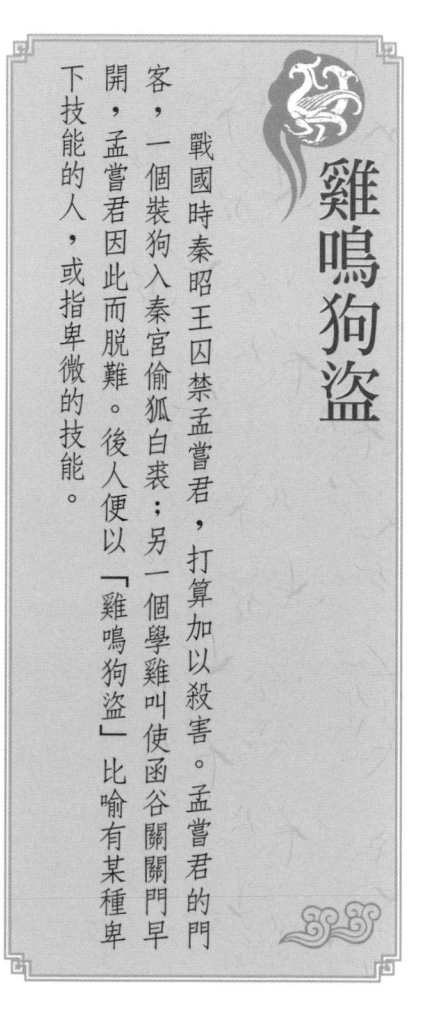

田文長大成人後，被帶到田嬰的面前相認。不難想像田嬰的驚訝程度，驚訝之後就是惱怒，他質問妾室當初爲何沒有扔掉田文。田文的母親沉默不語，倒是田文首先打破了尷尬。這位年輕人面無懼色，開始對著從未謀面的父親侃侃而談。他說命運都是上天賜予的，又不是門戶賜予的，如果一定要說跟門戶有關，那加高門戶就可以了，哪有人會長到那麼高。再接下來的這一段話，不僅讓田嬰語塞，也徹底改變了田文的一生。

「您是齊國的宰相，大權在握，侍奉了三代君王，但是在這段時間裡，齊國的領土卻沒有變廣，倒是您自己的儲蓄日漸增多。我常聽人說，將門出將軍，相門出宰相，可是您現在門中連個賢士都沒有。您縱容自己的妻妾糟蹋綾羅綢緞，而那些有識之士連粗衣麻布都穿不起；您的僕人們每頓還能吃些剩魚剩肉，但賢士們只能吃糠嚥菜。這種局勢下，您還只顧著為自己累積財富，完全忘記齊國正在失去她在諸侯國中的優勢。」

這一席話說罷，田嬰目瞪口呆，他無論如何都沒有想到田文年紀輕輕便有如此見地。從此之後，田嬰一改對田文置之不理的態度，將他帶在左右，處理家中來往之事。很快地，田文的美名就傳遍了各個諸侯國。田嬰去世之後，田文順理成章成為田嬰的繼承人，封侯加爵，並獲得了後來叱吒戰國歷史的稱號——孟嘗君。

門客三千　能者一人

孟嘗君繼承父業之後，離開薛邑到齊國都城做了宰相。在此期間他廣招門徒，不管是出身名門還是地位卑賤，只要有才能就能歸入其門下。很快，孟嘗君門下便有食客三千。

有一日，一位衣著粗陋的賓客找到孟嘗君，表示自己太貧窮想投靠孟嘗君。孟嘗君不假思索將其留了下來。豈料，此人自從留下後便不斷埋怨孟嘗君吝嗇，吃的飯食裡沒有魚，出門沒有車。孟嘗君聽到後，不僅沒有生氣，而且還一一滿足了此人的要求。但沒過多久，此人又開始抱怨，口口聲聲稱自己在孟嘗君門下得不到養活家裡的錢財，還不如離開。孟嘗君多番打聽後才知道，原來此人家中有一老母無錢贍養，於是便命人給其母送了些錢財，解決了此人的後顧之憂。

一年之後，由於食客眾多，經濟拮据，孟嘗君不得不派人到薛邑追討從前放出的債務。但是派出的人都沒能把本息完全收回，可讓孟嘗君懊惱的不僅僅是經濟問題，而是食客三千卻無人能辦成此事。就在他焦急之時，有人毛遂自薦，說他可以完成這項任務。此人名叫馮諼，年長而穩重，便是當年那位抱怨孟嘗君吝嗇的食客。

馮諼早有報答孟嘗君之心，這個機會正好讓他得償所願。得到孟嘗君的許可後，馮諼到了薛邑開始追討債務，雖然不順利，但也並非一無所獲，他一共追到十萬錢的利息。然而馮諼並沒有將這筆錢送回，而是用其購置了大量的美酒、肥牛，大擺宴席

戰國・彩繪鳥紋杯豆

戰國·四龍四鳳方案

在四隻臥鹿承托的圓座上，由四龍四鳳糾結成構圖繁複的案座。邊框、斗拱、龍鳳、圓座和臥鹿上，都有精緻的錯金銀圖案，華美異常。承托案面方框四角的斗拱，對研究中國古代建築中斗拱的歷史，具有重要價值。河北平山中山王墓出土。

來招待所有欠債者。

在宴席上，馮諼拿著借據逐一核對，有錢還的人就給他定下還款日期，沒錢還的則當眾燒燬他的借據。馮諼此舉讓所有人大吃一驚，借據一旦燒燬，債款便永無歸還之日。眼看著所有人目瞪口呆，馮諼說道：「孟嘗君當初放貸，是爲無力生產的人提供資金，而如今收債，是因爲家中經濟拮据不夠給門客提供衣食住行。他希望生活富裕的人能在指定的日期內還款，而那些無力償還債務的燒燬借據不再追究。」

有了這樣的封邑領主，誰還能不感恩戴德，對他忠心耿耿呢。馮諼話畢，在場所有人都行跪拜大禮，以表示對孟嘗君的感謝。

遠在千里之外的孟嘗君聽說馮諼燒了借據，不由怒從心起，立即召回馮諼。馮諼倒是不著急，耐心給孟嘗君講解個中緣由：「能還款的您稍加催促終會還，但是貧窮的即使天天催促都不能還款，等到利息累積到他們無法負擔的時候，他們必會逃跑。這樣一來，上級會認爲您視財如命逼迫百姓，下屬則會背叛您逃到其他地方。反之，反正貧窮的還不起債務，不如做個順水人情，免了他們的債務，這樣您在民間便有了仁愛好善的美名，何樂不爲。」孟嘗君聽後方才轉怒爲喜。

雞鳴狗盜

馮諼成功地幫助孟嘗君在朝野和民間樹立起更加光輝的形象。而此時，有無數諸侯國竭盡所能要把孟嘗君收爲已用。齊湣王二年（秦昭襄王八年，西元前二九九年），孟嘗君受命前往秦國，卻被秦昭襄王強行留下當了宰相。

不過宰相生活過了沒多久，孟嘗君便被秦昭襄王罷職囚禁了起來。這個結果孟嘗君不是沒有想到，異國之官難免會受到別人的懷疑。但他沒有想到的是，秦昭襄王竟然對他起了殺意。情急之下，孟嘗君派近臣去向秦昭襄王的寵妾求助，但那位寵妾卻讓孟嘗君拿他那件白色狐皮裘來交換。

白色狐皮裘是孟嘗君送給秦昭襄王的禮物，價值連城，獨一無二，哪有第二件可以送給秦王寵妾。正當孟嘗君一籌莫展之際，隨行門客獻上一計。該門客善於披狗皮偷盜，扮相逼真，加上夜深光暗讓人難辨眞僞，他只需偷出皮裘即可。當天晚上，門客披上狗皮潛入秦宮的倉庫，偷出白色狐皮裘，送給了秦王寵妾。這位寵妾欣喜若狂，便答應孟嘗君的要求，向昭王求情。

一切進行得非常順利，孟嘗君重獲自由，並在被釋放的當天連夜逃出咸陽城。到了函谷關，天還沒亮，按照當地的律例，只有雞叫之後才能開關放人。眼見事態緊急，孟嘗君只好從隨從中找出一人學雞叫。這一叫以假亂眞，附近的雞也都跟著叫了起來。關門打開了，孟嘗君一行人急急向關外狂奔，最終安全回到了齊國。

後來這個故事被濃縮成成語「雞鳴狗盜」，用來比喻有某種卑下技能的人，亦用於形容卑劣低下的人或事。

戰國・中山王方壺

這是河北平山中山王墓出土的一個方壺，在方壺體四面外壁刻銘，每面十行，共四百五十字。壺蓋上的四個變形獸鈕，也顯得過分碩大，都顯示中山地區造型藝術古拙渾厚的風格。

趙滅中山

中山國曾是一個淒苦的小國，經過幾代君主的努力逐漸變得強大，並一度成為僅次於戰國七雄的強國。然而，在經歷了輝煌之後，虛榮心和無限的慾望開始吞噬中山王。很快，中山王便淪陷於眼花繚亂的虛妄世界，斷送了自己，也斷送了江山。

關於中山國

中山國有兩百多年的歷史，始於春秋，滅於戰國。在戰國時期經歷的八十多年是其最爲輝煌的一段時間，歷時雖然短暫，但卻在燕趙大地上綻放過耀眼的光芒。

在戰國歷史上，中山國是僅次於戰國七雄的強國，正是由於處於強國的包圍中，才不斷鞭策自己發展壯大。中山國憑藉自身努力，先後建立了石邑（今河北鹿泉境內）、東垣（今石家莊境內）、（今河北柏鄉境內）、中人（今河北唐縣西北）、房子（今河北高邑境內）、苦陘等十幾座重要的城邑。

在眾多城邑中，房子城最爲著名，因爲它位於中山國與趙國的接壤地帶，把守中山國的門戶，自建立以來就時常遭到趙國的攻擊，戰火不息。趙國之所以不斷進攻房子城，無疑是因爲那裡是攻占中山國的突破口。

事實上，中山國一直以來都是附近強國眼中最肥美的大餐，趙國、魏國、燕國無不想吞之而後快。這並不難理解，中山國位於東部山區，地處平原，依太行之山，傍滹沱河之水，農牧業發展十分繁榮，自然資源豐富。更爲重要的是，這裡有成熟而發達的經商通道，東到齊國國都，西北連接代國，南近邯鄲，北達燕涿，很多糧食交易都在這裡進行。商貿和農業的發達，讓中山國富庶昌盛。

除了農業帶動的商業貿易外，中山國的手工業、木製業、絲麻業、釀酒業等副業也非常發達，吸引大量的外來者買賣。一個龐大的貿易體系逐漸形成和完善，爲中山國創造了堅實的經濟後盾，也爲本國的軍事提供了無比寬闊的發展空間。

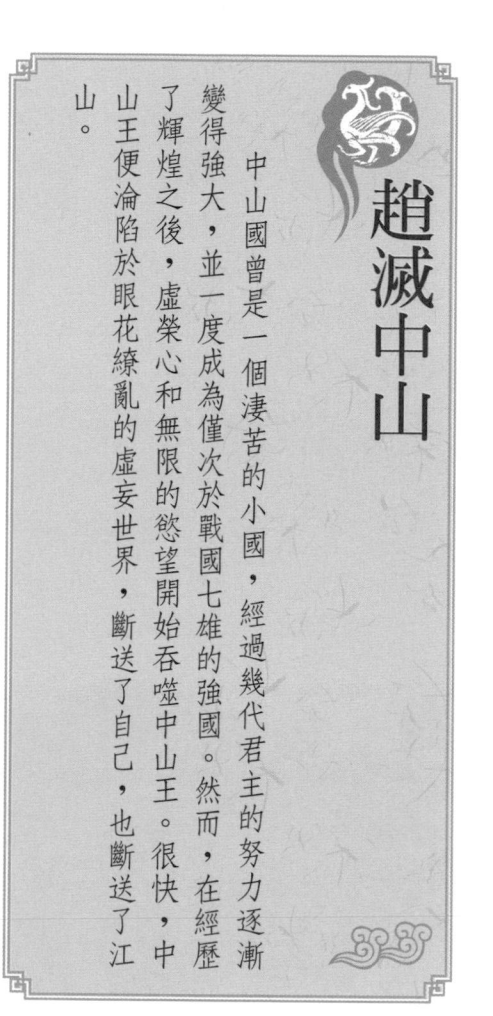

殺機暗伏

經濟發達，政治地位自然會節節高昇，慾望也會隨之膨脹，中山國開始謀求更大的權力。周顯王四十六年（西元前三二三年），中山國第一次以獨立的強國身分參加由韓、魏、燕、趙舉行的「五國相王」活動，徹底擺脫了之前受制於齊國的窘狀，並拉近了與趙、魏的關係。

齊國受了冷落，徹底斷絕了與中山國的一切來往，從政治到商貿。然而齊國沒有想過，自己對中山國的報復恰恰將中山國推向了趙國身邊，趙國則取而代之成為中山國新的親密夥伴。就在這個階段，中山國和趙國的經濟、軍事都得到了實質性的提高。

戰國．中山王方壺

這是河北平山中山王墓出土的一個方壺，在方壺體四面外壁刻銘，每面十行，共四百五十字。壺蓋上的四個變形獸鈕，也顯得過分碩大，都顯示中山地區造型藝術古拙渾厚的風格。

燕王噲五年（西元前三一六年），燕國的一場紛爭讓表面平和的中山、趙國關係悄然發生改變，並迅速走向惡化。這一年燕國君王將王位禪讓給宰相子之，一石激起千層浪，燕國上下頓時陷入一片混亂之中。鄰國齊國乘機發兵攻打燕國，中山國也把握機會打著「以征不義之邦」的旗號大軍伐燕。這一場戰役，中山國「奮俘振鋒，辟啓封疆，方數百里，列城數十，克敵大邦」，此後還得到了周天子的嘉許和賞賜。中山國的政治地位再一次得到了提升。

儘管中山國這場勝利並不見得有敲山震虎之意，但作為旁觀的趙國來說卻不禁心驚膽戰，誰擔保趙國不會成為下一個燕國。此時趙國的君主正是年少有為的趙武靈王，他在進行「胡服騎射」的改革之後，提高了趙國的綜合國力，儼然成為一位新霸主。且不說趙國一直以來對中山國垂涎三尺，單是中山國這次大膽的舉動就足以讓趙武靈王產生先發制人的念頭。

經過一段時間的謀劃，趙武靈王於周赧王六年（西元前三〇九年）正式提出攻打中山國的計畫。第二年，中山國因為殯葬駕崩的君主而大興土木，不僅勞民傷財還殺死了不少戰馬和活人陪葬。這一年，中山國經濟實力明顯減弱，而且幼主剛剛登基，政治基礎尚不牢固，這就給了趙國絕好

戰國中期・中山侯鉞

的進攻機會。

又過了一年，也就是周赧王八年（西元前三〇七年），趙武靈王正式出兵，帶著他新培養的騎兵開赴中山國。

中山國的滅亡

趙國騎兵直接奔赴房子城，在那裡與阻擊的中山國軍隊展開惡戰。與此同時，心懷報復的燕國也趁機發兵，試圖奪回丟給中山國的失地。中山國腹背受敵，但是卻鬥志昂揚，一口氣擊退了燕趙兩國，獲得了第一階段的小小勝利。

有了這一次勝利，中山國開始忘乎所以，洋洋自得，向趙國邊境發起攻擊。可惜的是，這種勝利並沒有持續多久，就隨著中山國的內訌而轉爲暴風雨前的寧靜。周赧王九年（趙武靈王二十年，西元前三〇六年），中山國朝政內亂不斷，大臣之間互相傾軋。中山王不明是非，輕信佞臣，枉殺了許多忠良之士，最終引發狂潮般的民憤。原先那個生機勃勃的中山國世風日下，朝野奸臣當道，民間賄賂成風。慢慢地，中山國國力大減，日益衰敗。

趙武靈王正醞釀著新的攻打計畫，知道此時中山國的情況後不覺拍案叫好，立即帶兵出發，攻打中山國東邊的寧葭。

這次進攻，兵分五路，左中右大軍皆由步兵組成，還有一支車騎兵和胡人組成的軍隊。這支大軍從北面起兵，武靈王從南邊進攻，中山國瞬時陷入了包圍。此時的中山國不比從前，根本無力抵抗，中山王只能委曲求全，送給趙國、封龍（今河北元氏縣西北）、石邑、東垣等四地，以求安穩。然而趙國的進攻並沒有完全停止，只是由強變弱。

在此後的日子裡，中山國只能不斷出賣自己的疆土以獲得暫時的和平，而趙國則像個永遠填不滿的無底洞，不斷從中山國索要領土。從趙武靈王二十三年（西元前三〇三年）開始，趙國每隔兩年就會發動一次大規模的正面戰爭，豪奪了中山國無數重要城邑。四年後（西元前二九九年），中山都城淪陷，中山君逃亡齊國，而趙國則在中山國扶植起傀儡政權。趙惠文王三年（西元前二九六年），趙國廢掉了中山國的傀儡君王，中山國徹底覆滅。

生於憂患　死於安樂

中山國的滅亡，跟戰國許多國家一樣，生於憂患，死於安樂。

在原本逼仄困苦的環境裡，中山國能發憤圖強，迅速成長壯大，但當實力雄厚之後，中山國上到君主、下到朝臣都開始沾沾自喜，得意忘形，完全忘記了自己身處一個不進則退的逆流環境。就在周邊所有強國都在繼續壯大的時候，中山國竟然安於現狀，甚至是坐吃山空。

膨脹的自我讓中山王驕橫虛榮，不斷追名逐利，希望擴大自己的權力，不惜爲自己樹立燕國、齊國這樣的強敵。

如果一個國家不思進取，就是自取滅亡。就在趙國實施改革的時候，中山國卻醉心於不合時宜的儒家和墨家思想。眾所周知，在戰國時代最有效的治國之道來自法家思想，一如秦國的李斯。當諸多國家爭相引進法家思想的人才時，中山國卻沉浸在自己的治國之道裡忘乎所以。於是，中山國內人才盡失，所留之人都無法眞正派上用場。

更爲致命的是，中山王是個樂於享受安逸的君主。他耗費巨資修蓋宮殿，築造陵墓，遠賢臣而近佞臣，貪圖享樂，夜夜笙歌，這些行爲使得大權旁落，落在了心胸狹隘的國相司馬喜手中。司馬喜善於玩弄權術，常常濫用職權排除異己，結黨營私，中飽私囊。

司馬喜不僅是個左右逢源、玩弄權術的小人，更是一個通敵賣國的奸臣。《韓非子》中對司馬喜曾有這樣的描述：「善於趙，嘗以中山之謀微告趙王。」金玉其外，敗絮其中，中山國有這樣的臣子，滅亡也是必然之事。

對一個人而言，沒什麼比得上自我放縱更具有威脅；對一個國家而言，自我放縱則是對遠大前景的放棄。中山國枉信奉儒學，卻不知道何爲「生於憂患，死於安樂」。

戰國．山字形器

器體呈山字形，頂部向上出三支峰，兩側向下內回轉成透空雷紋；下部中央有圓筒狀銎，器身與銎體為接鑄，銎體上部扁平，中有凹口緊密而牢牢地卡住「山」字下部正中。該器雄偉，既是王權的象徵，又是中山國的徽標。

白起和伊闕大戰

伊闕大戰直接決定了韓、魏的衰弱，為秦國挺進中原打開了門路。伊闕大戰的領導者白起，也一戰成名，成為秦國歷史上最偉大的軍事家。然而殺敵無數的白起，最後也逃脫不了「狡兔死，走狗烹」的悲涼命運。

伊闕大戰

秦國虎狼之勢不可遏止，到了秦昭襄王的時候，秦國吞併六國的步伐愈來愈快。秦昭襄王十三年（西元前二九四年），秦國制訂出吞併韓、魏兩國的計畫。秦國之所以要先滅韓、魏，皆因爲兩國是秦國衝向中原的絆腳石，不管要吞併哪個國家，都要擔心韓、魏會不會從秦背後下手。於是，韓、魏在秦國眼中就是不得不拔的眼中釘。這一年，秦國派左庶長白起率兵攻打韓國新城，隨即向韓國都城和魏國挺進。

韓魏聯軍在伊闕擺下陣形抵擋白起大軍的進攻。伊闕就是今天河南洛陽的龍門，此地兩山相望，地勢險要，誰能占據高地便是贏了一半。韓、魏二十四萬聯軍密密麻麻部署在伊闕高地，看似已經占盡先機，而且秦軍兵力還不到聯軍的一半，這場仗怎麼算似乎都是聯軍會勝。

然而事實並不像看上去那麼順利，韓、魏兩國雖然聯合抗秦，但是都不想主動出戰，都等著對方當先鋒。聯軍從骨子裡不團結，這倒給一直對峙的秦軍提供了扭轉劣勢的機會。白起先派小隊人馬牽制韓軍主力，大部隊則向魏軍發起進攻。秦軍的出其不意讓魏軍亂了陣腳，還沒來得及痛快一戰便鎩羽而歸。

此時的韓國孤軍奮戰，根本無法抵擋秦軍的夾擊，最後只能四散奔逃。白起乘勝追擊，將二十四萬韓、魏聯軍誅殺殆盡，並順利攻下伊闕等五座城池。韓國因此戰而大傷元氣，一蹶不振。秦國則在此一戰中贏得了進軍中原的通行證，統一天下指日可待。

伊闕之戰是先秦歷史中規模較大的一次戰爭，而且是以少勝多，同時也是僅次於長平之戰的殘忍屠殺。這次的戰鬥功臣白起一夜間聲名鵲起，成爲「戰神」，也成爲令人聞風喪膽的殺人狂魔。

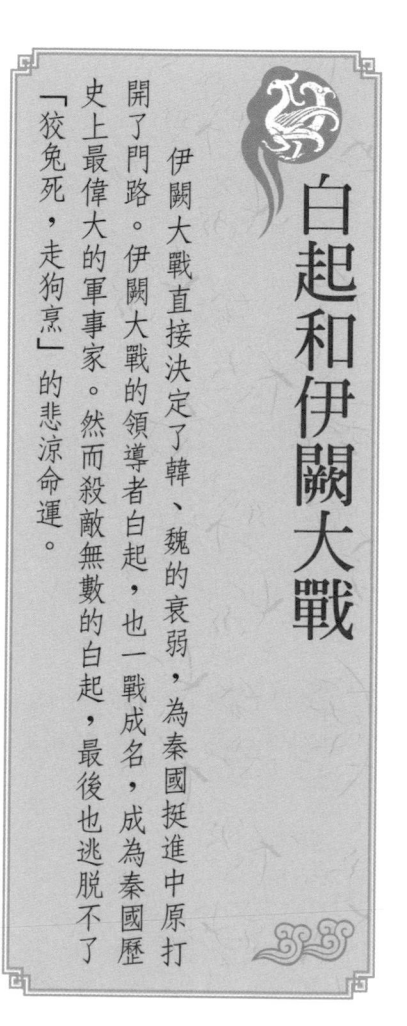

白起其人

白起的能征善戰是遺傳，因為他的祖先就是秦穆公時期有名的戰將白乙丙。但如果說他的戰爭才能是天賦異稟也未嘗不可，因為他的相貌異於常人，頭部堅挺如同一支長矛，正是「兵神」之相。

白起像

不管是遺傳還是天賦，白起從小就開始展現軍事才華。他酷愛戰爭，癡迷兵法，精通武學，是難得一見的軍事謀略天才。成長到而立之年，白起已經是一員大將。

白起作戰思想十分特殊，或者說偏激更為貼切。他每次作戰，都要力求殲滅敵軍全部力量，而不是只攻城略地那麼簡單。換句話說，白起的每次戰爭都是一次血腥的大屠殺，他擅長使用圍殲術，只要是敵人就一個都不會放跑。

自從當了將領以來，白起在伊闕之戰中殺敵二十四萬；攻打楚國的時候，殺了楚軍三十五萬，還燒了楚國的祖廟；破趙的時候，屠殺了六十萬趙軍，這其中包括了慘絕人寰的長平之戰；攻打魏國時，殺敵十三萬；跟韓國在陘城作戰時，斬首韓軍五萬；與趙軍將領賈偃交戰時，沉其兵卒二萬。也正是因此，白起不僅有「戰神」的美譽，還有「殺神」的惡名。

為了消滅所有生存者，白起往往窮追猛打，不管追擊多遠都要殲滅對手。這跟當時慣用的「窮寇莫追」的軍事理論相去甚遠。白起也是第一個採取野戰築壘作為輔助手段的大將。凡是遇到野戰，都能看到白起命人築起的防禦壁壘，這種工事是很好的掩體，也是防止潰軍突圍的利器。

白起雖然好戰好殺，但是卻對秦國忠心耿耿。無論哪個諸侯國得到這樣的忠勇之士，大概都不會埋怨他的屠殺行為。就連司馬遷對他的評價都是多褒少貶，稱其「料敵合變，出奇無窮，聲震天下」。

只可惜，白起功高蓋主，最終無法避免兔死狗烹的悲慘命運，死在佞臣的讒言和秦王的利刃之下。

名相蘇秦

蘇秦是戰國時期歷史走向的引導者之一，他提出的合縱抗秦不僅大膽而且可行，經過對六國的遊說，合縱已經有了雛形。可惜六國合縱最後還是流產，蘇秦慘死異鄉。而六國卻在秦國瘋狂擴張的時候才豁然想起，合縱之法原來是應該繼續實行；遺憾的是，世上已無蘇秦，秦國的虎狼之勢更無法遏制。

入仕燕國

蘇秦出生於韓國的一個普通農家，他從懂事以來就對時局有自己的判斷，而且也希望將來可以出將入相。於是，年輕的蘇秦很早便開始學習兵法、謀略，有史書記載他曾跟隨鬼谷子學習。

學有所成的蘇秦，傾家蕩產籌集了些錢財，準備找人將自己引薦給周天子。可是他花光了所有錢財，東奔西跑都沒能達成心願。此時的蘇秦比從前更加潦倒，甚至連件完整的蔽體之衣都沒有。無奈之下，他只好硬著頭皮回到了家鄉。

家裡人見蘇秦一無所獲，都對他生起了輕蔑之心，他的父母責罵他，妻子不理睬他，嫂子不爲他做飯。旁人的嘲笑蘇秦或許還能容忍，但是家人的冷落和不理解讓蘇秦備受打擊。

從此之後，他比從前更加發憤讀書，一心一意鑽研謀略著作《陰符》，每日讀到半夜。每當讀書讀困了，他就拿錐子狠狠扎向自己的大腿，疼痛總是能讓他清醒過來。後人常常用「錐刺股」來形容人奮發圖強，但對當時的蘇秦來說，這種疼痛背後還帶著深刻的恥辱感。

就這樣過了一年多，蘇秦終於從《陰符》中獲取了更多的學識，思維也比從前更加寬闊。他再一次收拾起行囊四處闖蕩，第一站就到了秦國，他提出了一統天下的戰略，但是卻吃了秦王的閉門羹。所幸的是，當時燕國正在招賢納士，蘇秦便以賢士的身分進入燕國。

蘇秦之於燕國，就是迷霧中的一束光線，徹底爲其指明了前方之路。而燕國之於蘇秦，則是其輝煌人生的開始。

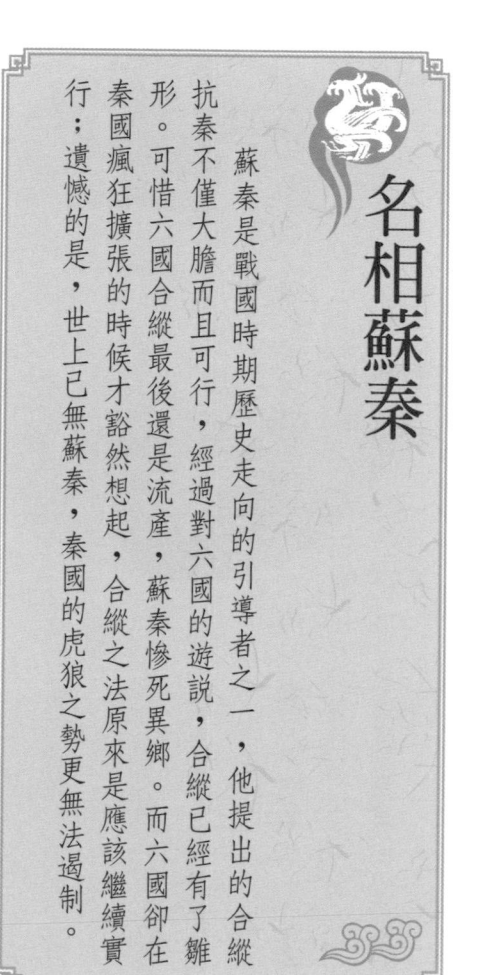

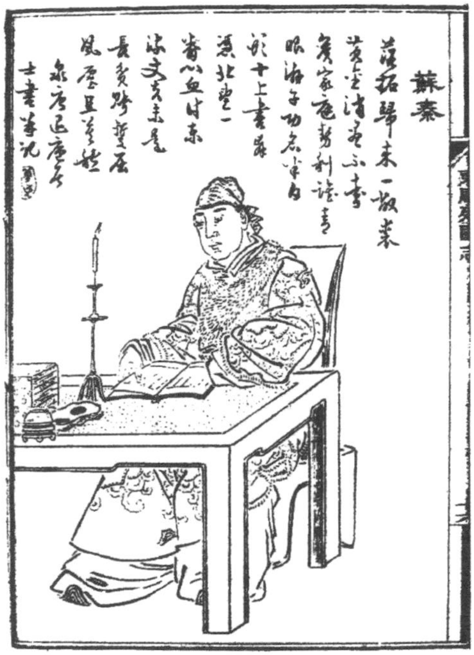

蘇秦像

遊說諸國

蘇秦在燕國提出的理論跟為秦國謀劃的戰略大相逕庭，他勸說燕昭王要聯合其他諸侯國一起抗擊秦國，這才是上上之策。別看燕國眼下沒有受到秦國侵擾，那是因為南邊一直有趙國作為屏障，擋住了秦國的視線。趙國與燕國相隔百里，算是近鄰，燕昭王應該先跟趙國結盟，不僅可以避免趙國攻打燕國，還能聯合抗秦，一舉兩得。燕昭王聽後不禁大喜，立即為蘇秦準備了足夠的盤纏和馬車，讓他幫忙出使趙國，以完成燕趙聯盟。

蘇秦到了趙國，對趙王說：

「在崤山以東的廣闊地方上，沒有比趙國更強的國家，這也就注定了趙國與秦國的敵對地位。秦國早想重挫趙國，卻一直沒有行動，這是因為擔心韓、魏會趁機在自己背後插上一刀。於是，秦國就要先除掉韓國和魏國，然後逐步吞併趙國。但是翻開地圖不難看出，崤山以東的版圖是秦國版圖的十幾倍，士兵必然也是秦國的十多倍，只要六國聯手攻打秦國，一定會將其消滅。」

「六國之間一定要有一個盟約，互相交換人質，以表示結盟的誠意。盟約應該這樣規定：盟約國任何一國受到秦國的進攻，其他五國都要出兵援助。或是直接抗秦；或是擾秦後路；或是援助被攻打的城邑。如果有一國違背盟約，其他五國當群起而攻之。這條合縱抗秦的聯盟一旦形成，秦國就不敢染指崤山以東的諸侯國。」

趙王跟燕王一樣對此很有興趣，而且也拜託蘇秦去遊說其他國家。蘇秦遊說的第三個國家，是韓國。他對韓國國君說：「韓國是鑄造兵器的強國，出產最鋒利的刀槍和射程最遠的弓箭。而且，韓國戰士都驍勇善戰，射箭百發百中。有良好的素質，又有一流的裝備，這樣的部隊原本能以一敵百。然而，韓國卻對秦國委曲求全，一直靠割地來維繫與秦國的友好關係。秦國慾壑難填，韓國終會有一天沒有土地好割讓，到時候還是免不了一場惡戰。與其到時候被動而戰，不如趁現在兵強馬壯的時候聯合其他國家一起攻打秦國。」

韓王聽罷按劍長歎：「我寧死也不會向秦國卑躬屈膝，韓國願意加入六國聯盟，一起抗秦。」要說蘇秦之前所學都沒有白費，他的外交機智和謀略在遊說六國中表現得淋漓盡致。

蘇秦遊說的第四個諸侯國是魏國，他在魏國只是將魏國的兵力作了一個客觀的分析，表示這樣的兵力絲毫不遜色於趙國，沒有必要一直看秦國的臉色行事。魏王就很痛快地答應加入聯盟。

比較費工夫的諸侯國其實是齊國，這個國家有足以讓秦國都畏懼的實力，但是一直以來卻採取親秦的政策，蘇秦要說服齊王，只能讓齊國眞正認識到自己的強大。蘇秦告訴齊王：「齊國國土廣袤，四周環山，易守難攻，在地理位置上已占盡先機。而且齊國有數十萬裝備精良的士兵，有堆積如山的糧草。打起仗來，齊國可攻可守，作戰迅猛，撤退快速。迄今爲止，還沒有哪個國家能夠跨過清河、渤海，越過泰山攻到齊國的門口。」

「再說齊國都城臨淄，民眾諸多，光是精壯男子就能集合二十一萬。這一城兵力就如此可觀，要是全國徵調，那將會是一支秦國無法企及的隊伍。但可惜的是，齊國人民就是因爲過於富庶而安於現狀，整日將心思用在賭博、鬥雞上。看看韓國和魏國，國家實力遠不如齊國，所以他們時刻避免跟秦國開戰，總是想著和平，但卻沒想到這和平背後的屈辱。但齊國不同，秦國要想攻打齊國有很多顧慮，地理位置艱險，另一方面則要提防韓、魏切斷秦國漫長的補給線。所以，現在秦國對齊國不敢輕舉妄動，只能等待時機。這樣看來，齊國完全沒有必要忍讓秦國，大王切不可聽取一些目光短淺的政客所言，就放棄攻秦轉而媚秦。」

這樣的道理齊王倒是第一次聽到，頓時有種當頭棒喝之感。他當即答應加入聯盟，合縱抗秦。

楚國是蘇秦遊說的最後一個國

前倨後恭的來歷

前倨後恭的意思是之前傲慢無禮，之後恭敬順從，這本是蘇秦說其嫂嫂的一句話。當年蘇秦落魄之時，他的嫂嫂連飯都不給他做。後來蘇秦成為六國宰相，榮歸故里，他的嫂嫂一改之前的冷漠，畢恭畢敬。蘇秦笑道：「嫂子，你以前瞧不起我，現在為甚麼卻這樣謙卑？」他的嫂嫂說：「如今叔叔做了大官，發了大財，我哪敢像從前一樣。」這就是成語「前倨後恭」的由來。

家。六國之中，秦國最怕的就是楚國。但是長久以來，楚國跟秦國都沒有分出上下，於是各守一邊，維持著表面上的和平共處。蘇秦勸說楚王：「楚國跟秦國終究要一決高下，秦國強則楚國弱，楚國強則秦國弱，沒有和平共存的可能性。如果楚國參加合縱聯盟，那麼就會徹底孤立秦國。到時候我可以讓其他諸侯國都向楚國進貢，六國聯盟也讓楚國當領導，其他諸侯國的部隊任楚國調遣。贊成合縱，楚國就會得到其他國家的朝拜；不贊成合縱，則要維持跟秦國不痛不癢的和平關係。這二者利弊，大王應該十分清楚。」

楚王猶豫一番後答應參加合縱。至此，六國聯盟正式形成，蘇秦為盟約長，兼任六國宰相。蘇秦終於得償所願，從一文不名的說客變成了威風凜凜的宰相。

蘇秦之死

合縱抗秦，這是廣為後人稱讚的戰略思想。只可惜，六國各懷鬼胎，互不信任，終究不能統一戰線。秦惠文王六年（西元前三三二年），秦國派人到齊國和魏國用詐術欺騙兩國聯合攻趙。趙國國君十分惱火，指責蘇秦合縱戰略的不可靠。蘇秦無奈，只好離開趙國前往齊國，瓦解齊國的戰鬥力。

第二年，蘇秦遭到了齊國權臣的刺殺，命喪黃泉，合縱之說也隨之石沉大海。

六國封相年畫

縱橫家蘇秦為了能夠出人頭地，奔波於六國之間，說動他們聯合抗秦，而蘇秦也被六國推為盟約長，佩戴了六國的相印，這個故事後來就被稱為「六國封相」。

樂毅伐齊

樂毅是一個集勇氣和智慧於一身的偉大將領。正是他，讓燕國攻下了比自己強盛得多的齊國的七十餘座城池。樂毅的威名讓齊國人膽戰心驚，以至於當時的齊國名將田單不惜用毀謗的方法，離間樂毅和燕王的關係。

樂毅其人

樂毅，字永霸，他的先祖樂羊曾是魏國開國之君魏文侯的手下大將，當年，樂羊爲魏文侯打下了中山國，被魏文侯封在了中山靈壽（今河北靈壽西北）。但到樂毅生活的時代，靈壽已成爲趙國的土地。

生長在貴族之家的樂毅自小就顯示出卓越的軍事才華，年紀輕輕便被引薦給尚武善戰的趙武靈王。然而，趙惠文王四年（西元前二九五年），趙國發生沙丘之亂，趙武靈王被困在宮中活活餓死。面對動盪的局勢，樂毅只得無奈地選擇離開。他辭去官職，遠赴魏國尋找施展才華的空間。

魏國曾是樂毅先祖爲之效力的國家，遺憾的是，魏國國君魏昭王抱負有餘而魄力不足，樂毅也很快意識到魏國並不是可供「良禽」棲息的「佳木」。於是，他藉著出使燕國的機會，放棄了魏國，留在了燕國。

燕國的國君燕昭王自即位起便決定要憑藉人才的力量實現宏圖大業，他派人周遊各地尋訪才幹之人，不僅眞誠謙遜地對待每一位投奔而來的英雄豪傑，還不惜耗費巨資拉攏各路有志之士。因此，儘管當時燕國的局勢不甚樂觀，樂毅還是把燕昭王當成了自己苦苦尋覓的理想君主。與此同時，燕昭王也沒有讓樂毅失望，他封這位年輕的將才爲亞卿，命令他整頓兵馬，強大軍力。

樂毅大顯身手的時代即將來臨。

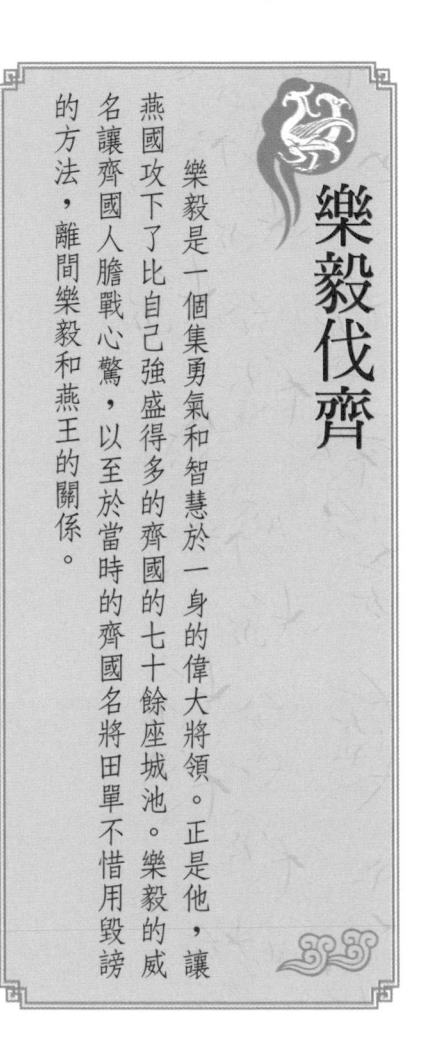

強大的敵人

對當時的燕國來說，最可怕的敵人當屬齊國。齊宣王六年（西元前三一四年），齊國出兵燕國，只用了短短五十天就拿下了燕國的都城薊城（今北京市西南），燕昭王的父親也在戰亂中被齊兵殺死。儘管懾於其他國家的壓力齊國最終從燕國退兵，但燕國的國力卻因此元氣大傷，燕國的精銳之師也在戰爭中損耗嚴重。

很長時間，燕國都一蹶不振，燕昭王對齊國恨之入骨，經常拿著武器登上山丘望著齊國的方向慨歎。問題是，燕國根本沒有實力和齊國進行較量，燕昭王也只能韜光養晦，靜待時機。

樂毅的看法則和燕昭王不謀而合。他協助燕昭王對燕國進行了大刀闊斧的改革，幫助燕昭王為燕國制定

樂毅像

嚴格縝密的法律，讓燕國的各項事業逐步走向正軌。他讓燕昭王的用才之道日益完備，用嚴厲的官員審核制度淘汰掉昏庸無能之輩和尸位宿餐之徒。他督促燕昭王拋棄「任人唯親」和「以地位取人」的陳規舊習，為燕國澄清吏治。除此之外，他還不忘用豐厚的獎勵來強化民眾的向心力，讓燕昭王成功地在下層民眾間樹立起威信。在樂毅的努力下，燕國因戰亂而廢弛的綱紀倫常、法律制度都一一恢復。

在軍事上，樂毅同樣採用了「恩威並施」的方法。他兢兢業業地對部隊加以訓練，教授兵士們各種戰術戰法，嚴肅軍紀。他又聰明地「籠絡軍心」，要燕昭王親下部隊去慶賀那些家中發生喜事的兵士，去憑弔那些有親人戰死的人家。士為知己者死，一段時間下來，在燕昭王這些「仁愛之舉」的激勵下，將士們上上下下無不把「為國獻身，為君盡忠」視為己任。

讓樂毅和燕昭王感到欣慰的是，在燕國日益強大的同時，齊國卻荒於政事。齊閔王好大喜功，剛愎自用，仗著國力強大勞民傷財，大興土木。這為燕國的崛起創造了大好機會。燕昭王派手下的另一名臣蘇秦出使齊國，一方面要齊國相信燕國對齊國素來誠惶誠恐，一方面要離間齊國和其他國家的關係。燕昭王和樂毅都十分清楚，對付齊國的最好辦法就是「與天下共圖之」。

「與天下共圖之」

「與天下共圖之」的關鍵就在於孤立敵人，尋求聯盟。為此，樂毅和燕昭王審慎地分析了局勢。他們發現除了齊國，秦和趙也都力求擴張勢力，這三個強大的國家間存在著微妙的競爭關係。此外，一直以來不止燕國，

韓、魏、楚也都忌憚強大的齊國。因此，要想孤立齊國，最聰明的辦法就是要讓齊與秦、趙兩國的關係惡化，讓韓、魏、楚愈發強烈地體察到來自於齊國的威脅。於是，燕昭王先是想辦法引誘齊國攻打了位於中原地帶、國家又比較富庶的宋國，使齊國的野心引起其他國家的警覺。之後，燕昭王對燕國安插在齊國並成功博取齊王信任的蘇秦發出命令，命其說服齊王攻打秦國。

野心勃勃又自視甚高的齊閔王踏入了燕國爲其挖好的陷阱，他魯莽地東征西討，並沒有意識到在其攻秦的過程中蘇秦一直離間齊國和其他國家的關係。幾番下來，齊國的攻秦計畫以失敗告終，國力大損，備受各國仇視。

燕昭王二十八年（西元前二八四年），燕昭王封樂毅爲上將軍，領大兵征討齊國，這時齊國已如網中之魚，甕中之鱉，被諸國從北、西、南三面「針鋒相對」。淮南一帶的楚軍正虎視眈眈齊國的淮北之地，韓、趙、魏也舉起了征討齊國的戰旗。齊閔王直到燕軍已近齊國邊界才反應過來究竟發生了什麼事。

樂毅統帥大兵一路勢如破竹，在濟水以西成功擊潰齊軍主力。同時，爲了避免出現「各國爭齊」的混亂場面，他又巧妙地利用時機，一面促使魏軍攻打宋國故地，一面將趙軍支往河間地帶。待一切就緒，他才鼓舞士氣直抵齊國的國都臨淄。

面對樂毅的大軍壓境，齊閔王驚恐不已。爲了扭轉敗局，他甚至不惜恐嚇領軍之將。然而，此時的臨淄早已風雨飄搖，回天乏術。

樂毅之師愈戰愈勇，齊閔王只得倉皇逃亡。攻入臨淄後，樂毅將齊國的寶物及宗廟祭祀之物悉數搬回燕國，還燒掉了齊國的宗室，一雪當年燕國被齊國破都之恥。拿下臨淄後，樂毅又乘勝追擊，將大軍分爲若干路，同時攻打齊國各地，先後奪取膠東、東萊、阿城、鄄城等多個地方，轉瞬間就吞下齊國城池七十餘座。那偌大的齊國被打得落花流水，奄奄一息，只剩下莒城、即墨（今山東平度東南）兩座城池。齊閔王也在逃亡途中被楚軍所殺。

樂毅因伐齊成功而威震天下，燕國的勢力迅速壯大，而爲了確保控制住已攻克的地區，樂毅又展現出政治家的才幹，著重收服所占之地的民心。他減免這些地區的稅收，保護百姓們的風俗習慣，努力博取當地名門望族的信賴。

遺憾的是，樂毅並沒有多少時間爲燕國完成強國霸業。

善終

燕昭王在位三十三年（西元前

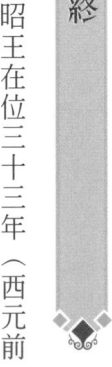

二七九年）去世，燕惠王登基。燕惠王對兵權在握的樂毅並不信任。而這點恰恰被齊國大將田單所知。於是，田單利用燕惠王對樂毅的反感，在燕國四處散佈樂毅居心不良的傳聞，致使燕惠王收了樂毅的兵權，讓騎劫接替了樂毅。

儘管樂毅清楚燕國的勝利果實還沒有得到鞏固，齊國大有可能藉此機會捲土重來，但他還是平靜地接受了燕惠王的安排。非但如此，他自覺長留燕惠王身邊難免爲其所害，便果斷地放棄了燕國的榮華富貴，奔赴趙國。幸運的是，趙國出於震懾燕、齊兩國的考慮，十分歡迎樂毅的到來，先是用隆重的大禮接待他，然後又封他爲望諸君。

離開了燕國的樂毅在趙國過得很好，缺少了樂毅的燕國卻很快嘗盡了苦頭。接替樂毅的騎劫殘暴少智，無力應對齊軍的反撲，沒過多長時間，齊軍就奪回了被燕國攻占的土地。燕惠王既後悔當初收走樂毅的兵權，又擔心樂毅協助趙國攻打燕國，就寫了一封信給樂毅。但樂毅並沒有因爲受到了燕惠王不公正的待遇就對燕國落井下石，他給燕惠王回復了一封情眞意切的信，告訴燕惠王「古之君子，絕交不出惡聲」，「忠臣去國，不潔其名」。致使燕惠王最終明白了樂毅的心意，封樂毅的兒子樂間爲昌國君，以此作爲對當初不信任樂毅的彌補。

事實上，在爲趙國效力的日子裡，樂毅沒有食言，他努力疏通燕、趙兩國的關係，直至去世。

明末刻本·《新列國志》·樂毅破齊

此圖描繪的是燕昭王二十八年（西元前二八四年），名將樂毅率領燕軍，聯合楚、韓、趙、魏等國軍隊攻齊的戰況。

田單復國

戰國時期，總有一些膽識謀略出眾的仁人志士，在國家危難之際挺身而出，鑄就一段歷史上的傳奇，齊國的田單就是這樣一位英雄人物。他巧妙運用「火牛陣」實施夜間奇襲，扭轉不利局面，挽救了整個國家。

燕國攻齊

燕昭王即位之後，時刻不忘齊國的殺父破國之仇，勵精圖治，改革內政，一心想要尋找機會攻打齊國。齊宣王在位十九年（西元前三〇一年）去世，齊閔王即位，他好大喜功，貪婪驕橫，一方面在國內橫徵暴斂，大肆搜刮民財；一方面擴充軍隊，肆意侵犯鄰國，妄圖爭霸稱帝。這些行爲既引發了國內人民的反抗，也引起了其他諸侯國的不滿。

燕昭王表面上假裝臣服於齊國，實際上積極開展聯合各國反齊的工作。燕昭王派蘇秦深入齊國做高級間諜，先是慫恿齊國與秦國反目，然後又唆使齊國吞併宋國，引發各國不滿，這就導致了齊國與秦、趙、韓、魏各國之間的衝突大爲加深。燕昭王利用這個有利時機，與各國結成攻齊聯盟，共同向齊國開戰。

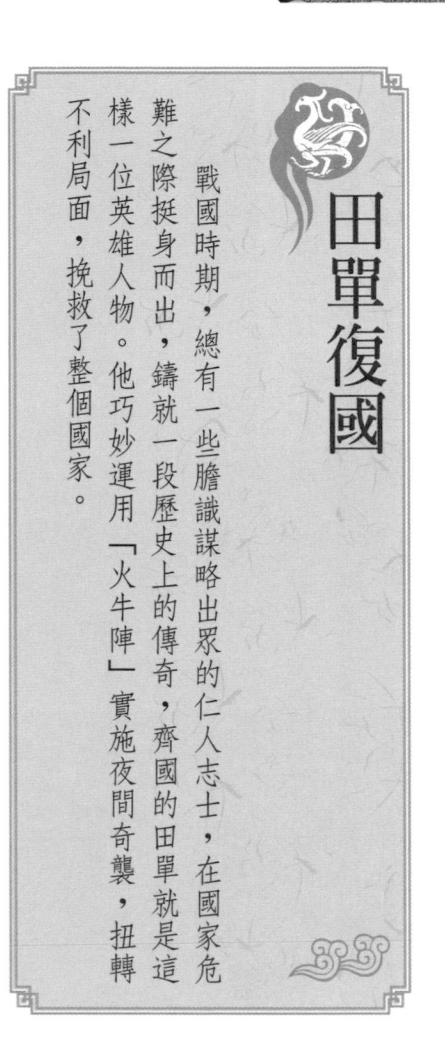

燕昭王二十八年（西元前二八四年），燕昭王任命樂毅爲上將軍，統率燕、秦、韓、趙、魏五國軍隊聯合攻齊。齊閔王一直陶醉在自己的勝利之中，根本沒有想到平時表現得十分謙卑的燕國會聯合各諸侯國進攻自己。他匆忙任命觸子爲將，率領軍隊迎戰。齊軍經過連年征戰，已經疲憊不堪，士兵的厭戰情緒非常強烈，士氣低落。齊閔王爲了讓士兵們努力作戰，竟然用挖祖墳、處死等辦法加以威脅，可想而知，這更是取得了適得其反的效果。

面對諸國聯軍，齊軍一路潰敗，主力部隊大部分被殲滅。主將觸子竟然棄軍逃亡，副將只能收拾殘兵，退回都城臨淄以求自保。燕將樂毅親自率領燕軍向臨淄進軍，一路殲滅齊軍的殘餘力量，最終攻占了臨淄。齊閔王被迫出逃到了莒（今山東莒縣），後來被楚國的大將（時任齊相）淖齒殺死。樂毅僅用半年時間，就攻取了齊國的七十餘個城市。

在齊國多數城池都淪陷的情況之下，只有莒和即墨還在堅守抗爭，這是因爲這兩個地方都有一個核心的領導人物。第二年，齊國大臣王孫賈等人殺掉楚將淖齒，立齊閔王之子法章爲齊襄王，號召民眾守莒抗燕。而即墨的軍民在守將戰死之後，共同推舉齊宗室田單爲將，堅守抗燕。莒和即墨成爲齊國的兩個堅固的堡壘，並且憑藉這兩個根據地最終完成了齊國的復國大業。

戰國．金盞、金勺
早在商代，中國已有了黃金製品。春秋時代，黃金多用作鑲嵌，以示珍貴。曾侯乙墓一次出土了金器五件，金箔九百餘件，説明金器在南方頗為流行。

受命於危難之際

率領軍民守衛即墨的田單其實並不是什麼達官貴人，他與齊國的王室雖屬同宗，但關係相當疏遠，地位也不高，之前只是臨淄城的一名小官，後來在戰亂中逃到即墨。

即墨當時是齊國一個比較大的城市，位處富庶的膠東地區，地理位置優越，土地肥沃，物產豐富，城池堅固，人口眾多，因此具備了長期防守的實力。田單接受守城的重任之後，開展了一系列的工作。首先，他清點、瞭解城裡軍隊的數量和情況，又將自己帶領的族兵和收容的殘兵共幾千人編入軍隊，並且對軍隊進行整頓和操練，提高了軍隊的戰鬥力。然後，田單身先士卒，率領軍隊和城中居民加固城牆，浚深護城河，在城中修築各種防禦工事，爲即將到來的長期戰爭做好了準備。田單再次利用即墨當地有利的自然條件，發展生產，儲備物資，解除長期防禦可能帶來的給養不足的問題。田單還將自己的族人、妻妾等編入軍隊，參加守城；而且對士兵、百姓寬厚仁慈，體恤民情，得到了大家的信任和愛戴。

然而田單深知，要擊敗燕軍、收復齊國失地，絕不是件容易的事。一方面樂毅本人足智多謀，作戰經驗豐富，他對即墨虎視眈眈，不會輕易退兵；另一方面，燕軍占領了齊國多數城池，他們可以源源不斷地獲得物資和給養，作戰能力較強。所以，田單認爲，在雙方實力懸殊比較大的情況之下，不能夠和燕軍硬拚，只能耐心尋找和等待時機。

機會終於來了。在樂毅困守即墨期間，燕昭王去世了，新即位的燕惠王與樂毅素來不合，再加上即墨和莒久攻不下，燕惠王對樂毅早就有一堆意見了。田單趁機派人在燕國散佈謠言說：「樂毅爲何久久攻不下即墨，是因爲他早有做齊王的打算，只是因爲先王在世時不忍背叛；現在先王去世了，他一定會自立爲王，對燕國不利，要是不趕快撤換他可就來不及了！」燕惠王早就懷疑樂毅有二心，聽了謠言之後更是信以爲眞，於是下令讓騎劫接替樂毅的大將職務。樂毅知道燕惠王對他有成見，乾脆就沒有回燕國，直接投奔趙國去了。

巧爲謀劃

設計趕跑了樂毅這個強敵，田單繼續謀劃復國大業。他認爲想要在戰爭中取勝，必須要激發城中軍民的士氣，讓大家對復國大業有信心。

有一天，田單召集即墨城中的軍民，鄭重其事地宣布說：「我晚上夢見一位神仙，他告訴我說：齊國馬上就要復興了，很快會有一位神人降臨即墨，做我們的軍師，協助我們擊退燕軍。」

大家聽了這話，交頭接耳，議論紛紛。有一個小兵開玩笑地說：「我可以做軍師嗎？」田單聽見了，立即來到他身邊，很恭敬地請他上坐，並且向他跪拜。那個小兵十分惶恐地說：「我只是在開玩笑，將軍您可千萬不要當眞啊！」田單卻悄悄對他說：「沒關係，你不要聲張，只要按照我的吩咐去做就行了。」

田單眞的拜小兵爲軍師，並且向軍民宣布說：「神人已經降臨，並且被拜爲軍師，齊國復興的日子很快就要到了。」即墨的軍民也都信以爲眞，士氣逐步提高。田單還讓軍民在吃飯之前要把食物擺在庭院中祭祀祖先，這吸引了許多鳥兒來覓食。燕軍見到鳥兒總往城裡飛去，感到很好奇，四處打聽。田單便讓人們宣傳，說城中來了神人相助，連鳥兒都被吸引。燕軍聽到這樣的消息，半信半疑。

田單又派間諜到燕軍的陣營散佈言論，說：「齊國人最怕兩件事情，一是割鼻子，二是挖祖先的墳墓。如果以這兩種懲罰來威脅的話，即墨城中的軍民一定會因爲懼怕而毫無鬥志，開城投降。」

燕軍將領正在發愁如何攻城，聽到這種說法，立刻如法炮製。將齊國的俘虜統統割掉鼻子；並且將城外齊國人的祖墳挖開，將屍骸暴露在外。燕軍這些殘暴的行爲使齊國人非常憤怒，即墨軍民同仇敵愾，對燕軍的仇恨達到了極點。大家紛紛請求作戰，一定要和燕軍拚個你死我活。

一戰成名

經過精心準備，田單準備向燕軍發動進攻。為了創造最佳進攻時機，田單採用了一系列迷惑人心的戰略，讓燕軍放鬆警惕。

田單先將城中勇猛的士兵全都埋伏起來，特意派老弱婦孺登上城牆巡邏，燕軍以為即墨城中已經沒有精銳部隊，十分高興，認為即墨不久就會投降。田單接著收集即墨城中的金銀珠寶，讓幾個富商大戶帶著財寶悄悄去見燕軍將領，說：「即墨城中已經彈盡糧絕，眼看城門不久就要被攻破，我們請求您在進城的時候手下留情，不要傷害我們家人的性命。」燕將聽到這些，更是以為勝利在望，軍心逐漸渙散。

田單為這次進攻制訂了嚴密的計畫，還自創了歷史上十分著名的「火牛陣」。他四處徵集了一千多頭牛，在牛角上綁上尖刀利刃，牛身上披上五顏六色的布，看上去彷彿花花綠綠的怪物一般；同時還精心選擇了五千名精銳士兵，臉上身上塗滿了油彩，帶著刀劍等便攜式武器，整裝待發。

進攻是在夜裡發起的。田單在牛尾巴上綁上稻草，並且淋了許多油脂，然後將稻草點燃。牛群因為尾巴被火燒得疼痛難忍，受驚發狂，沒命地向燕軍的陣營衝去。燕國士兵還都在睡夢之中，忽然遭到襲擊，本來就驚慌失措；再加上是夜晚，朦朧中他們只見到一群渾身花花綠綠的怪物衝過來，真的以為是天兵天將下凡，更是無比恐懼，抱頭鼠竄。上千頭火牛在燕軍營地橫衝直撞，尖刀和四蹄使很多燕國士兵受傷；而牛尾巴上的火又點燃了帳篷，整個燕軍瞬間潰敗。

這場戰鬥勝利擊敗了包圍即墨城的燕軍，解除了危機，大大鼓舞了齊軍士氣。被燕軍占領的其他齊國城市聽到勝利的消息，也紛紛起兵反抗燕國的壓迫，局勢逐漸向有利於齊國的方面扭轉。田單領導各地的齊軍集中作戰，逐個收復被占領的城池，將燕軍驅趕出齊國，最終收復了包括臨淄在內的失地。

齊襄王五年（西元前二七九年），田單從莒將齊襄王迎回國都臨淄，齊國總算避免了亡國的命運！田單被封為安平君。

戰國．卷雲紋銅戈

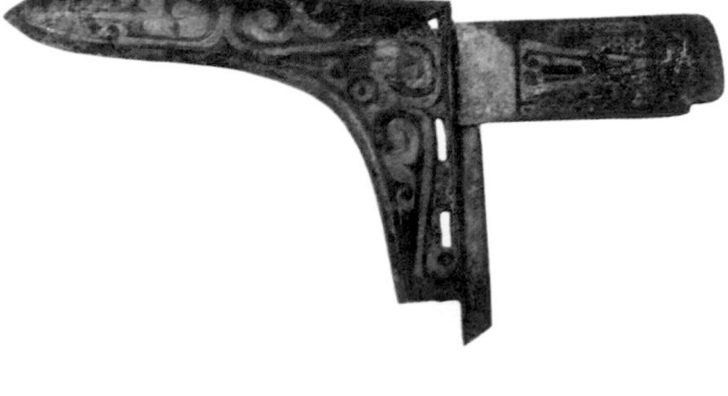

藺相如完璧歸趙

將與相，一武一文，國君的左膀右臂，一國的安康繁盛必要仰仗二者的齊心合力。但是就算在同一國家內，二者也會因種種原因產生齟齬，這種時候若嫌隙擴大則必會對國家造成傷害。幸好趙國的將相——廉頗和藺相如，在發生衝突後，能夠冰釋前嫌。

和氏璧

趙王得到了無價之寶和氏璧，結果這件事不知怎麼讓秦王聽說了。秦王給趙王寫了一封信，說願意用十五個城池交換和氏璧。看到秦王的提議，趙王十分爲難，如果他把和氏璧交給秦國，那秦國很有可能不兌現諾言，到時趙國白白損失了絕世寶玉又不能對強大的秦國報以微詞。但是，如果趙國拒絕將和氏璧交給秦國，那秦國又很有可能以此爲藉口攻打趙國，到時就算是趙王自己也將性命難保。就在趙王猶豫不決的時候，宦官繆賢向他推薦了一個名叫藺相如的人，認爲他能幫助趙王出謀劃策。

戰國時期，身居高位者大多有養士的習慣，著名的戰國四公子手下門客達到數千人。藺相如正是繆賢的門客。繆賢曾經犯了罪想要私下逃亡燕國，在藺相如的規勸下他才打消了這個念頭，主動向趙王認罪，得到了趙王的赦免。繆賢認爲藺相如擅長捕捉事物表象下面的眞相，能夠看清紛紛擾擾的權力關係。而這種本領正是行事猶豫的趙王所需要的。

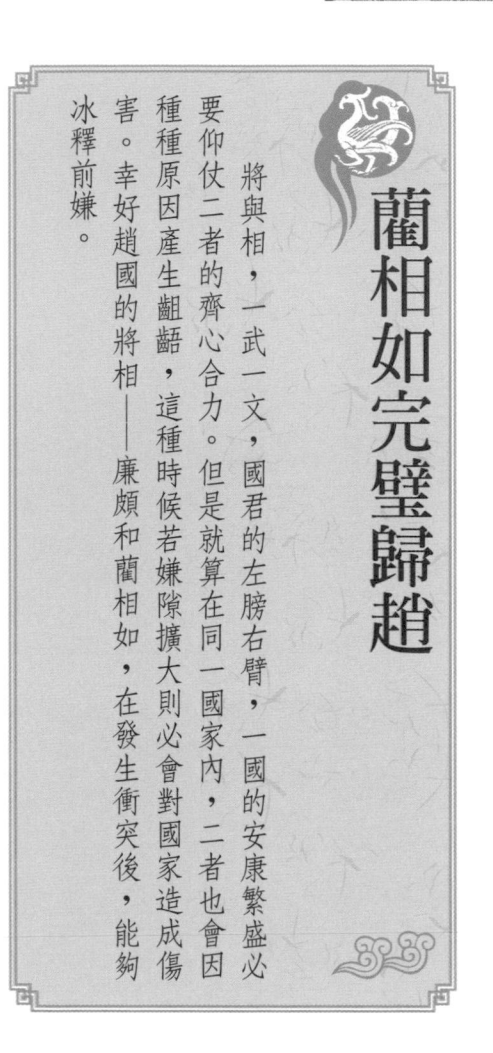

藺相如來到王庭，很快就幫趙王拿定了主意。他向趙王擺明了「秦強趙弱」的事實，既然強大的秦國已經向弱小的趙國提出了要求，那麼趙國貿然拒絕秦國，後果將不堪設想。秦國強買強賣，趙國只能委曲求全，除了敬獻寶璧沒有其他辦法，再美的玉也比不上國家重要。

雖然趙王明白寶玉與國家孰輕孰重，但在心理上他畢竟捨不得將和氏璧交給秦國，於是不自覺地問了一句：「秦國如果拿走了和氏璧，卻不給我城池，怎麼辦？」藺相如只好繼續安慰趙王說：「秦國用城池換取和氏璧，趙國不答應，是趙國有錯。趙國給了和氏璧，秦國不給城池，是秦國有錯。比較兩者，寧可讓秦國有錯，留人話柄。」

蘭相如的這些話，其實充滿無奈。戰國時期，國家、君臣、父子之間爾虞我詐，「道理」二字一錢不值。於是，蘭相如抱著必死的決心，親自奔赴秦國。

應對秦王

蘭相如既然提出了把和氏璧獻給秦國的建議，那麼這個奉璧入秦的差事自然落到了他的頭上。蘭相如向趙王立下了「完璧歸趙」的保證。如果和氏璧留在了秦國，並且秦國沒有給趙國城池，蘭相如身爲小小的門客，一定頭顱不保。所以，完璧歸趙是蘭相如唯一的選擇。

蘭相如帶著和氏璧來到了秦國。秦王拿到和氏璧後得意忘形，交給臣下和妃子傳看，果然沒有絲毫交換城池的意向。因此，蘭相如藉口指示和氏璧上面的小瑕疵，把和氏璧騙回手中，還以摔碎玉璧來要挾秦王交出城池。秦王表面答應了蘭相如的要求，許諾要沐浴齋戒後拿城換璧，暗地裡則仍然不打算給趙國城池。幸好，蘭相如早已料到這點，他連夜讓人把和氏璧帶回了趙國。再次面見秦王之時，蘭相如以退爲進，直截了當地對秦王說：「歷代秦王的信譽都不怎麼好，所以我已經讓人把和氏璧帶回趙國了。秦國如此強大，如果你們先把城池交給趙國，趙國一定不敢背信不交出和氏璧的。」然後，蘭相如又主動表示願意以死承擔欺君之罪。秦王看到事已如此，也就大度地放過了蘭相如。秦國用城池換取和氏璧這件事就這樣不了了之。

蘭相如回到趙國後，趙王念他護璧有功，封他爲上大夫。蘭相如突然飛黃騰達，引起很多人不滿，有人認爲他名不副實，還有人覺得他只是口才了得。有人認爲蘭相如完璧歸趙只是給趙王爭了面子，並沒有爲趙國帶來什麼現實利益。事實上，就在蘭相如回國後不久，秦國就對趙國發起進攻，殺死了趙軍兩萬人。

秦國軍隊進攻趙國，打了一個小勝

戰國・龍形玉珮和谷紋璧

玉珮和璧是戰國時期常見的佩飾，此龍形玉珮和谷紋璧共兩對，是用一整塊玉料劃開後分別製成。

仗。但是，趙國本身實力不弱，秦王又急需集中力量攻打楚國，不想和趙國大規模開戰，所以秦王提議雙方講和，在澠池談判休戰。趙王怕秦王加害自己，不想去澠池會見秦王。然而藺相如勸趙王說：「大王不去，顯得趙國弱小膽怯，還是去的好。」趙王只好應允。

澠池之會中，藺相如表現得非常搶眼。趙王與秦王會面後，舉行筵席，以表友誼。酒到中巡，秦王對趙王說：「我聽說你喜歡鼓瑟，我這裡有瑟，你給我也奏一曲，助助興吧！」趙王不敢推辭，只好彈了一曲。這時秦國的御史在竹簡上寫道：「某年某月某日，秦王和趙王在澠池宴會，秦王命趙王鼓瑟。」

一國之君竟然屈尊爲他國之君鼓瑟，還被史家記錄下來，趙王非常氣憤又不好直接發作。這時藺相如主動上前對秦王說：「趙王聽說秦王擅長擊缶（瓦盆），我這裡有個缶，請你也敲敲缶讓大家高興高興吧。」秦王勃然大怒，決然拒絕敲缶。藺相如就威脅秦王說：「現在我離大王只有五步，如果大王不答應，我只好與大王拚命了。」秦王心裡很不高興，但是還眞害怕藺相如與他拚命，只好勉強在缶上敲了幾下。藺相如也扭過頭來讓趙國的御史記下「某年某月某日，趙王和秦王在澠池宴會，趙王命秦王敲缶助興」。

藺相如成功地爲趙王找回了面子，秦國的大臣們見秦王受了委屈，忙起身反擊，紛紛起哄道：「請趙王獻出十五座城地爲秦王祝壽！」藺相如也不甘示弱，回應說：「請秦王拿咸陽（秦國都城，今陝西咸陽縣東）爲趙王祝壽！」這一來一往之間，沒有讓秦國眾臣討到絲毫好處。

其實，秦王之所以有意爲難趙王，是爲了試探趙國和趙王的底線，以便決定和趙國停戰的談判籌碼。澠池之會上，藺相如代表的是整個趙國，他態度的強硬恰好能顯示出趙國抗秦的決心。這種對權勢制衡的巧妙洞察，正是藺相如所擅長的，也正是在強秦威逼下的趙國格外需要的。

澠池之會上，藺相如不僅再一次爲趙王爭了面子，也捍衛了趙國的利益，於是從澠池回到趙國後，趙王又封藺相如爲上卿，官位甚至超過了大將軍廉頗。

將相和

許多人不明白趙王爲什麼如此重用藺相如，認爲趙王連續加封藺相如的措施非常過分，擾亂了趙國官場的平衡，將軍廉頗就是其中之一。

廉頗是趙國名將，爲趙國攻城略地，立下了汗馬功勞，他的將位無疑是用浴血奮戰換來的。而藺相如的功勞卻不是肉眼一望即知，很長時間廉頗都想不明白爲什麼藺相如能只憑口舌之功就那麼快爬到自己頭上。於是，廉頗公然揚言要當眾羞辱藺相如。

藺相如得知廉頗要羞辱自己，既沒有發怒，也沒有作出反擊，而是採取了忍讓的態度。藺相如駕車出門，遠遠地望見廉頗的車隊，就恭敬地引車躲避。有人嘲笑藺相如懦弱，藺相如卻解釋說：「秦王我都不怕，我還會怕廉頗嗎？強秦之所以不敢出兵趙國，是因爲我和廉頗同在朝中爲官，如果我們兩虎相鬥，國家就會混亂了。我之所以躲避他，是把國家危難放在個人的恩怨之上。」

廉頗是一員名將，也是一個聰明人，所以，當藺相如的話傳到廉頗耳中之時，廉頗慚愧不已，覺得自己過於小氣，實在不能與藺相如的寬闊胸襟相比。於是，他身背荊條，赤膊露體來到藺相如家中，請藺相如治罪，也讓秦國知道趙國團結一致，不畏強敵。而廉頗自己，也留下了一個知錯能改的千古美名。

和氏璧的由來

楚國有一個人叫卞和，他在荊山裡得到一塊璞玉，首先獻給楚厲王，厲王不識寶物，反而砍下卞和的左腳。厲王死後，武王即位，卞和再次獻寶，武王同樣不識寶物，砍下卞和的右腳。武王死後，文王即位，卞和抱著璞玉在楚山下痛哭，哭出了血淚。文王得知後派人問他說：「天下被砍去雙腳的人很多，為什麼你哭泣得如此悲痛？」卞和說：「我並不是哭我被砍去雙腳，而是哭寶玉被當成石頭，忠貞之人被當成欺君之徒，無罪而受刑辱。」於是，文王命人剖開這塊璞玉，果然發現稀世之玉。楚王紀念卞和的忠誠，把寶玉命名為和氏璧。

清·吳厲·人物故事圖

圖為「完璧歸趙」故事，融山水、人物、車馬、儀仗、庭院為一體，構圖豐富。畫家用筆細膩，設色協調，艷麗處不失清逸淡雅。

戰國時期的貨幣

中國在戰國時代就已形成了相當完備的貨幣制度，各國都有自己的貨幣系統。戰國時代的貨幣可謂形形色色，五花八門，有珠玉做的，有金屬製的，也有皮革、糧食、布帛、齒角。從這些小小的貨幣身上，人們多少可以窺探出那個遙遠時代的風俗民情。

布幣和刀幣

要想在兵荒馬亂的戰國時代做一名出色的商人，除了要有過人的膽識、精明的頭腦，還要有超強的記憶力，因爲要記清、辨明各國貨幣就不是一件易事。單拿銅鑄貨幣來說，在不同的國家、地區，就有不同的形制。大體看來，可以被歸納爲四大體系，即布幣、刀幣、圜錢和蟻鼻錢。

布幣並不是用布做的，而是用銅，由於形狀和鏟子很像，又被稱做「鏟布」。而布幣之所以被稱爲「布」，實際上得自於一種鋤類的青銅農具「鎛」。據考證，早在殷周時代就已經出現布幣，人們可以大膽推測，布幣就是從鎛演變而來。最早的布幣和鎛在外觀上有很多相似的地方，它又厚又重，還留有用來安裝柄的小孔，又被叫做「空首布」。而隨著時間的推移和布幣的流通，它愈變愈薄，愈變愈小，利於攜帶，最終演變成薄薄的一片，即「平首布」。在戰國時代，布幣多流行於黃河中游那些看重農耕的國家，譬如趙國、魏國、燕國和韓國。

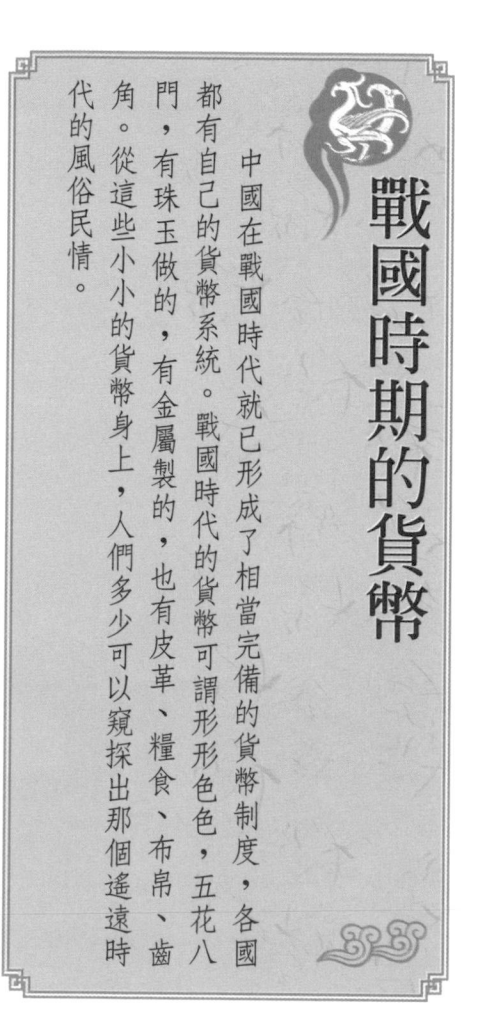

值得一提的是，無論是空首布還是平首布，都有很多型態。空首布有「平肩弧足」、「平肩平足」、「斜肩弧足」、「聳肩尖足」。平首布有「方足布」、「尖足布」、「圓足布」、「銳角布」和「三孔布」。不管是什麼形狀的布幣，上面通常刻有文字，人們可以從這些文字上揣測它鑄造的年代、地點。不過在實際生活中，布幣攜帶起來並不那麼方便，由於工藝發展的限制，一些布幣沒有能夠用來穿繩索的小孔，那些尖足布幣又一不小心就會穿破衣服的口袋。

刀幣是「刀化（貨）刀幣」的簡稱，從它的名字上就可得知它由

「刀」演變而來。早期的刀幣沒有外廓，後為增強它的堅實度，人們才加上了外廓。刀幣通常有刀首、刀身、刀柄、刀環等四個部分。儘管不同時期、不同地區的刀幣在樣貌上各不相同，但所有刀幣都不約而同地刀刃朝左。

刀幣的歷史非常悠久，起初盛行於兵強尚武的齊國，隨著齊國疆域的拓大及戰爭的頻繁發生，燕國、趙國也相繼使用起刀幣。但這三個地方的刀幣都各具特色，所以世人又把刀幣按其鑄造之國分為「齊刀」、「燕刀」和「趙刀」三大類。其中，齊刀的體形較大，長度一般在十八公分左右，重量在四四·五公克到五五·五公克之間，有「三字刀」、「四字刀」、「五字刀」和「六字刀」之分，以「六字刀」最為珍貴。燕國的刀幣則受齊國影響很大，比較有特色的是「針首刀」，其刀首細利如針，在長城一代數量甚多，亦被叫做「匈奴刀」。由於在戰國時代，燕國刀幣上往往刻著一個「明」字，所以燕國刀幣又被稱做「明刀」。再細分的話，明刀可以根據刀身的不同，分為弧背刀和折背刀。

戰國·尖足平首布

戰國中後期，出現了平首布，它比較早出現的空首布在外形上更為簡化，尺寸也更加小巧，這一切都是為了方便鑄造和攜帶。

至於趙國，在貨幣流通上本以布幣為主，其刀幣的出現相當程度上得力於和燕國的貿易往來。趙國的「小直刀」和盛行於齊、燕二國的刀幣有非常明顯的區別，它十分小巧，刀身筆直，刀首圓潤，刀背也沒有多餘的文字。乍看之下十分粗糙，再仔細觀察就會發現它的正面鐫刻著線條優美的銘文。根據史料推測，戰國時期趙國應該鑄造了數量豐沛的小直刀，遺憾的是，今天發現的小直刀數量很少。

從貨幣的變遷上，人們也可以窺探出戰國的歷史。比如，趙國在戰國初期還是典型的布幣流通區，到了戰國中後期，其刀幣的數量就大大增多，刀幣流通區的擴大從一個側面反映了趙國和刀幣流通國交往的頻繁。

圜錢

圜錢又叫「環錢」，形狀和車輪很像，據考證它的原型就是紡輪和璧環，在手工業較為發達的地區，二者

「武」小型平肩弧足空首布

此布布形規整，平首削肩，下端口部呈弧形，是比較難得的精品。

在人們的生活中扮演著重要角色。

圜錢在秦國和魏國較爲盛行，相比有尖角的布幣和刀幣，圓圓的圜錢很適合隨身攜帶，其上面的孔讓人們得以將繩子穿進去，整整齊齊地提起一串。而圜錢正面還多刻有文字，類似於今天打在商品包裝上的說明，多爲紀年、紀地、紀值。秦國的圜錢多以「兩」爲單位，魏國的圜錢多以「釿」爲單位，而盛行刀幣的齊國和燕國則習慣以「刀」爲單位。

圜錢最早出現在經濟發達的魏國，魏國的圜錢穿孔大多很小，但錢幣本身卻很大，極少能看到直徑在四公分以下的，其錢幣上多注有「共」、「垣」字樣。而與刀幣和布幣相比，攜帶方便的圜錢不能不說是個了不起的「發明」，誕生後立刻受到了諸國的歡迎，秦國和趙國大量鑄造，燕國和齊國也競相仿鑄，不過齊、燕兩國鑄造圜錢的時間都比較晚。

秦國的圜錢流通廣泛，秦人一般不會在圜錢上標注地名，只在上面刻上貨幣單位。人們可以透過比較秦國圜錢和魏國圜錢的重量來推測這些錢幣背後的歷史沿革。秦國的一兩型圜錢在重量上和魏國那些標注著「共」、「垣」字樣的圜錢非常接近，表示他們很可能是在相近的時間鑄造出來。而隨著國力的強大，秦國的鑄錢技術愈發嫻熟，貨幣鑄造制度也愈發完善。秦惠文王二年（西元前三三六年），秦國頒布法令，一改從前由私人鑄造錢幣的傳統，宣布錢幣只得由官方鑄造。秦國也不再需要模仿魏國的鑄幣技術，推出了半兩圜錢。在那些被秦國占領的魏國地區，圜錢的樣貌逐漸滲透了秦國圜錢的特徵：穿孔大而錢幣小，做工也較爲精緻。

戰國・「溹垣一」圜錢

圜錢是戰國中晚期的青銅鑄幣，是一種進步的鑄幣形式。

圜錢在中國古代貨幣史中正好處在承上啓下的位置，它被視作戰國中後期各國頻繁往來的重要表現，各國互相學習、互相交流的情況完全可以從小小圜錢的變遷中看出端倪，秦國從崛起到統一天下的歷程也可以從圜錢的變遷中洞察一二。更重要的是圜錢和後來秦始皇統一貨幣關係匪淺——被秦國作爲國錢的半兩圜錢被改爲方孔圓錢，在秦統一後，被推行全國。

蟻鼻錢

蟻鼻錢的樣子非常奇特，它大致成橢圓形，線條豐富的陰刻銘文就像是爬在人臉上的螞蟻，所以被稱做「蟻鼻錢」。而遠遠看去，一枚枚蟻鼻錢又像是一張張面目詭異的人臉，所以又有人稱其爲「鬼臉錢」。

蟻鼻錢流通於地處南方的楚國，以枚爲計值單位，它小巧精緻，又帶有小孔，非常便於攜帶。但它的鑄造卻堪稱戰國四大貨幣體系中最爲複雜的。當時的人在鑄造金屬貨幣時先要製好錢範，即錢模子。工匠們將青銅溶液澆鑄在錢範上，再用另一塊錢範蓋在上面，待其中的溶液冷卻後就能取出錢幣。

通常來說，錢愈小、上面的花紋愈複雜，對鑄造工藝和錢範的要求就愈高。蟻鼻錢既小巧又紋路細緻，不僅如此，一般而言戰國時代人們通常使用陶製的錢範，而根據考古學的發現，蟻鼻錢的錢範竟然有銅製的。古人爲了防止銅範在鑄幣過程中熔化，在銅範外層塗上了一種特殊的材料，該材料就像是銅範的保護膜，將其和高溫銅液隔絕開。

用銅範製錢對古代鑄幣業影響甚大，相比陶製的錢範，銅製的更容易保存。而不管在什麼時代，鑄造錢幣都是相當複雜並極具技術含量的工作，人們也可以透過研究蟻鼻錢的鑄造過程從而瞭解戰國時代的科技水準。

戰國．楚國蟻鼻錢（四枚）
蟻鼻錢是楚國的銅幣，是貝幣的高級形態，因其形狀及上面的刻文形如「鬼臉」，又有人稱之為「鬼臉錢」。

攻鄢滅郢

鄢、郢之戰是秦軍引以為傲的輝煌，卻是楚軍揮之不去的夢魘。秦將白起的數萬大軍如入無人之境，直搗楚國腹地，殺得楚軍哀鴻遍野，屍骨成堆。在鄢郢之戰後，楚國不得不將自己的都城遷往他處。

楚頃襄王

周赧王九年（西元前三〇六年），秦昭襄王即位，強盛而又野心勃勃的秦國在他的帶領下大張旗鼓地展開了兵吞諸國的戰爭，用權術和武力一次次地衝擊那由多國組成的抗秦聯盟。秦昭襄王十三年（西元前二九四年），秦軍重創地處中原的韓、魏兩國。秦昭襄王二十二年（西元前二八五年），秦又在巴蜀設置蜀郡，在在顯示出秦國以令人驚歎的速度擴張著勢力範圍。

與此同時，楚國的境況卻一天比一天惡劣。和秦昭襄王的驍勇清明相反，楚國的國君楚頃襄王昏聵無能。面對日益強大秦國，楚頃襄王似乎仍沒有什麼危機意識。他沉湎酒色，逐忠用奸。而事實上，早在他在位元年（西元前二九八年），秦軍就對楚國發動猛攻，斬殺五萬楚軍，奪走楚城十六座。

在相當長時間裡，楚頃襄王都試圖用「謙恭的姿態」來讓楚國免於秦國的征伐。秦昭王十五年（西元前二九二年），秦國提出將秦之公主嫁與楚頃襄王，即使有人向楚頃襄王指出其中有詐不能接受，楚頃襄王還是一口應下秦國的「美意」。之後，楚頃襄王還和「親家」秦昭襄王在楚國的鄢（湖北宜城西南）見面。

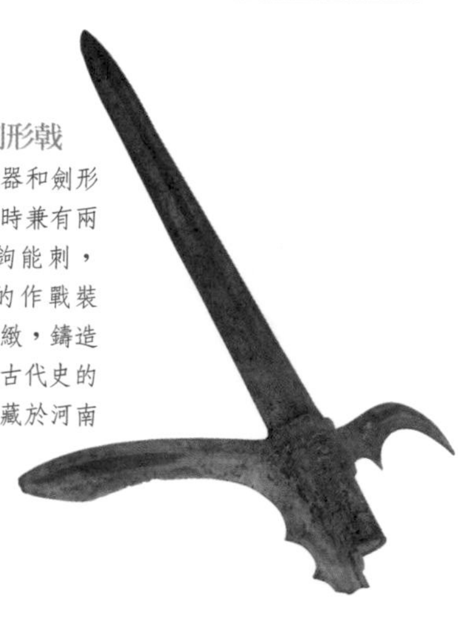

戰國中期・劍形戟
此劍形戟是戈形兵器和劍形兵器的組合，作戰時兼有兩種兵器之長，能鉤能刺，是當時較為先進的作戰裝備。此兵器造型別緻，鑄造精細，是研究中國古代史的重要實物資料。今藏於河南南陽市博物館。

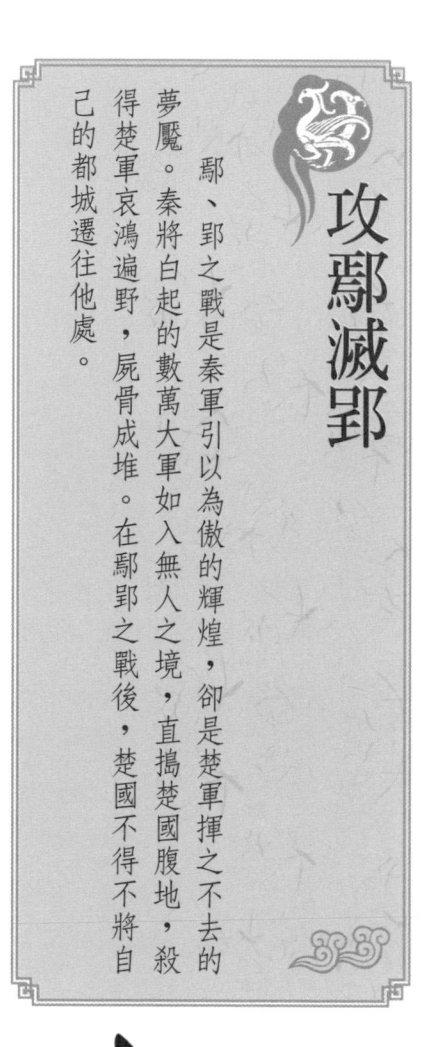

秦國不可能容忍其他國家和自己共享天下，和秦國的聯姻並不能確保楚國的安寧。於是，有人藉獻弓鳥之際勸楚頃襄王「以聖人爲弓，以勇士爲繳，時張而射之」。並向其分析了秦國的弱點：破了韓城而無力把守，征討魏國卻無甚功績，打擊趙國損耗甚大。

聽了這樣一席話，

戰國．聯禁龍紋壺
此兩壺並列座上，壺口及腹部加飾細密蟠螭紋。兩耳呈伏龍形，座下有四獸形足。

常年消沉的楚頃襄王也振作起來。在他看來，楚國的孱弱只是暫時的，楚國有地五千里，有兵士百萬，大可以踴躍而起，無需坐困於秦。

戰禍

楚頃襄王決意振作精神，走出秦國的陰影，但他卻忽視了「用兵一時需養兵千日」的道理。在強國慾望的激勵下，他就急急忙忙地派使者遊說諸國，希望得到其他國家的幫助，共同伐秦。

秦國很快就聽說了楚國要攻打自己的消息，立即集結起大軍。秦昭襄王二十七年（西元前二八〇年），秦軍從隴西出發，在蜀郡補充裝備人員，氣勢洶洶地來征討楚國。當秦軍上萬艘滿載糧草的巨大船舶順江而下時，楚國才意識到自己要面對的是怎樣強大的對手。

秦軍大搖大擺一路南下，直指楚國北部的鄧城（今湖北襄樊西北）。楚頃襄王驚恐不已，試圖用割地的辦法尋求秦國的「諒解」，將上庸（今湖北竹溪東南）和漢水以北的地區拱手相讓。

秦國收下了楚國獻上的土地，並將大量人口遷徙至此，以便將這些地方牢牢控制。但秦國並未打算就此放過楚國。再加上楚頃襄王不等楚軍恢復元氣就向巴蜀方向發起進攻，還奪下了枳（今四川涪陵東），都威脅到秦國在巴蜀一帶的控制力度。秦國決定集中力量給楚國沉重一擊，既要打得她再沒有力量挑釁秦國的威名，還要打到她徹底放棄和秦國作對。

於是，楚頃襄王的對秦決心非但沒有讓楚國東山再起，還爲楚國招致了莫大的災難。秦昭襄王二十八年（西元前二七九年），秦國再次揮兵向楚。

水攻

這次伐楚，秦國要大將白起負責領兵。白起是戰國時代赫赫有名的將領，他精通兵法又以兇猛殘酷著稱，被世人冠以「人屠」的綽號。在戰場上，這位極擅長殲滅戰的大將在秦昭襄王十四年（西元前二九三年）的對韓、魏的戰爭中，不僅全殲了韓魏聯軍，還斬下了人頭二十四萬。

白起攻陷鄧城，隨後便率部攻打鄢城，與此同時，秦軍又分出一路，在蜀郡郡守張若的帶領下向位於楚國西部的巫郡（今四川巫山縣東巫城）進發。

鄢是楚國的陪都，對楚國意義重大。秦軍南下揮兵鄢無疑是志在郢地。郢位於今湖北省江陵縣附近，是楚國的都城。一旦鄢和郢被秦軍拿下，那麼至少在楚頃襄王有生之年，楚國不僅不可能實現「踴躍而起」的理想，還會因此重創一蹶不振。

在此次發兵攻楚之前，秦國已透過數次戰爭大大削弱韓、魏的實力，透過外交活動與趙國結好。至於燕和齊都和楚國相距甚遠，且在燕昭王三十三年（西元前二七九年）燕國正值新舊國君交替之際，齊國則忙著從燕國手裡奪回之前戰爭中丟掉的大把領土。這都注定了楚頃襄王將很難得到他國的援助。所以，一聽說秦軍來了，楚頃襄王的神經一下緊繃起來。

爲鼓勵將士奮勇作戰，白起一路上毀橋毀船不爲秦軍留半點退路。爲及時補充糧草，白起又將主攻目標定在漢水流域，一邊打一邊劫掠這些地方的糧草。因此，當秦軍兵臨鄢城之下時，士氣高漲，精神豐沛。

楚軍做好了在鄢城與秦軍相持下去的準備，很多時候，作爲孤軍深入的一方都經不起持久戰的折磨。而事實上，楚軍也確實讓秦軍感到憂慮。

但白起不肯就此罷休，想出了一個絕好辦法：水攻。

在鄢城附近的西山有一條自長谷出向東南方向流淌的大河，稱爲「長谷水」。白起注意到這條豐沛的大河，他號令士兵在距離今湖北省襄樊以南、漳縣以東的五十里處的地方修築渠道，計畫將長谷水灌入鄢城，淹死城中軍民。這條被後人稱作「白起渠」的長渠很快修好，它長達近百里，直通鄢城。

鄢城軍民就這樣迎來滅頂之災，滾滾河水灌入城中，人們呼號掙扎，卻無能爲力。鄢城中人根本沒有機會逃出生天。就算他們躲過大水，也躲不過城外那黑壓壓的猶如死神的秦國大軍。而對秦軍來說，鄢城再不是一座堅不可摧的堡壘。鄢城的東北角出現潰破，秦軍輕輕鬆鬆地由此而入，如入無人之地。

鄢城順理成章地落入秦軍之手。

十多萬鄢城軍民在河水灌城時被活活溺死，他們的屍體橫七豎八地遍佈城中，慘不忍睹。楚軍主力在鄢之戰中損失慘重，剩下的殘兵敗將根本無力守衛郢都。

滅郢

白起在拿下鄢城後，又迅速地拿下了西陵（今湖北宜昌西北）。他休整部隊，加強補給，將秦國的罪犯遷徙到已占領的楚地。如此，既鞏固了作戰果實，也爲秦國接下來的攻勢奠定好基礎。鄢城拿下後，形勢對孤軍入楚的秦軍而言大爲好轉，秦軍已如一把尖刀牢牢插入楚國腹地。秦昭襄王二十九年（楚頃襄王二十一年，西元前二七八年），秦軍輕而易舉地拿下了楚國的都城郢。之後，他們又勢如破竹地攻下了夷陵，還用一把大火焚燬了楚國先王的宗廟，暗示楚人楚國已沒有機會收復那些被秦攻占的土地。

秦軍士氣大漲，在楚國的領土上凌厲推進。不多時，便拿下了竟陵（今湖北潛江西北）、安陸（今湖北雲夢、安陸一帶），直打到了洞庭湖畔。至此，偌大的楚國大部分地區都落入秦軍之手。

秦昭襄王封白起爲武安君，攻鄢滅郢成了白起人生中最輝煌的經歷之一。秦成功地削弱了楚國的實力，逼得楚國不得不遷都，將陳（今河南淮陽）作爲新的都城，變稱呼爲郢。

而秦軍對楚國的攻擊仍未就此停止。第二年，秦又攻下了楚國的巫郡和黔中郡（今湖南北部、西部一帶）。

逃至新都的楚頃襄王收拾殘兵，才駭然發現楚兵竟只剩下了十萬餘人。楚頃襄王雖然竭盡全力向西奪回了被秦國占據的數座城邑，卻再也沒有氣力和秦抗衡，只能向秦俯首。爲表誠心，楚頃襄王還將自己的兒子作爲人質送往秦國。反之秦國，透過攻鄢滅郢大奪楚地而實力劇增，爲之後奪取天下奠定了大好基礎。

楚頃襄王在位三十六（西元前二六三年）去世，他的繼承人已沒有辦法讓楚國恢復往日雄風。三十三年後（秦王政十四年，西元前二二三年），楚國被秦所滅。

戰國．鏤空鳳紋銅鏡

范雎相秦

范雎，又名范且，字叔，戰國時期魏國人，精通政治，滿腹謀略。他出身貧寒，又飽經磨難，最終得到秦昭襄王的賞識，出任秦國丞相，並為秦國的統一霸業做出了不可忽視的貢獻。正如同為秦國丞相的李斯所評價的那樣：「昭襄王得范雎，強公室，杜私門，蠶食諸侯，使秦成帝業。」

出魏相秦

身爲魏國人，范雎最初的理想是輔佐魏君，建功立業。但因爲家境貧寒，他只能暫時投靠魏國中大夫須賈，成爲一名門客。

范雎的口才非常好，又思維敏捷。於是，當魏昭王命須賈出使齊國時，須賈很自然地要范雎隨自己同去。卻沒想范雎的一生竟因這次出使發生巨變。在齊國，范雎的辯才引起了齊王的注意，齊王下重金聘范雎爲客卿，而此事恰恰引起須賈的嫉妒。須賈明知范雎拒絕了齊王的美意，且根本無心事齊，卻在回國後，在向魏王報告出使情況時，污蔑范雎收受齊賄，出賣情報。魏王大怒，立即對范雎進行嚴刑拷打，還將傷痕纍纍的范雎用草蓆裹上關入茅廁，命人向范雎身上撒尿。

在這常人難以承受的屈辱中，范雎沒有被打垮。他說服看守自己的人幫助自己逃出魏國，那人便要范雎裝死，將范雎的「屍體」偷偷運往郊外。之後，范雎又得到朋友鄭安平的救助，鄭安平一面假意爲范雎舉行「葬禮」，一面又爲范雎喬裝改名。

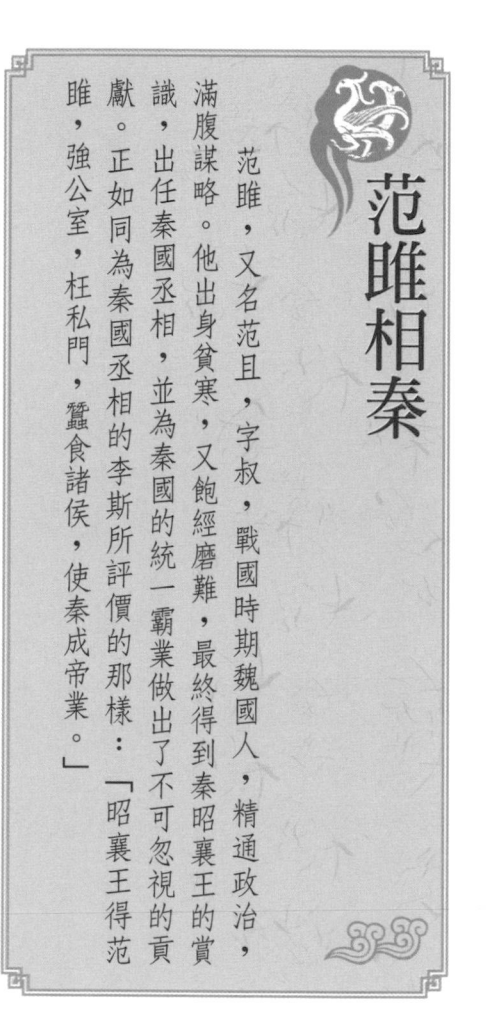

范雎在鄭安平家一藏就是半年。一天，秦昭襄王派使者王稽出使魏國，鄭安平抓住這個機會將范雎引薦給王稽。王稽愛慕范雎的才華，乾脆將范雎和鄭安平都帶回秦國。秦國國力強大，蒸蒸日上，但秦昭襄王卻不喜歡辯士。因此，在秦國，儘管王稽做了不少工作，范雎仍然沒有得到賞識。

一年之後，秦昭襄王的舅舅穰侯魏冉計畫行經過韓、魏二國攻打齊國。對此深感憂慮的范雎連忙寫了一封信呈予秦昭襄王，提醒他「明主立政，有功者不得不賞，有能者不得不官」。而這封措辭強烈的信終於引起了秦昭襄王的注意。

秦昭襄王召見范睢，范睢向他大陳穰侯功高蓋主的危險：百姓知有穰侯而不知有秦王。並一針見血地指出攻打齊國的弊端：「敗，秦之恥辱；勝，秦無力管理。」他的每一句話都讓秦昭襄王深深折服。於是，第二天，秦昭襄王便提拔范睢爲客卿，還聽從范睢的意見，要穰侯停止伐齊，撤兵回國。

敬獻謀略

范睢終於在秦國找到了用武之地。秦王對他十分恭敬，他去秦宮，秦昭襄王會親自到大廳迎接，並用賓主之儀進行款待。

秦昭襄王恭敬地向范睢請教強國之道，但是他連問了三次「先生要如何教導我」，范睢都只是「啊，啊」地敷衍兩聲，不予回答。

直到秦昭襄王問：「先生難道不想教導我嗎？」范睢才不慌不忙地說：「當初呂尚和周文王相遇的時候，呂尚只是在渭水旁釣魚的漁夫。二者都對對方十分陌生。但是，呂尚一進言，就被文王尊爲太師，是因爲他們交談得非常深刻。因此，最終文王在呂尚的輔佐下成就功業，奪取天下，自立爲王。如果一開始文王疏遠呂尚，不和他談話，那麼周就無法擁有天子的賢德，之後的文王和武王也難以成就帝業。現在，臣只是一個居住在秦國的賓客，對大王您還十分陌生，臣想深入地和您談論政事，且臣談論的內容又和您的親屬相關。臣很想向您盡忠，卻不知您的心意如何，所以您連續三次詢問臣，臣都沒有回答。」

聽了范睢的話，秦昭襄王十分感慨。范睢繼續說道：「臣並非因爲害怕什麼才不敢對大王說話，臣一開始就知道，今天對大王所說之話很可能會在明天爲臣招致殺身之禍。但如果大王能夠按照臣的話去做。臣就是死了，也不會覺得這話是禍，就算流亡，也不會感到擔心，就算全身塗漆發瘋發傻，也不會覺得這是恥辱。聖人要死，仁人也要死，霸主要死，力士、勇士都不免一死。死乃自然之規律，只要臣的所作所爲能對秦國有益，臣就心滿意足，沒有憂慮了。」

爲了讓秦昭襄王徹底相信自己，范睢還舉了伍子胥侍吳的例子表明自

戰國．銅絲網套錯金銀壺

料事如神

范雎從魏國逃往秦國時，藏匿在王稽車中。車行途中，遇到了秦國穰侯的車馬，范雎遂告訴王稽，穰侯看不起自己這樣的門客，希望穰侯過來的時候，王稽能將他藏在車裡。王稽同意了。過了一會兒，穰侯果然過來詢問王稽，並觀察王稽的車子。

穰侯走後，范雎立即從車裡跳下來步行前進。王稽覺得奇怪，范雎就告訴他，穰侯多疑，因此，他一定會回來再次檢查王稽的車。果不其然，王稽一行人走了十餘里後，又遇到穰侯派來的人，來人仔細檢查了王稽的車子，發現裡面沒人這才離去。

己的忠心。伍子胥是春秋末期的謀略家，其早年經歷和范雎有不少相似之處。伍子胥曾藏在口袋裡逃出關卡，曾終日餓著肚子在吳國的街市裡乞討度日，而他最終幫助吳王闔閭實現了吳國的復興。

見秦王耐心地聽完這些話，范雎這才指出秦昭襄王的問題：對上，畏懼太后威嚴；對下又被奸臣迷惑。此外，秦昭襄王又長期深處宮中，大小舉動都要透過服侍他的人之手，很難察覺到奸人所作之惡。范雎告訴秦昭襄王：長此以往，於大，會讓秦國滅亡；於小，會讓大王陷入孤立。

遠交近攻

范雎向秦昭襄王提出的最強有力的外交政策便是「遠交近攻」。

秦國的實力非常強大。於地理上看，秦北有甘泉、谷口，南有渭水和涇水的廣大地區，西南則有隴山和蜀，東面是函谷關和崤山，地大而顯要。於兵力上看，秦國有戰車千輛、有精兵百萬，規模龐大。但事實上，在對抗諸國時，秦仍不免出現狼狽倉皇的情況。爲此，范雎說，這是因爲在制定外交政策時出現了失誤。

一直以來，秦國的出兵行動都經常因其他國家的聯合抵抗而遭遇挫折，這正是不知「遠交近攻」所造成的疏忽。秦國越過韓、魏的國土進攻強大的齊國，派出的兵力少了，徒勞無功，派出的多了，會損耗秦國國力。而秦國又不能保證一定會得到韓、魏的支持。

因此，范雎建議秦昭襄王，先和距離秦國較遠的齊國和楚國交好，確保秦國在攻打鄰國時，他們能夠袖手旁觀。之後，秦國要將進攻重點放在扼天下樞紐的中原地帶，專注打擊和秦國距離相近的韓、魏兩國。至於趙國，她在天下的位置十分微妙。按照范雎的分析：如果趙國強大，楚國就會因害怕趙國而依附秦國；如果楚國強大，趙國就會因害怕楚國而依附秦國。不管她們哪一個對秦國俯首帖耳，都會引起齊國的恐慌，到時候齊國定會拿著厚禮來侍奉秦國。

以德報怨

據《史記》記載，范雎在秦國時一直使用當年鄭安平爲他取的假名，因此魏國並不知道范雎相秦的事情。秦計畫攻打魏國時，魏國派須賈出使秦國，范雎聽說這個消息，就故意穿著破舊的衣服去見須賈。須賈以爲范雎逃到秦國後生活落魄，便邀范雎一起吃飯，還送給范雎一件華麗的衣服。范雎見此，便以「爲須賈介紹秦國丞相」爲名，將須賈接入自己的府邸，並在府中向須賈表明了身分，告訴須賈自己如今已是秦國丞相。須賈想起當年在魏國誹謗范雎，讓范雎受盡磨難，當即嚇得面如土色。

范雎歷數須賈所犯之罪，須賈聽得膽戰心驚。但范雎並沒有爲難須賈，他告訴須賈：「我看到你送給我的衣服，還留有故人的情誼，因此，我會放了你。」而他當眞履行了這一承諾，讓須賈平平安安地回了魏國。

秦昭襄王聽取了范雎的意見。秦昭襄王三十九年（西元前二六八年），秦國派兵攻魏，拿下了懷（今河南武陟西南）。兩年後，國又占據了邢丘（今河南溫縣東）；秦像一隻巨大的蠶一點點地吃著中原這片桑葉。魏受重創後，韓也成爲秦國的重點攻擊目標。秦昭襄王按照范雎的計策，攻打了滎陽，致使韓國被分成彼此孤立的三段——新鄭、成皋、澤潞。整個韓國由此陷入恐慌，不得不唯秦馬首是瞻。

修內

對秦昭襄王來說，於外，他要開疆拓土，奠定霸業；於內，他要盡可能將權力掌握在自己手裡。因此，針對這一點范雎又向秦昭襄王提出了「固干削枝」的策略：鞏固君權、限制權貴。按照范雎的建議，秦昭襄王將野心勃勃的華陽君、涇陽君和高陵君派遣關外，迫使他們遠離秦國的權力中心。又將喜歡干預朝政的宣太后安置深宮，禁止她參政。

在清除了這些對手後，秦國的內政自然而然安寧下來，這讓秦昭襄王得以集中精力攻打他國。

在相秦的這些年裡，范雎不是沒有出現過失誤，鄭安平降趙即爲一例。但秦昭襄王卻沒有因此怪罪范雎，他不僅沒有治范雎的罪，還放話出來，誰要是敢在此事上多嘴，他就重罰誰。之後，秦昭襄王還以豐厚的賞賜暗示范雎，他對范雎的信任不會因鄭安平之事蒙上陰影。

戰國・編磬

編磬是成組懸掛在磬架上按譜敲擊的成套樂器。此編磬出土於魏國墓，從該組編磬可看出該墓主人地位之高。

觸讋說趙太后

《觸讋說趙太后》一文記敘了觸讋勸諫的全過程。先言「說」的前因；再詳寫「說」的過程；最後交代「說」的結果。「說」字貫穿全文始終。以柔克剛，以情動人，能言善辯的觸讋；蠻橫固執、愛子心切的趙太后在敘家常的娓娓巧妙言辭中栩栩如生。

太后執政

趙國國君趙惠文王在位三十三年（西元前二六六年）去世，其子丹登基，是爲趙孝成王。趙王年幼，趙太后將政權牢握在手，廉頗、藺相如、平原君等名將賢臣輔佐，但趙國的情況仍然令人憂慮。

果不其然，秦國以迅雷不及掩耳之勢向趙國發動進攻。趙太后急急忙忙地尋求齊國的幫助。然而，齊國卻提出讓趙太后的小兒子長安君到齊國做人質爲條件。

趙國的大臣們都知道爭取齊國的支援很可能是趙國度過危機的唯一辦法。於是，他們七嘴八舌地勸說趙太后接受齊國的條件。但趙太后始終不爲所動，她還放出話來，誰要是再敢說將長安君送往齊國做人質的事，她就朝誰的臉上吐口水。

觸讋登場

在這種情況下，老臣觸讋出面了。觸讋故意拖著腳步走到趙太后面前，緩緩說道：「老臣的腿有毛病，不能快走，所以很久都沒來看望您。」趙太后見觸讋只是在詢問自己的身體，便放鬆下來，和觸讋說起日常起居。

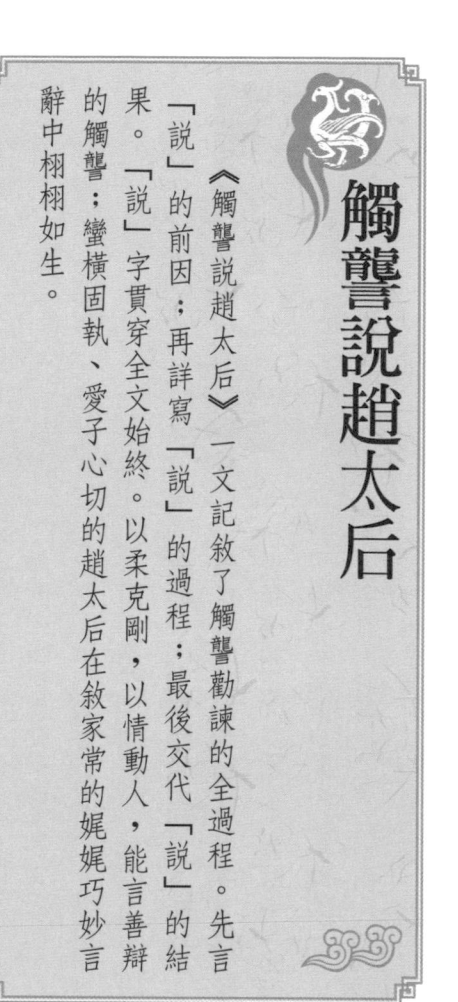

觸讋則趁機話鋒一轉，講起了子女的事：「臣在私底下非常疼愛小兒子舒祺，他最小，也不成才，希望您能幫個忙，讓他能遞補上衛士的數目去保衛王宮。」

趙太后笑了，感慨：「男人也會疼愛小兒子嗎？」觸讋認眞地說：「男人疼愛起小兒子來比女人還厲害。」趙太后不信：「您錯了，女人才特別疼愛小兒子。」觸讋說：「您疼愛女兒燕后就超過了長安君。父母疼愛孩子，總是爲他們從長計議。您送燕后出嫁時，握著她的腳後跟哭。她出嫁後您也十分想念她，可是您在祭祀的時候，卻希望她『不要回來』。您這就是在為她做長遠打算，您希望她生的孩子能一代一代地做國君。」

趙太后沉沉地「嗯」了一聲，同意觸讋的說法。

觸讋接著又說：「您想想上溯三代，趙國初立的時候，趙王被封侯的子孫現在還後繼有人嗎？」

趙太后答：「沒有。」觸讋說：「那麼其他國家，那些被封為侯的國君的子孫，他們又後繼有人嗎？」

趙太后答：「沒聽說過。」

觸讋說：「如果禍患來得早就會降臨在那些被封為侯的人身上，如果禍患來得晚則會降臨在他們的子孫身上。難道國君的子孫就一定是下場淒慘嗎？這是因為他們往往享受著高貴的地位卻沒有功勳，領著豐厚的俸祿卻沒有勞績。他們擁有的好東西太多了。您把長安君的地位提高，賞給他肥沃的土地，還讓他擁有象徵國家權力的東西。但是，如果您不抓住機會讓他為國做出功績，那麼，您去世之後，長安君又要憑藉什麼在趙國站住腳跟呢？就現在來看，您為長安君計畫得太短了，您對長安君的疼愛比不上對燕后的疼愛。」

所謂無功不受祿，趙太后馬上明白了觸讋的意思，為了長安君的長遠利益，她終於同意讓長安君冒險去齊國做人質。

觸讋將「送長安君為質」和長安君的長遠利益結合一起，成功地說服趙太后接受了齊國的條件。齊國得知此訊，痛快地發兵援助趙國，趙國那嚴重的外患終於迎刃而解。

而長安君也沒有在齊國待太長時間，秦軍退兵後，趙國將三座城池送予齊國作為回報，趙太后也和長安君團聚了。

先民後君

《戰國策》裡還記載著一則關於趙太后的故事。一次，齊國派使臣出使趙國，看到齊國的使者，趙太后先問收成，再問百姓，最後才問候齊國國君。齊使大為不解，不明白趙太后為什麼先詢問低賤的後詢問高貴的，還以為趙太后是對齊國不敬。趙太后則告訴他：「苟無歲，何有民？尚無民，何有君？」

戰國．立俑燈

俑作雙手持燈狀，燈盤敞口，弧形壁，盤心有燭托。人前一跪猴，頭頂部有孔，用以承接燈油。

長平之戰

長平之戰，堪稱趙國歷史上最慘烈的戰爭之一，在這場戰爭中，趙軍足足損失了四十五萬人。負責這場戰爭的趙軍將領趙括，是典型的「紙上談兵」，他的昏聵最終導致趙軍的覆沒，而他自己也葬身在長平之戰中。

秦趙對決

自秦國把遠交近攻當成重要的對外策略後，離秦國較近的韓、魏兩國就遭了殃，魏國不得以親附於秦，而韓國的一些大臣則將抗秦的希望寄託在和趙國的聯合上。趙孝成王四年（西元前二六二年），秦軍切斷韓國上黨郡（今山西長治附近）和韓國國都的聯繫，試圖逼迫上黨郡投降，但上黨郡太守馮亭卻把上黨當成禮物獻給趙國，請求趙國能在抗秦之事上助韓一臂之力。

趙國尚武，兵力雄厚，尚有老將廉頗威震八方。趙國的國君趙孝成王自視強大，聽說韓國要獻地的消息後非常高興。儘管有大臣告訴他，聖人把無緣無故的好處當成禍患，韓國此舉意在將戰禍轉嫁到趙國身上，他還是認爲平白受地沒有什麼不好。他派平原君趙勝和韓國的使者接洽，將聯手抗秦之事一口應承下來。

秦國當然不會坐視趙國這一挑釁之舉，在拿下韓國的滎陽後，秦王下令要大將王齕攻打已經被納入趙國版圖的上黨。趙孝成王很快就嘗到了秦軍的厲害。在上黨，趙軍一敗塗地，狼狽地撤退到長平（今山西高平西北）。

長平是一塊巨大的戰場，東起鴻家溝、邢村，西至骷髏山、馬鞍壑，南及米山鎮，北達丹朱嶺，東西之間還夾著丹河，方圓足有幾十公里。趙孝成王派老將廉頗奔赴長平收復上黨。遺憾的是，秦趙兩軍實力相差懸殊，趙國收復上黨毫無希望，廉頗只能放棄奪城戰術，轉攻爲守。此時，秦將王齕已攻陷了趙軍設在空倉嶺（今山西高平與沁水交界處）的壁壘，並奪取了趙軍用來接應和補給的光狼城，一直打到了丹河（今山西高平）西岸和趙軍隔河相對。

爲了避免和秦軍進行硬碰硬的較

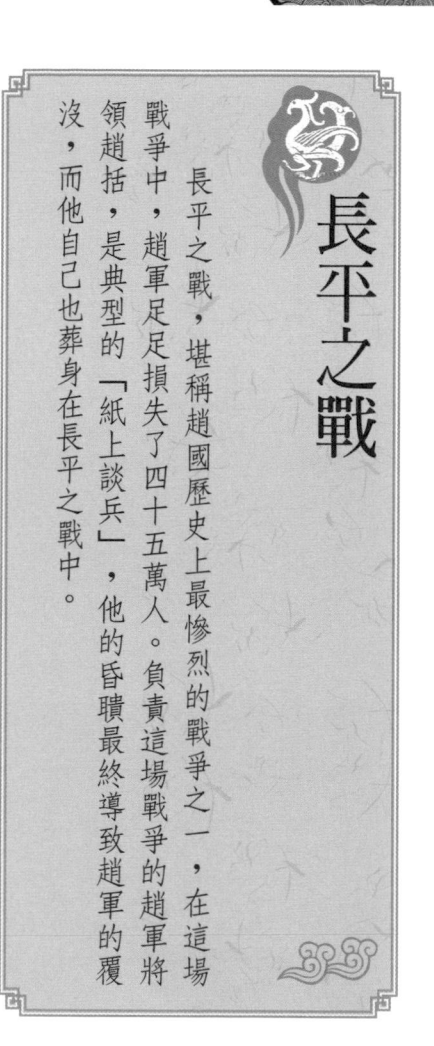

量，在丹河東岸，廉頗充分利用地理優勢，把丹河作爲屏障，依靠大糧山、韓王山兩處高地制約秦軍，並在當地百姓的幫助下修築起一個堅固的防禦陣地。秦軍雖強，卻也遲遲無法攻陷廉頗的防線，秦軍無論怎樣挑釁，趙軍就是躲在防線後面堅守不出。兩軍相對峙的局面一直持續了三年。

趙括出馬

長時期的對峙讓秦軍疲憊不堪，秦軍速戰速決的計畫被廉頗打亂。對處於攻勢的秦軍來說，對峙持續的時間愈長就愈爲不利。在這種情況下，秦國動起了外交上的腦筋。偏偏這時趙國也懊悔當初聯韓抗秦的決定，派使者鄭朱到秦國求和。秦國決定抓住這個機會，在接待鄭朱時大做文章。

秦國熱情地接待了鄭朱，還一掃在前線殺氣騰騰的面貌，大談秦趙交好之事，以至於其他國家都誤以爲趙國已與秦國達成和解，放棄了與韓國聯手抗秦的計畫。與此同時，秦國又得知趙孝成王對廉頗的防守戰術疑慮重重，便決心利用這一點離間趙孝成王和廉頗的關係。

本來就對廉頗不那麼信任的趙孝成王將這些謠言當了眞，對廉頗的態度一下子冷淡起來。秦國又不失時機地放出假消息，說秦國上下都特別畏懼趙將趙括。趙孝成王便下定決心要趙括取代廉頗負責長平戰事。

趙括是趙國名將趙奢的兒子，素以擅長談論兵法著稱，在趙國幾乎沒有什麼人能在軍事辯論上勝過他，但其父趙奢卻認爲決不能讓他領兵出戰。

長平之戰時趙奢已去世多年，當聽說趙孝成王要讓趙括取代廉頗做抗秦主帥，趙括的母親當即上書趙孝成王，懇請他改變主意。遺憾的是，趙孝成王把趙括母親的話當成了耳旁風。趙括的母親只能哭著請求趙孝成王，萬一趙括打了敗仗誤了國家，希望趙孝成王不要將她和趙括一同治罪。趙孝成王答應了。

血戰長平

秦國聽說趙括取代了廉頗，就彷彿看到戰勝的結局，而趙括一上任就證實了其母親的憂慮。爲了炫耀才華，他頻繁地更換將領，自作主張地

戰國・青銅鑲嵌綠松石匕首

更改軍中制度，將趙軍弄得一塌糊塗。趙括上任沒多久，趙軍的士氣便急轉直下，將士們都一改廉頗爲帥時同仇敵愾的氣勢，變得消沉。更可怕的是，在對秦軍還不甚瞭解的情況下，趙括便輕易放棄了廉頗的防守攻略，自不量力地要對秦軍發動進攻。

在趙括胡亂改革的同時，秦軍增加了兵力，祕密命大將白起爲上將，代替王齕領導秦軍。而實戰經驗豐富的白起，一眼就看穿了趙括「紙上談兵，求勝心切」的本質，他分出一路士兵誘惑趙軍出戰，以便將趙軍引入秦軍修築的壁壘。然後再對落入秦軍陷阱的趙軍實施分割包圍的戰術。秦軍已經在丹河西岸構築起口袋狀的陣地，就等著趙軍「鑽入口袋」了。

爲了使作戰計畫成功，白起作了周密的部署，除了單獨分出一隊人馬誘惑趙軍外，他還安排了五千多騎兵監視、牽制趙軍行動，將一支行動迅速、攻擊力強的突擊隊安插在秦軍的口袋狀陣地裡，計畫待趙軍一出現，就對其迎頭痛擊。此外，他還在陣地兩側埋伏了二萬多人的部隊，用來穿插趙軍隊伍、堵死趙軍退路、協助大部隊包剿趙軍。擅長殲滅戰的白起不想給趙括留一絲生存機會。

趙孝成王六年（秦昭襄王四十六年，西元前二六〇年）八月，趙國歷史上最慘烈的長平之戰上演。趙括對秦軍的部署情況毫無察覺，他自信滿滿地率主力部隊渡過丹河，準備對秦軍進行猛攻。

一切都如白起所料，秦趙兩軍交鋒不久，秦軍就佯裝潰敗，向早已部署好的陣地撤去。趙軍不知有詐，一路追來，直接落入秦軍的埋伏圈中。當趙括意識到自己中了計時，已經太晚了。趙括試圖調整隊伍，變換戰術，利用趙軍在人數上的優勢突破秦軍陣線。然而，埋伏在秦軍陣地兩側

的秦國騎兵突然殺出，將趙軍衝擊得陣腳大亂，其側後方受到秦軍重創。另一方面，由於趙括一味追擊佯敗的秦軍，疏忽了對丹河東岸的防守，趙軍在韓王山高地建起的壁壘也被秦軍奪去。

驕將必敗

趙括並不是一個合格的將領，這不僅僅表現在他缺乏作戰經驗又為人輕浮上，更表現在他不知籠絡軍心、樹立威望上。當初趙奢為將時，會把王族們的賞賜分給和自己一起出生入死的軍吏和僚屬，一旦接受命令，就不再過問家事，只專注於沙場戰爭。

而趙括不同，趙括做將軍後立即向東接受朝見，表現得十分驕傲，以致於軍吏們沒有人敢抬頭看他。趙王賜予他的東西也都被他帶回家藏了起來，拒絕和手下人一起分享。

趙軍被秦軍一分爲二，趙括終於意識到他根本不可能像預計的那樣將秦軍一舉殲滅，他所率的趙軍主力已被秦軍牢牢包圍，無論向哪個方向突圍都沒有辦法逃出。在糧草匱乏的狀態下，趙軍在這塊三角地帶苦苦支撐了四十六天，吃盡了草根樹皮，最後餓極了的士兵竟開始互相殘殺，以屍爲食。

走投無路的趙括只好鋌而走險，他試圖集中力量殺出一條生路。結果上天並未垂憐這個善於紙上談兵的大將，在刀光劍影之中，趙括苦戰不利，血盡而亡。

重創

沒了主將的趙軍不攻自破，按照《史記·白起王翦列傳》的記載，趙括死後，餘下的趙軍悉數降秦。而如此多的趙軍戰俘又大大超過了秦軍的預料，由於擔心留下大量戰俘會生變數，且遠道而來的秦軍在糧草方面也並不充裕。白起最終做了一個殘忍的決定：坑殺戰俘。他只留下二四〇名年齡尚幼的趙國士兵作爲長平之戰的見證，餘下的趙國俘虜統統被殺。

千年之後的宋朝，一名官員在位於丹河西岸谷口的長平古戰場發現了大量古代遺骸，這些遺骸都被埋在深闊的大坑裡，綿延數十里。

整個長平之戰趙國共損失了四十五萬人，其國力被嚴重削弱。然而，作爲戰勝的一方，儘管秦國憑藉這場戰爭加速了統一天下的進程，但在和趙軍對決的日子裡，秦軍同樣消耗甚重，國內糧餉幾近耗空，以至於趙孝成王六年（秦昭襄王四十六年，西元前二六〇年）十一月，秦國不得不暫停攻城奪地的步伐，和趙、韓兩國協議停戰。直到第二年秋天，稍事休整的秦軍才再次向趙國發起挑戰。

儒宗荀卿

荀子是戰國時期趙國人，著名思想家、文學家、政論家，儒家重要代表人物之一，對儒家思想有所發展，提倡性惡論，常被與孟子的性善論比較。對重整儒家典藉也有相當的貢獻。

稷下祭酒

荀子，名況，字卿，是戰國時期趙國人，後人避漢宣帝名諱，而改稱孫卿，所以又稱孫卿。他是儒家的一代宗師，學問出眾，因此又尊稱他為荀卿。

荀子很早就在燕國參與政治。當時，燕王被周圍謀士蠱惑，迷迷糊糊地想要倣法堯舜禪讓古制，把王位讓給手下臣子。荀子得知後非常焦急，幾次上書相勸，卻無奈燕王固執己見。荀子非常失望，便神色黯然地離開燕國。

荀子一走就是二十多年，當他再度出現在大家面前時，已是一個五十多歲的老人，他來到了稷下學宮，開始向世人展示他的才華。

荀子在稷下學宮的生活非常充實，但他卻在齊國吞併宋國且國力達到頂點的時候，毅然選擇離開。理由是當時齊國諸臣自恃齊乃僅次於秦的強國，多喜歡誇耀軍事武功，而對道德禮法不屑一顧。荀子的執政主張難得用武之地，他三番五次對齊王進行勸諫，均不被重視。

離開齊國後，荀子遊學楚國。就在他離開齊國不久，燕國大將樂毅領燕、趙、韓、魏、秦五國聯軍進攻齊國，並攻陷齊國國都，致使齊國幾至滅亡。

齊襄王五年（西元前二七九年），齊將田單率軍向燕發起反攻，一舉收復失地，迎接齊襄王回到臨淄。齊國復國後，齊襄王愈發重視稷下學宮，讓荀子多少看到了「用儒興齊」的希望。而恰巧這時由於秦將白起攻楚，楚國舉國大亂已不適合遊學生活，荀子便離開楚國回到齊國，加入到稷下學宮的恢復重建工作之中。

由於老一輩的學者有的已經去世，有的不在齊國，荀子憑他的學識和才德，不久就成為當時稷下學宮的學術領袖、「最為老師」、「三為祭酒」，達到了人生最輝煌的頂點。

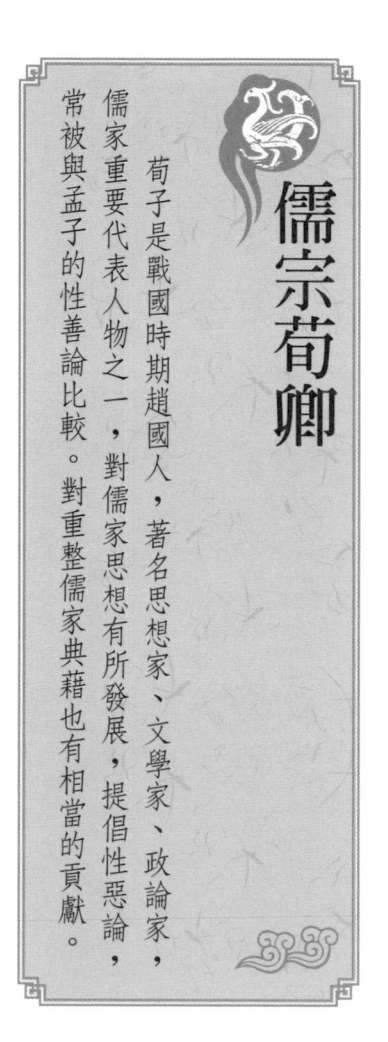

輾轉奔勞的一生

齊襄王在位十九年（西元前二六五年）去世，秦國於此時邀請荀子入秦，荀子便來到了秦國。很多學者都是心懷大志的理想主義者，荀子也是一樣。他以爲秦王看重他的學說，於是對秦國的政治、軍事、民情風俗以及自然地形進行了詳盡考察，爲秦王提出了許多治國安邦的建議。可惜，法家思想早已深入秦國的政治骨髓，秦昭襄王表面上稱讚荀子的建議，實際卻仍然以法家思想治國。

荀子心灰意冷地離開了秦國。之後，他又輾轉來到趙國、齊國，都因學說得不到重用、受到排擠而不得不另覓他所。

於是，荀子來到楚國。此時，楚國剛剛滅掉魯國，取得了蘭陵之地，以愛才著稱的楚國人春申君聽說大學者荀子來了，非常高興，遂任命荀子爲蘭陵令，管理這塊新得到的土地。

齊人有人讒言荀子，於是荀子離開了齊，來到楚國。楚王負當三年（西元前二二五年）被任爲蘭陵縣令。但有人認爲荀子對楚國來講是個危險。所以荀子又辭楚來到趙國，趙國拜其爲上卿。後來楚國有人向楚相春申君進言請荀子回楚。於是春申君派人請回荀子，復任蘭陵縣令。

然而，楚考烈王二十五年（西元前二三八年），楚考烈王去世，春申君被死士刺殺身亡。荀子失去政治上的依靠，又一次被廢除官位。這時的荀子再也走不動了，乾脆就居於蘭陵，安心寫書，直到去世。

一代儒宗

荀子是戰國時期著名的思想家，是先秦儒家學說的集大成者，他的理論自漢唐以來，一直被眾多學者不斷研究探討，在歷史上產生了廣泛而深

戰國・藕狀流鼎

這是戰國中期中山國的青銅器，河北省平山縣中山王墓出土。

遠的影響。

荀子理論一直富含爭議，相比孔孟學說，他的理論現實功利了許多。中國的哲學思想不同於西方，很重視社會倫理層面的各種實際問題。幾乎所有的理論，都指向如何安邦定國、治理百姓，荀子的理論也不例外。如果說，孔子學說的中心思想是「仁」，孟子學說的中心思想是「義」，那麼荀子學說的中心思想就是「禮」，即重視社會的行為規範。孔子的「禮」紮根在他的仁學之中，其根基在於血緣以及天命。荀子的「禮」紮根在他的「性惡」理論之中，根基於人性。

在荀子看來，人生來都要吃飯、穿衣、睡覺，為了保證基本的生存需要，人和自然競爭，也與同類競爭。因此，人天生就熱衷追逐利益，為了追逐利益又產生了嫉妒、紛爭等「惡」事。所以，人性是惡的，各種道德、禮法都是後來教化產生的，與人的本性沒有什麼關係。

人性雖然邪惡，但是作為萬物之靈，人卻是生物中最出色、最優秀的族群。人「力不若牛，走不若馬」，為什麼可以成為萬物的掌控者呢？

在荀子看來，原因在於人能「群」。「群」就是指人能有效地把同類組織起來，大家形成一個集體，力量自然就超過了其他生物。那麼，人為什麼可以有效地被組織起來呢？在於人能「分」。「分」指的是人有一定的等級區分和職業分工。憑藉這種「分」，才有社會的穩定和發展。所謂的「禮法」，正是區分人群的工具，禮法使人們在社會中依照貴賤、長幼、貧富等級各安其分，同時禮法也維繫

戰國．獸面紋玉琮

玉琮在新石器時代後期出現，良渚文化、龍山文化皆有出土。《周禮》把玉琮外方內圓的形狀，解釋為天圓地方的意思，也就是以圓和方把天地貫通，成為古代社會的一種法器。高級貴族陪葬佩玉，是希望保持身分不朽，至於隨葬玉琮則顯示他與天地交往的能力。

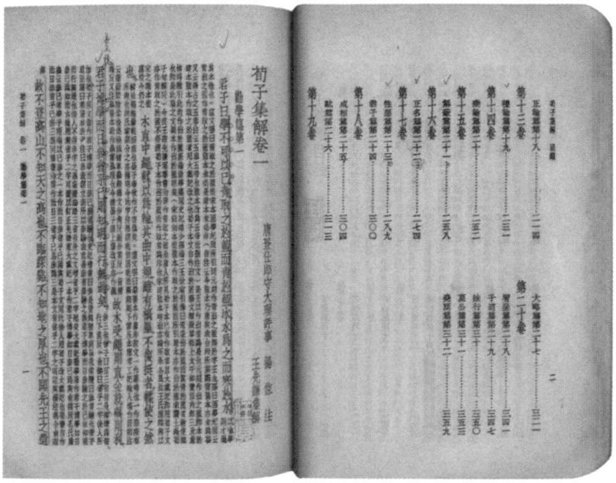
荀子集解卷一

勸學篇第一

《荀子集解》書影

和保護這種等級的區分。

荀子的學說，推理嚴密、論證充分，很有說服力。但是，這些學說爲什麼一直沒有得到運用，從荀子與臨武君議論兵法的話語中，也許可以找到一些原因。荀子認爲，「禁暴除害」是進行統一戰爭的根本目的。爲了達到這個目的，君王必須從兩個方面著手：第一是「附民」，即在政治上取得百姓的支持；第二是一邊對士兵進行軍事訓練，一邊進行禮儀和法制的教育。

荀子的理論頗有超前意識，他已經朦朦朧朧地看到軍事和思想政治有著內在的聯繫。不過，具體應該怎樣把思想政治訓練帶入到軍事訓練之中。荀子提出的建議顯然過於空洞和理想化，自然不會受到重用。

戰國．行氣銘玉器

青玉，有灰黑色暈斑，為十二面棱柱體。在十二面中，每面自上而下陰文篆刻三字，有重文符號，共計四十五字，記述了行氣的要領，為中國現存最早的氣功理論文物資料。

邯鄲之戰

邯鄲之戰可以被看做是長平之戰的後續，秦昭襄王圍困了趙國的都城邯鄲。不過，在經歷長平慘敗後，趙國上下都激盪著和國家共存亡的決心，邯鄲之戰最終以秦國的失敗告終。

保衛邯鄲

長平之戰後，面臨亡國危險的趙國派人送厚禮給秦相范雎，希望范雎能說服秦王停戰退兵。儘管秦國確實在秦昭襄王四十六年（趙孝成王五年，西元前二六〇年）秋天宣布與趙停戰，但是，只要它兵吞天下的野心還在，趙國就別想安然度日。因此，早有覺悟的趙孝成王不等長平的戰火冷卻，就馬不停蹄地展開外交活動，按照大臣虞卿的建議，將先前許諾割予秦國的城池作為禮物轉手送給了齊國。

要想保全自己，趙國必要和他國「合縱」抗秦。遺憾的是，上天留給趙國進行「合縱」的時間太短了。第二年九月，趙國還沒有從長平之戰的悲痛中走出來，就又收到了秦軍圍攻趙都邯鄲的消息。

這個消息對趙國無異於晴空霹靂，一場艱苦的守城之戰勢不可免。整個趙國都籠罩在悲壯的氣氛中。老將廉頗身先士卒，以決死的姿態帶領士兵守護城池。趙相平原君喝令妻妾加入行伍，以此鼓舞全國將士。平日裡那些慣愛享受的趙國貴族也紛紛自散家財，招兵買馬。至於因長平之戰嘗盡家破人亡之苦的趙國百姓更是視秦如仇，人人立誓抵死抗秦。

秦軍自認能憑藉在軍事上壓倒性的優勢將邯鄲輕鬆攻克，但邯鄲那高大的城牆卻因視死如歸的趙國守軍而變得堅不可摧。秦軍試圖速戰速決，猛攻入城；趙軍就抵死反抗，銼其銳氣。秦軍試圖久圍不散，困死趙軍；趙軍就保存實力，與之奮爭。到了這一年年底，秦軍仍未能撼動邯鄲分毫。那偌大的邯鄲城早已因捨身護城的軍民化作令人生畏的軍事堡壘。城中富人慷慨解囊，為兵士們提供各種作戰物資。平民百姓或奮勇出戰，或照顧傷員。在城池存亡的關鍵時刻，邯鄲上下迅速凝結成一個同仇敵愾的戰鬥團隊。

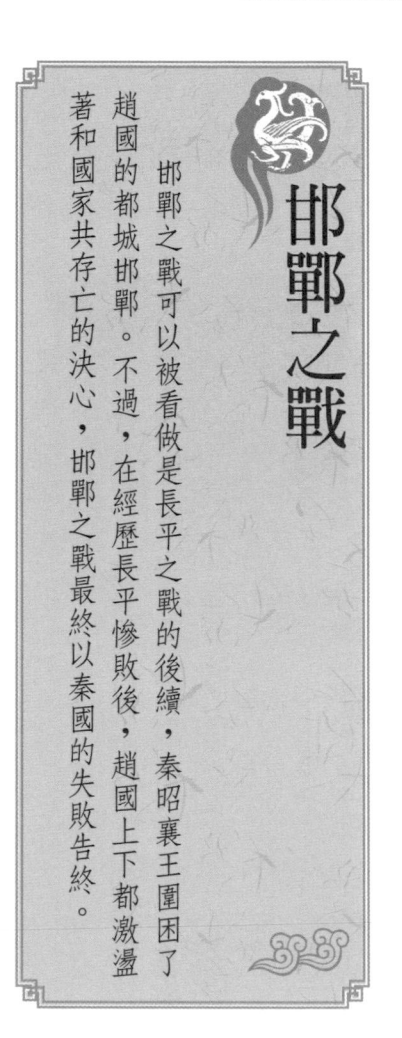

廉頗親自登上邯鄲城樓指揮戰鬥。他的精銳部隊則趁著月黑風高潛行出城，騷擾防備懈怠的秦軍營地。隨著時間的推移，秦軍身上已看不到初襲邯鄲時那不可一世的銳氣，久戰不利的局勢和北方凜冽的寒風都在迅速摧毀著秦軍的士氣。就連負責邯鄲戰事的秦軍主帥王陵也寫信奏請秦昭襄王派兵增援或撤師回國。

秦昭襄王萬萬不想這次出兵無功而返，他要號稱戰無不勝的大將白起代替王陵統率攻趙之兵。但白起卻毫不諱言邯鄲之戰必以秦軍的失敗告終，託病拒戰。萬般無奈之下，秦昭襄王只得讓大將王齕接替王陵。而王齕的到來沒能讓情況發生好轉，邯鄲之城久攻不下，秦軍傷亡日益慘重。秦國只能寄希望於困死守城的趙軍。

戰國・龍鳳雲紋皮盾

在中國，盾牌最早出現在夏朝大禹時代（約西元前二〇〇〇年）左右，用以在戰爭中防止兵器刺傷身體，這些盾牌的表面一般都包有一層或者是數層皮革，還會繪上象徵性標誌或者吉祥的圖案。

外交救國

秦國的困城戰術確實給趙國帶來相當大的壓力，對趙國來說，憑一己之力打退來勢兇猛的秦軍不足爲恃。因此，在邯鄲上下團結一致抵禦秦軍的同時，趙國還積極運用外交手段籠絡其他國家，以期實現合縱抗秦。

可惜事情進展得並不順利。魏國本派來十萬大軍援趙國，卻因懼怕秦國報復，只好將援軍駐在離邯鄲不遠的鄴城觀戰。非但如此，被嚇壞了的魏國還派使者辛垣衍勸說趙孝成王擁戴秦王稱帝。趙國登時陷入了一個兩難的處境：如果拒絕擁戴秦王稱帝，就意味著宣布與秦爲敵；如果擁戴秦王稱帝，就意味著向秦俯首稱臣。選擇前者，秦國一定不會放過趙國；選擇後者，也未必能換取安寧。

恰好這個時候齊國人魯仲連正在邯鄲。一直以來，齊國都是秦國稱霸的最大對手之一，考慮到秦拿下邯鄲後對齊國的威脅增大，魯仲連連忙和平原君取得聯繫，自告奮勇地要幫平原君責令辛垣衍回國。而一旦秦國得知辛垣衍被一個齊國人「責令」走，那麼，秦國將意識到邯鄲之戰將不僅發生在其與趙國之間，勢必有所顧慮。

在平原君的安排下，魯仲連和辛垣衍見了面。魯仲連非常明確地表達了要幫助趙國的立場，讓主張降秦的辛垣衍坐立不安。

「魏國和秦國難不成是僕人與主人的關係？」魯仲連問。

「是的。」辛垣衍不置可否。

魯仲連說：「既然如此，我就要讓秦王去烹殺魏王，還要把魏王剁成肉醬。」

在君尊臣卑的戰國時代，君王不僅有權決定大臣的生死，還有權決定用何種方式處死大臣。秦國和魏國本來都是平等稱王的國家，若魏國自降身分對秦國俯首，那麼也就等於將自己放置在任秦國擺佈、決定生死的地步。因此，魯仲連向辛垣衍指出，一旦秦國稱帝成功，他就會隨心所欲地任免諸侯大臣，任用自己喜歡的，撤掉自己厭惡的臣子。同時，他還大可以將自己的女兒和擅長進讒言的女人安插在諸侯身邊做妻妾，讓她們監視諸侯們的舉動，到時候，就算魏王想過安穩日子也過不上了。

「如果魏王的日子過不安穩，您又怎麼能像從前那樣得到魏王的寵信呢？」魯仲連問。

辛垣衍被魯仲連說得冷汗淋漓，也終於意識到向秦國俯首稱臣絕非明智之舉。於是，他向點醒自己的魯仲連一拜再拜，然後許諾今後再不會提尊秦爲帝的事。

秦國一直默默關注著辛垣衍的出使情況，當他們得知是魯仲連的一席話讓辛垣衍放棄了最初的打算時，不由想起趙國在長平之戰後獻城予齊的事。秦國一直擔心齊國會插手邯鄲之戰，而魯仲連勸服辛垣衍本身也說明了趙國的外交活動卓有成效。秦昭襄王不得不去考慮，萬一魏、齊等國趁著秦攻城不克的疲憊之際對秦發起進攻，秦軍是否真能招架得住。

「合縱」的力量

秦軍不會因邯鄲難攻就鳴金收兵，卻會害怕諸國的夾逼，秦國因連年征戰早已疲憊不堪。而這正是趙國保全自己的唯一希望。爲了達到逼退強敵的目的，趙國必須將軍事和外交緊密結合，一方面浴血守城，一方面謀求聯合。就在廉頗等將士捨命護城的同時，趙國的文臣們也緊鑼密鼓地進行著各種外交活動。趙相平原君打點行囊，打算親自奔赴楚國尋求援助。

平原君徵集了十九名文武雙全的食客和自己同行，就在他即將出發的時候，一個名叫毛遂的人自告奮勇加入了隊伍。無論是對時事的洞察力，還是說服他人的口才，毛遂的表現都令人刮目相看，還在赴楚的途中，毛遂就已經成爲平原君等人的智囊。

楚國地處南方，對秦攻打邯鄲一事本抱著「隔岸觀火」的態度，要想說服楚王發兵援趙並不容易。果然，平原君在早上向楚王陳明發兵利害，到了中午，還沒有收到楚王的答覆。

毛遂向楚王詢問其猶豫不決的原因，結果卻遭到了楚王的呵斥。眼看楚王有拒絕援趙的意思，毛遂乾脆按著寶劍，一步跨到楚王面前，厲聲道：「大王的命懸在我毛遂手上！」

楚王登時被毛遂的氣勢震住，毛遂藉機陳述了自己的觀點：「秦興兵於楚，一戰而舉鄢郢，再戰而燒夷陵，三戰而辱王之先人。像這樣百世都無法消弭的怨恨，作為外人的趙國看在眼裡，都覺得恥辱，而大王您卻不以為惡。現在合縱抗秦是為楚洗刷恥辱，非為趙也。」面對咄咄逼人的毛遂，楚王只能說：「先生說的對。」毛遂繼續不依不饒：「既然如此，出兵的事大王決定下來了？」

楚王本想用一句「定了」敷衍了事，不想毛遂抓住機會，不等他反應過來，就招呼左右取來雞馬狗血，逼得楚王當著眾人的面和平原君歃血為盟。楚王騎虎難下，只得依了毛遂的要求，下令十萬楚軍援救邯鄲。而此時又有好消息傳來，魏國的信陵君大著膽子偷了魏王的兵符，帶著之前駐在鄴城的十萬魏軍來解救邯鄲。

邯鄲的局勢很快發生了變化，秦軍最不希望看到的情形出現了，楚、魏、趙三方聯手，要予秦軍沉痛打擊，合縱的力量由此彰顯出來。但與此同時，邯鄲城也到了最危急的時刻，在等待楚、魏大軍相救之時，邯鄲城裡的百姓已經食不果腹，甚至易子而食，邯鄲城隨時都有可能崩潰。為了爭取時間，趙軍分出三千精銳突擊城外秦軍，將秦軍逼退了三十里。而正是這三十里，成了保全邯鄲的關鍵。秦軍組織人手準備新一輪攻擊之時，楚、魏的援軍到了，齊國也整頓兵馬關注邯鄲戰事，秦軍徹底喪失了攻克邯鄲的機會，他們遭到了楚、魏、趙大軍的凌厲夾擊，二萬秦軍被迫投降。

邯鄲之戰以秦軍的失敗告終，秦昭襄王懊惱地收兵回國，並被迫和楚、魏、趙三國進行議和，將之前占領的一些土地歸還。秦昭襄王在有生之年都沒能完成吞併趙國的大業。值得一提的是，一開始就認定秦軍必敗而拒不參戰的白起，竟因邯鄲之戰招致殺身之禍。秦昭襄王先是派人將他遣出咸陽，然後又命他自裁。邯鄲之戰讓秦國上空騰起了一團久久不能散去的陰霾。

戰國・人首紋青銅劍

信陵君竊符救趙

秦國揮師趙國都城邯鄲，趙國處於生死存亡的關頭。為了拯救趙國，趙國丞相平原君向和自己有親戚關係的魏國公子信陵君求助，希望信陵君能說服魏王派兵援助趙國，但是，事情的進展卻十分曲折。

邯鄲之圍

秦昭襄九四十八年（趙孝成王七年，西元前二五九年）秋天，挾著長平之戰勝利的餘威，秦國不顧長期征戰的疲憊，對趙國的邯鄲發動猛攻。眼看趙國就要遭受滅頂之災，趙國的王公貴族們都心急如焚。趙國丞相平原君不只一次地向魏國發出求救，希望得到魏國的支援。一開始，考慮到聯合抗秦的重要性，魏國國君魏安王不假思索地派出十萬大兵援助趙國，讓趙國看到一線生機。但緊接著事情發生了變化。在聽說魏國出兵援趙後，秦國立即派使者前往魏國，威脅魏國，魏安王害怕了。於是，那已經開赴趙國前線的魏軍被告知要按兵不動。

等不來魏國的援軍，趙國幾乎陷入絕境。在這種情況下，平原君想了他在魏國的親戚——信陵君。

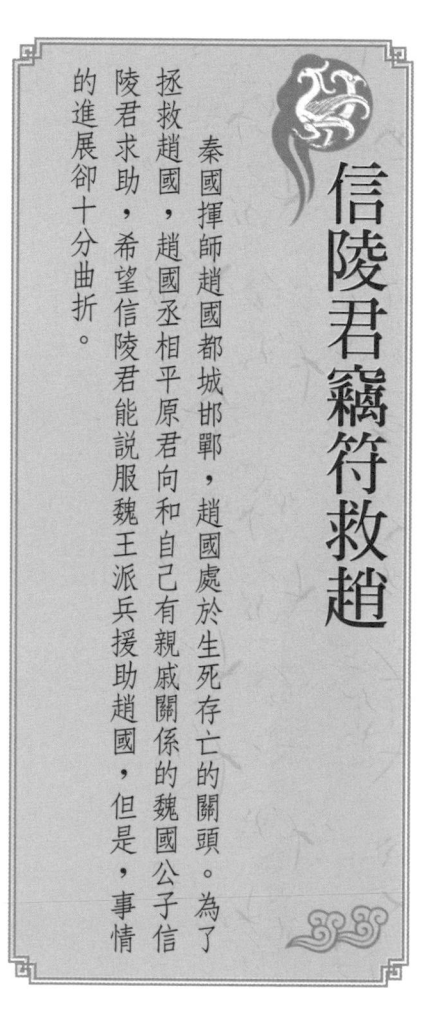

信陵君是魏昭王的兒子，魏安王的弟弟，素以寬厚仁愛、禮賢下士著稱。他不僅在魏國極有影響力，由於他對任何人都一視同仁、謙遜以待，因而在士人中擁有相當高的聲望。據說，方圓幾千里的士人無不知曉信陵君的名字，都爭相歸附於他，以至於他門下的食客竟多達三千人。因爲這個緣故，在很長時間裡都少有國家敢輕易對魏國動武。

信陵君的姐姐是平原君的夫人，藉著這個關係，平原君在得知魏國拒絕援趙後，寫了一封措辭嚴厲的信給信陵君。他告訴信陵君，他一直認爲信陵君節義高尚，勇於爲陷入危難的人伸出援手。但是這次邯鄲即將落入秦國之手，魏國的援兵卻遲遲沒能出現，這不得不讓他對信陵君的爲人深感失望。在信的末尾，平原君懇請信陵君就算不顧及他平原君的處境，不管趙國的存亡，也請憐惜自己姐姐的命運。信陵君被這封信感動了。

侯嬴獻計

信陵君不厭其煩地向魏安王說明援助趙國的重要性，然而魏安王始終不為所動。見說服魏安王無望，信陵君便帶著一批忠誠的食客，又出巨資買來數百輛車騎，試圖以個人的名義奔赴趙國抗擊秦軍。而就在他率著一行人向邯鄲進發，在經過大梁夷門的時候，他遇到了一個老朋友——侯嬴。

侯嬴是魏國大梁的守門人，家境寒微，他第一次遇見信陵君時已經七十多歲。當時，為了試探信陵君，侯嬴特地拒絕了信陵君送來的財物，並在信陵君宴請賓客時擺出一副倨傲的樣子，不僅要求信陵君親自駕車迎接自己，還不顧他人非議地坐上了上座。直到發現整個宴會過程中，信陵君都謙和有禮地對待自己，這才建立起對信陵君的信任。

老友相聚，信陵君將抵死抗秦的打算告訴侯嬴，本以為侯嬴會對自己說一些訣別的話，沒想到侯嬴只淡淡地說：「您努力吧，老臣不能追隨您。」這讓信陵君非常難過，他心情複雜地走了幾里路，終於調轉車頭找侯嬴問個明白。

讓信陵君大吃一驚的是，侯嬴早料到他會返回來。他笑著告訴信陵君：「這樣衝動地跑去和秦軍拚命，就好比將肉扔給飢餓的老虎，對自己和趙國都沒有好處。您善待士人的事全天下都知道，現在正是該用士人解決問題的時候。」說罷，侯嬴要信陵君屏退眾人，然後拉著信陵君為其出謀劃策。

此時，魏安王派去援助趙國的十萬大軍就駐在離邯鄲不遠的鄴城，還沒有返回魏國，援助趙國最好的辦法是讓這十萬大軍出戰，而不是信陵君率一小批人去以卵擊石。問題是統領這十萬大軍的是一個叫晉鄙的人，他拿著魏國的一半兵符，兵符的另一半

戰國．子母豹銅牌飾

牌飾透雕為子母兩豹相對互摟。母豹蹲踞，頭下垂，尾向內捲；子豹立於母豹腿上，下頦貼於母豹額部，表現了母豹與幼子母子情深的神態。今藏於寧夏回族自治區博物館。

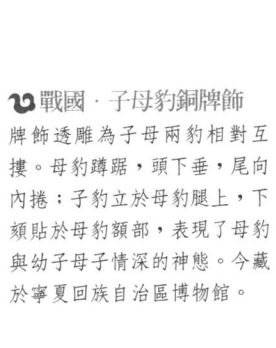

則在魏安王的臥室裡。要想讓晉鄙出兵，就必須將魏安王手裡的那一半兵符帶給他，讓兩塊兵符合二爲一。

侯嬴爲信陵君獻上了一個異常大膽的建議：偷兵符。

如姬竊符

兵符放在魏安王的臥室裡，論及盜取兵符的最佳人選，侯嬴向信陵君推薦了如姬。

如姬是魏安王的寵妃，每天都會出入魏安王的臥室，魏安王對她非常信賴，絕不會想到去防範她。侯嬴又告訴信陵君，三年前如姬的父親被人殺害，如姬發誓爲父報仇，可是由於種種原因，她一直未能得償所願。如果信陵君能夠爲如姬報殺父之仇，那麼，如姬必定願意以死相報。到時，信陵君便可提出要求讓如姬盜取兵符了。

於是，信陵君很快就派人斬掉了如姬仇人的首級獻給如姬。而大受感動的如姬也非常痛快地答應了信陵君的請求，成功地爲他盜來兵符。事情進展得非常順利。

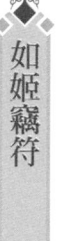

得到兵符的信陵君打算北援趙軍，西抗秦軍。但是，就算他拿著魏安王的兵符去見晉鄙，晉鄙也很有可能因爲懷疑兵符的來歷而拒絕出兵援趙。更可怕的是，如果晉鄙在得到兵符後再次請示魏安王意見，那麼，援趙的計畫將徹底失敗，信陵君本人也難免招致殺身之禍。因此，侯嬴要自己以勇猛著稱的朋友朱亥隨信陵君一起赴趙，並告訴信陵君：「將在外，君命有所不受。萬一晉鄙拒絕聽從您的話，您就讓朱亥將他殺掉。」

臨行之前信陵君和侯嬴辭別，這次侯嬴沒有對他「漠然視之」。侯嬴說：「我因爲年紀大了不能跟隨您一起走，就讓我計算您的行期，您到達晉鄙軍營的那一天，我會向著北方自殺，就用這個作爲我對您的送行吧。」

到了鄴城，信陵君假傳魏安王的命令，拿著兵符要求晉鄙出兵。然而，正像侯嬴擔心的那樣，晉鄙合上了兩塊兵符卻遲遲不肯下達出兵命令，還當即反問信陵君，像出兵援趙這樣大的事，魏安王怎麼會突然改變主意呢？眼看假傳兵令一事即將敗露，未等信陵君回答，站在信陵君身後的朱亥就舉起了隨身攜帶的大鐵錘，運足了力氣朝晉鄙砸去。鐵錘足有四十斤重，晉鄙沒有提防，被鐵錘擊倒，朱亥又一不做二不休將晉鄙殺死。

晉鄙死了，手握兵符的信陵君成了十萬魏軍的領導者，他馬上發佈了援趙抗秦的命令。然後整頓兵馬，選出八萬精兵作爲抗秦主力，氣勢洶洶地向圍困邯鄲的秦軍殺去。由於竊符援趙一事一直都在祕密進行，秦軍根本沒有料到魏軍會突然出現，被打得措手不及，只能放棄邯鄲，鳴金退兵。魏軍和趙軍又兩相配合，逼得秦軍不得不班師回國。

戰事因信陵君帶來的八萬魏軍發生了很大轉變，見秦軍退走，平原君和趙孝成王親自迎接信陵君入城，趙孝成王感激得對信陵君一拜再拜，還感慨道：「自古以來賢德的人，沒有哪個能比得上您。」信陵君成功地救助了趙國，但他不知道在回到魏國後等待自己的將會是什麼。

威名遠揚

策劃竊符救趙的侯嬴在與信陵君訣別後沒多久就面朝北方自殺了。信陵君知道魏安王早晚會知道自己竊符救趙、擊殺晉鄙的事，非常不安。於是，在趙國安全後，援趙的魏軍返回魏國，信陵君自己則和食客們留在了趙國。

趙國人十分感謝信陵君的救國之恩，趙孝成王還和平原君商量是不是要拿出五座城池送給信陵君，作為對其出兵救趙的感謝。信陵君聽到這個消息，一開始非常高興，不知不覺流露出居功自傲的樣子。直到一個食客提醒他，他的所作所為是對趙國的「功」，對魏國的「不忠」，他才清醒過來。在趙國為他舉行的歡迎大會上，信陵君一掃之前驕傲自滿的姿態，變得謙讓而憂心忡忡。他拒絕從象徵尊貴的西邊台階進入趙王的殿堂，而是謙恭地走著東側的台階，他不斷地說自己有罪，感慨自己對不起魏國，以至於趙孝成王竟找不到機會說送給他五座城的事。

信陵君沒能鼓起勇氣返回魏國，趙孝成王把邑送給他做湯沐邑。不知是不是聽說了信陵君一直為對不起魏國感到自責，魏安王並沒有記恨信陵君太久，還把之前一怒之下從他那裡收回的信陵邑還給了他。因此，儘管信陵君竊魏符、殺魏將的做法確實非常對不起魏國，但這都沒有影響到他的「君子」之名遠播四海。

戰國．雙耳金盃

雙耳金盃出土於曾侯乙墓主棺下，此杯應是曾侯乙生前豪華的飲食用器或招待賓客宴飲的酒器。

鄗之戰

長平之戰後，趙國的實力被嚴重削弱，燕國趁機對趙國發起進攻，在鄗邑（河北柏鄉縣北）和趙軍展開惡戰。趙國老將廉頗針對燕軍的弱點，調兵遣將，將燕國的四十萬大軍打得落花流水。

老將出馬

趙國在長平之戰中損失了四十五萬大軍，百姓們幾乎家家都有喪事要辦，淒慘之景溢於言表。但是，長平之戰後趙國仍沒有得到安寧。

秦昭襄王在位五十一年（西元前二五一年）去世。這一年趙孝成王過生日，燕王喜特地派大臣栗復帶著五百金去趙國祝壽。而栗復一面在趙國參加酒宴，一面觀察趙國國情。之後，返回燕國的栗復告訴燕王喜：「趙民其壯者皆死於長平，其孤未壯，可伐也。」

燕王喜聽後大喜，考慮到趙國自古便有全民皆兵的傳統，他決定以數倍於趙國的兵力——六十萬燕軍、二千輛戰車，來攻打趙國，其中由栗復親自率領四十萬攻鄗，卿秦率二十萬攻代（河北蔚縣東北）。

鄗與代都是趙國重地。趙孝成王聽說燕國要攻打自己，急忙要老將廉頗率兵抗燕。由於此前相當長時間趙孝成王都聽信讒言冷落廉頗，因此廉頗對此次出戰十分重視。他在整頓兵馬的同時仔細分析了燕國的兵力情況，發現燕國並非像外表那樣強大：兵士沒有參加過特別重大的戰役，其將領多勇猛有餘而智慧不足；再加上燕軍長途跋涉，人困馬乏，戰鬥力勢必大打折扣。因此，廉頗決定利用燕軍氣盛而力弱的特點對燕軍各個擊破。

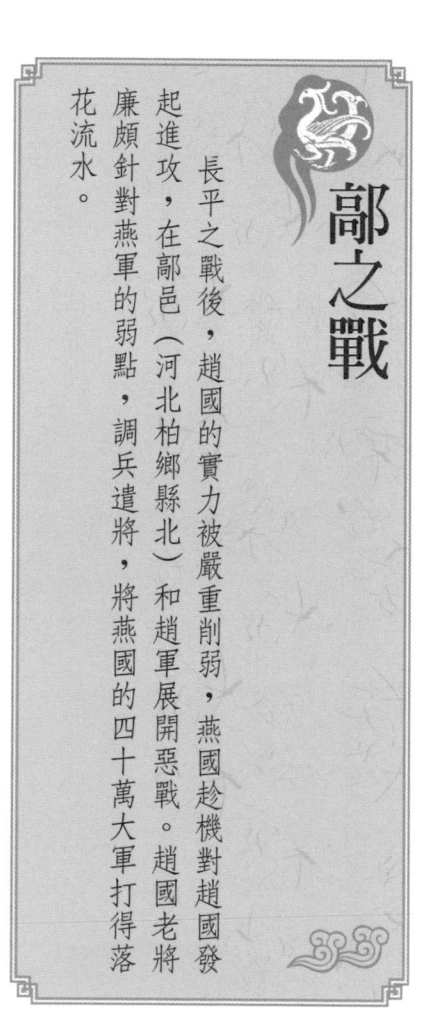

大戰邑

據《戰國策》記載，爲抗燕軍趙國共出兵十三萬人，其中八萬由廉頗率領直奔邑，五萬由樂乘率領奔赴代地。

當廉頗趕到邑時，栗復正帶著手下人馬攻打邑的城牆。廉頗沒有貿然襲擊燕軍，而是將軍中的老弱之兵和精銳力量區別開來，要老弱士兵站在隊伍前面，要精銳之師埋伏在邑附近的鐵山，使栗復誤以爲趙軍都是老弱病殘之輩。

栗覆沒有及時調整戰術，仍將重點放在攻打邑上，不知不覺便犯了輕敵大忌。就在栗復專心致志攻打邑之時，一支趙軍突然殺出衝亂了燕軍的陣腳。栗復大怒，親自上馬，試圖一舉殲滅這支趙軍。而令他高興的是，趙軍似乎比他想像的更要不堪一擊，他還沒怎麼發起攻勢，趙軍就開始落荒而逃。得意洋洋的栗復不知有詐，乘勝追擊，帶著燕軍主力死死咬住「潰逃」趙軍，一口氣便追出了六七里。

栗復毫無知覺地追到了趙軍的埋伏圈中，就在他準備予趙軍毀滅性打擊時，突然喊殺聲四起，趙軍從四面八方殺出。老將廉頗橫刀立馬，攔住了燕軍的退路，栗復才知中計，試圖殺出一條血路強行突圍，無奈其所率燕軍早已被趙軍的陣勢震懾，自亂陣腳。栗復只得率著一小隊殘兵趁亂向北逃去。豈料趙軍早就發現他的意圖，三兩下便追了過來，栗復抵擋不力，被趙軍殺死。

栗復死了，其手下的四十萬大軍便如無頭蒼蠅般四處亂撞，攻不知如何攻，退又不知向何處退。趙軍沒費多少力氣就大敗燕軍。燕王喜攻打邑的夢想至此幻滅。與此同時，樂乘那邊也進展順利，用區區五萬人大破卿秦的二十萬部隊，不僅成功解救了代地，還將燕將卿秦俘虜。

名將白頭

一場對趙國構成嚴重威脅的禍患就這樣被廉頗、樂乘解決了。爲了給燕王喜一個教訓，廉頗等人乘勝追擊，將燕國的都城薊（今北京西南）團團包圍，大有踏平燕都之勢。燕王喜驚駭無比，只能放低姿態，將五座城邑獻給趙國，請求趙國退兵。趙國收了燕國的城，便下令退軍。

廉頗成功地向趙孝成王顯示了自己的軍事才華。趙孝成王非常高興，遂封廉頗爲信平君、假相國。廉頗再一次步入事業的輝煌。在之後的六、七年裡，廉頗不止一次地爲趙國解除外患，宣揚國威。趙孝成王二十一年（西元前二四五年），他還率兵奪下了魏國的繁陽（今河南內黃縣西北），正是有了廉頗的幫助，趙國重又找回了身爲一個強國的感覺。

然而好景不長。同年，趙孝成王去世，其子趙悼襄王即位。趙悼襄王聽信讒言收回了廉頗的軍權，還讓樂乘頂替廉頗。廉頗不甘受辱，投奔了魏國。儘管後來廉頗又動了返回趙國的心，但出於種種原因終未能再爲趙國效力。趙悼襄王二年（西元前二四三年），廉頗去世，他死後不過十幾年，趙國就被秦國滅亡了。

呂不韋與《呂氏春秋》

春秋時期，范蠡輔佐越王勾踐成就霸業，而後辭官歸隱，泛舟五湖，憑藉才智賺得萬貫家財，留下了千古美名。時至戰國，又有呂不韋以奇貨可居的獨到眼光，輔佐兩代秦王，官拜丞相，權傾六國，再一次創造中國古代商人傳奇。

奇貨可居

呂不韋是一名成功的商人。他往來各國，以低價收購貨物，轉運他處以高價賣出，年紀輕輕就積攢下千金家財。有一天，他走在趙國邯鄲的街道上，突然看到迎面走過一位公子，衣物寒酸、面帶愁容。呂不韋喜歡結交權貴，不過古代商人地位不高，他很難認識什麼高官權臣。眼前的公子，雖然外表寒酸，但是氣質不凡，也許可以結交一番。於是，他急忙向人打聽這位公子究竟是何許人。

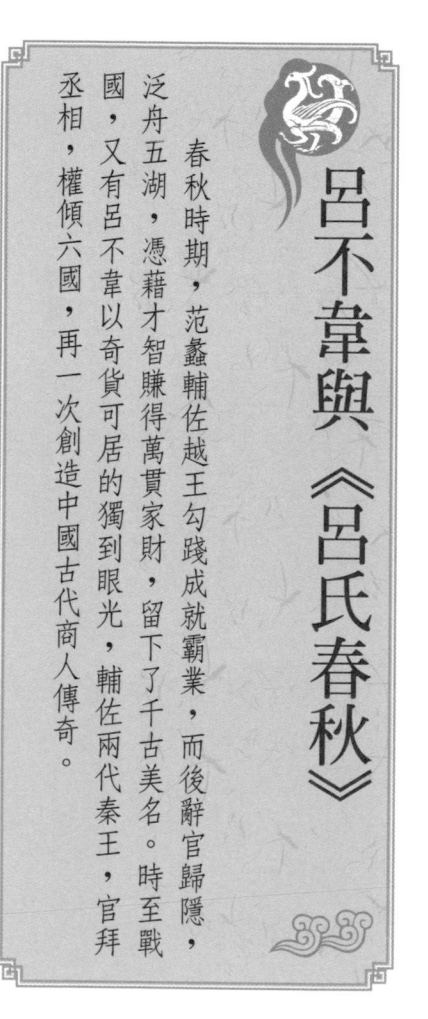

原來，這位公子名叫異人，是秦國太子安國君的兒子，在趙國當人質。秦國連年攻打趙國，趙王遷怒異人，使得他境況非常淒慘，日日愁容滿面。呂不韋瞭解到異人的情況之後，興奮地跑回家中，對他的父親說：「耕田可獲利十倍；販賣珠玉，可獲利百倍；然而，擁立一位國君，可獲利無數倍。秦國的公子異人在趙國做人質，生活窘困，這是一個絕好的機會！他就像一件奇異的貨物，以後一定會大大升值。」於是，呂不韋有意地接近異人，成爲了他的好朋友，甚至將自己的愛妾趙姬也送給了異人，異人對她異常寵愛。不久趙姬爲異人生下了一個孩子，就是後來的秦始皇。

一天，呂不韋對異人說：「秦王已經老了，你的父親安國君被立爲太子，不久就能繼承王位。你父親有二十多個兒子，就排行來說，你位於中間，就親疏來說，你長期在趙國做人質，更是沒辦法討你父親喜悅，與你的兄弟競爭。不過，我私下聽說安國君最寵愛的華陽夫人沒有兒子，你不妨多多親近她，像對待親生母親一樣孝順她，說不定，她能在安國君面前爲你說些好話，使你父親立你爲繼承人。」異人身爲王室貴族，又如何不希望有一天能夠登上王位，執掌大權。但是，看看自己目前處境，爭奪王位實在是天方夜譚。他回答呂不韋說：「你說得很對，可惜我客居在外，生活困窘，實在有心無力！」呂不韋說：「你是我的朋友，我呂不韋雖然不富有，但是也可以拿出千金爲你去秦國遊說，你就放心吧。」異人大爲感動，承諾等他登基之後分給呂不韋大片土地。

呂不韋準備了豐厚的禮物來到了秦國。他首先拜見了華陽夫人的姐姐，送給了她眾多貴重的禮物。透過她，藉異人的名號，又送給華陽夫人很多珍貴的禮物。華陽夫人的姐姐收了禮物，自然幫助異人說好話，她對華陽夫人說：「我們女人，年輕的時候可以靠美貌取悅丈夫，一旦年老色衰，丈夫的寵愛也就少了。現在太子寵愛妹妹，但是妹妹一直沒有兒子，如果太子去世了，你一個人無依無靠，多麼淒涼！不如趁現在從太子的兒子中找一個孝順的人，像親生兒子一樣對待他，扶植他成爲繼承人，即使太子死了，自己也有了依靠。我看異人很不錯，孝順懂事，又常常惦念你。他排行居中，生母早亡，沒有什麼希望成爲繼承人。如果你提拔他，他一定會記住你的恩情。」華陽夫人覺得姐姐的話有理，於是常常在太子面前稱讚異人。於是，安國君就立異人爲繼承人。

秦昭襄王在位五十六年（西元前二五一年）去世，第二年安國君繼位成爲秦王。加冕僅僅三天，安國君突然暴病身亡。兩年後，異人繼位成爲秦莊襄王，任呂不韋爲丞相，封文信侯，河南洛陽十萬戶爲其食邑。商人呂不韋的投資，一本萬利地得到了回報。

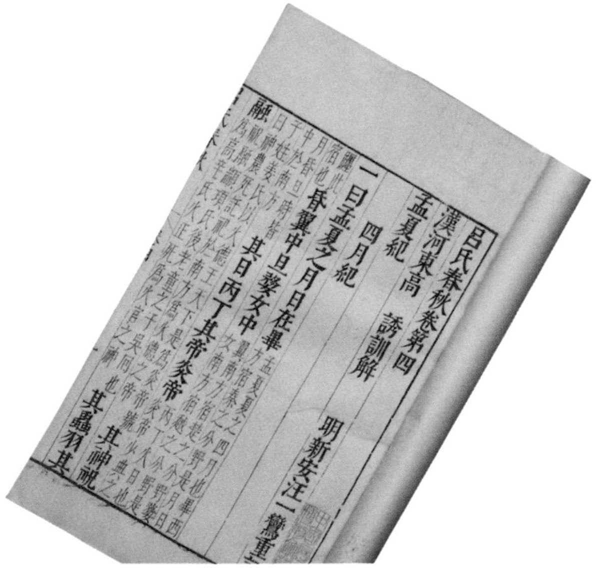
《呂氏春秋》書影

《呂氏春秋》

秦莊襄王在位三年（西元前二四七年）去世，十三歲的秦王嬴政繼承王位，趙姬成爲太后。嬴政是趙

姬的兒子，趙姬原本是呂不韋的愛妾，嬴政、趙姬、呂不韋關係複雜而曖昧，甚至有謠言說嬴政是呂不韋的私生子。嬴政成爲秦王之後，趙姬讓他尊呂不韋爲「仲父」。在古代，父親的次弟被稱爲「仲父」，其地位僅次於父親。呂不韋成了秦王的仲父，無異於當上了秦國的太上皇，一時之間權勢滔天。

當時，魏國的信陵君，楚國的春申君，趙國的平原君，齊國的孟嘗君，並稱戰國四公子，禮賢下士，結交賓客，名揚七國。於是，呂不韋也厚待賓客，吸納賢才，不久門下聚集了三千食客。

呂不韋特別羨慕一些才華橫溢的文人，著書立說，流傳百世。因此組織門下食客，計畫也編訂一本可以傳於後代的絕世著作。呂不韋令門下食客，凡擅長撰文者，皆把自己所聞、所見、所感、所思寫出來。然後，統一整理，由專人把重複的文章刪去，把精妙的文章選出，整理編訂成書。呂不韋非常關心這本著作，命令門人修改了幾遍。著作完成後，他非常得意，認爲這部書的內容包攬了天地、萬物、古今，前無古人，堪稱絕版，親自命名爲《呂氏春秋》。

爲了擴大《呂氏春秋》的影響，呂不韋打著追求精益求精的學術幌子，把書謄抄整齊，懸掛在咸陽城門，聲稱如果有誰能改動一字，即賞金千兩。消息傳開後，人們蜂擁前去閱讀觀看。但是，包括其他六國的游士賓客在內，沒有一個人能對書上文字加以改動。這就是「一字千金」成語的典故。

《呂氏春秋》分爲十二紀、八覽、六論，總共一百六十篇文章，二十餘萬字，內容五花八門，古往今來、上下四方、天地萬物、人事興廢、國家治亂、軍事用兵、士農工商等均有所提及。

呂相之死

秦王政九年（西元前二三八年），嬴政二十二歲，在秦國故都雍城舉行成人加冕儀式，嫪毐趁機發動叛亂。年輕的秦王果斷鎮壓了兵亂，車裂了嫪毐。呂不韋受嫪毐叛亂牽連，被秦王免去相國職位，趕回封地養老。嫪毐是什麼人？爲什麼他發動叛亂會牽累呂不韋呢？

秦王嬴政登基之後，呂不韋經常出入後宮與太后廝混，如果此事被秦王知道，一定會禍及自己。因此，他將一個名叫嫪毐的人拔掉鬍子眉毛，獻給太后。嫪毐身強力壯又能說會道，很快得到了太后的寵信。太后封他爲長信侯，把整個河西太原郡賞賜給了他。

嫪毐沒有什麼政治頭腦，卻自高自大，自稱自己爲秦王的「假父」，妄圖殺死嬴政，擁立自己與太后的私生子爲秦王，所以趁秦王舉行冠禮之機發動了叛亂。可是，嫪毐的軍隊才露面，就遭到了猛烈的攻擊。原來秦王早已洞悉先機，部署好了應對之策，快速平定了叛亂。因嫪毐乃呂不韋舉薦，因此呂不韋也受到牽連，卸職還鄉。

呂不韋回到封地洛陽，六國使者賓客不斷。六國君王素知呂不韋擁有治國才能，紛紛邀請他出山爲官。此事傳到了秦王耳中，他寫了一封極爲絕情的信送給呂不韋，說：「你有什麼功勞呢？秦國封你河南食邑十萬戶；你和秦王有什麼親緣呢？我要叫你仲父。你和你全家遷到蜀地去吧！」呂不韋讀了秦王的信後，就飲毒酒自殺了。

呂不韋一生追名逐利，謀求強權。到最後，利有了，權有了，名也有了。呂不韋不願放棄手中權力，終於招致殺身之禍，一世叱吒風雲，最後不得善終。

親父與仲父

秦始皇的身世一直是世人津津樂道的話題。《史記．呂不韋列傳》、《漢書》均認定其爲呂不韋偷龍轉鳳的私生子。可是，呂不韋把愛妾獻給異人十二個月後，趙姬才生下嬴政。而且在此之前，趙姬已經知道自己身懷有孕。一般有孕一兩個月之後，才可能被發覺。所以，如果趙姬懷的是呂不韋的孩子，則至少懷胎十三個月才生下孩子，不符合人類的生育規律。因此，有人反對嬴政是呂不韋私生子的說法。事實究竟如何，人們爭吵了千年也沒有最後的定論，也許永遠都是一個謎。

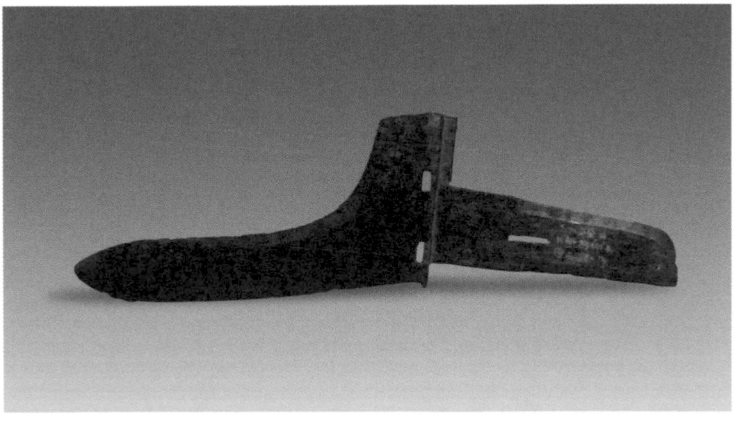

戰國．八年呂不韋戈

戰國時期秦國丞相呂不韋所製銅戈，戈上之紀年當屬秦王政時期。

法家韓非

韓非，是戰國時期韓國的貴族，喜刑名法術之學，後世稱他為韓非子。韓非繼承和總結了戰國時期法家的思想和實踐，提出了君主專制中央集權的理論。秦始皇統一中國後採取的許多政治措施，就是韓非理論的應用和發展。

悲劇的人生

周赧王三十五年（西元前二八〇年），韓非出生在韓國貴族的家中。在當時，秦國實力愈發強大，六國國力愈發弱小，而韓國偏偏是那個最爲弱小的國家。韓非的出生不能不說生不逢時。

幾乎從一開始，國家的命運就牢牢牽絆著韓非的心。他抱著一腔救國之志向大名鼎鼎的儒家學者荀子刻苦學習，期待著有一天能以所學救國於危亡，輔佐國君振興霸業。遺憾的是，儘管韓非出色地完成了學業，並形成了一套獨到的治國思想，但是他的救國之路卻充滿坎坷。他天生口吃，直面君王之時，侃侃而談對他而言宛若登天。偏偏在戰國那樣一個堪稱辯論家的舞台的特殊年代，優越的口才幾乎是謀臣賢士必備的技能。

韓非沒有辦法憑藉三寸之舌博取君王的歡心，也沒有辦法憑藉三寸之舌說服君王抉擇大事。他能做的只是把自己的思想寫成文章，恭恭敬敬地呈給君王。可惜辛苦鑄就的文字終究敵不過滔滔不絕的口舌之言，韓非的見解遲遲沒有被韓王採納。韓非無奈，只好按捺住一腔報國之情，閉門著書，做一個學者。

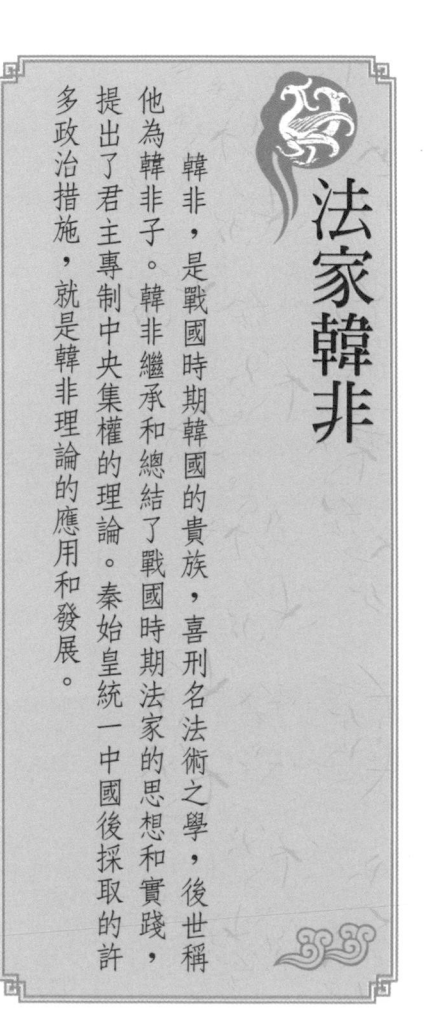

韓非的才華得不到本國君主的賞識，卻引起了秦國的注意。韓非的文章流傳到秦國，被秦王見到。秦王驚歎不已，恨不得立即將韓非招致麾下，他激動地對左右說：「若能見此人，和他交往，死而無恨。」而爲了得到韓非，秦國竟不惜舉兵攻打韓國，逼迫韓王將韓非交出，讓韓非以韓國使者的身分前往秦國。

身在有「虎狼」之稱的秦國，韓非不免身不由己。好在秦王毫不掩飾對韓非的賞識，悉心學習韓非的治國之道，並將其運用到實際政事之中。而對韓非而言，自己的心血成爲強大敵國的重要武器，不能不說是一種諷刺。身在異鄉為異客，更何況是在權力鬥爭詭詐血腥的秦國官場。即使韓非為秦國做出再大貢獻，也始終無法改變他韓國貴族的出身。正是因此，秦王敬重他，又不放心重用他。再加上秦相李斯又不失時機地排擠韓非，對秦王進言：「韓非是韓國的貴族，心裡一定顧念韓國，把他一直留在秦國是一個禍害，把他放回本國也對我們不利，不如乾脆殺掉他。」於是，一生坎坷的韓非最後竟不明不白地客死他鄉。

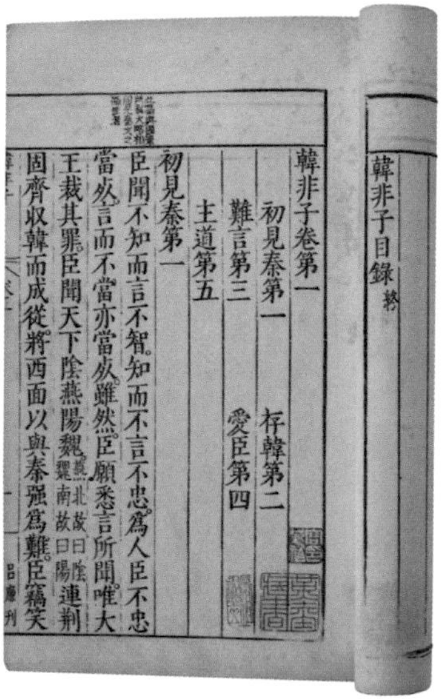
韓非子目錄 終
韓非子卷第一
初見秦第一 存韓第二
難言第三 愛臣第四
主道第五
初見秦第一
臣聞不知而言不智知而不言不忠為人臣不忠當死言而不當亦當死雖然臣願悉言所聞唯大王裁其罪臣聞天下陰燕陽魏連荊固齊收韓而成從將西面以與秦強為難臣竊笑

《韓非子》書影

學說與影響

韓非是法家學說的集大成者，在他之前，法家分為三派，第一派以慎到為首，看重「勢」，認為在國家治理過程中權力與威勢最為重要。第二派以申不害為首，強調「術」，認為政治權術對於國君最為重要。第三派以商鞅為首，立足「法」，認為法律與規章制度才是國家興盛的根本。

就律法來說，韓非主張「以刑止刑」，強調用嚴刑、重罰控制人民，使人民不敢違背法律，使社會得到穩定。就權術來說，韓非主張「術以知奸」。不僅強調君王要善於使用權術，而且建議君王不要與臣子過於親密。就權勢來說，韓非強調權勢是權術和法律的保證。沒有權勢，權術和法律將失去效力和作用；不善於利用權術和法律，政權也不會穩定。

韓非的學說非常具有實用價值，對戰國後期的秦國和此後統一的秦王朝都產生了重大的影響。秦王和李斯雖然殺死了韓非，他們卻堅定地實施著韓非的各種政治主張。例如，秦王朝統一初期，很多人認為應該效仿商周，分封天下。但是，依據韓非的法家思想，權力應該集中，政治制度應該隨著實際情況改變。因此，秦始皇下達了設置郡縣的命令，甚至坑殺了反對此事的文學方術士。又例如，韓非的死其實也正暗合法家的思想。就秦王來說，韓非身為韓國宗親難以利誘，放他回國又怕被韓王重用，應該殺之。就李斯來說，韓非才華出眾，可能取代自己地位，應該殺之。全然沒有把知遇之恩和同窗之誼（李斯也曾跟著荀子學習）考慮之中，正是立足於「性惡論」與利害關係的典型思維方式。

武安君李牧

趙國地處太行山附近，北有匈奴，西臨強秦，東接燕齊，南靠韓魏，是兵家必爭之地，自立國起即戰爭不斷。頻繁的戰爭沒有使趙國衰弱，反而造就了趙人彪悍的作風、驍勇的氣質，使趙國成為戰國時期僅次於秦國的強大國家，軍事實力居東方六國首位。秦趙抗衡近百年，期間名將輩出，雙方互有勝負，勢均力敵。那麼，為什麼在秦始皇統一六國的戰爭中，趙國第一個被消滅？趙國的名將哪裡去了？

擊敗匈奴

匈奴是戰國時期北方各國的共同敵人，更是趙國的心腹大患。爲了對抗匈奴，趙武靈王曾經進行了一系列軍事改革，下令推行「胡服騎射」。在他的帶領下，趙國軍事力量逐漸強大，大敗匈奴部落。但是，到了趙惠文王、趙孝成王統治時期，匈奴又漸漸地恢復強大，不斷騷擾趙國北部邊境，搶掠人口和財物，讓趙國北方百姓苦不堪言。趙國一直苦於沒有良策對付匈奴，直到有一天，一位名叫李牧的將軍來到了北疆，情況才發生變化。

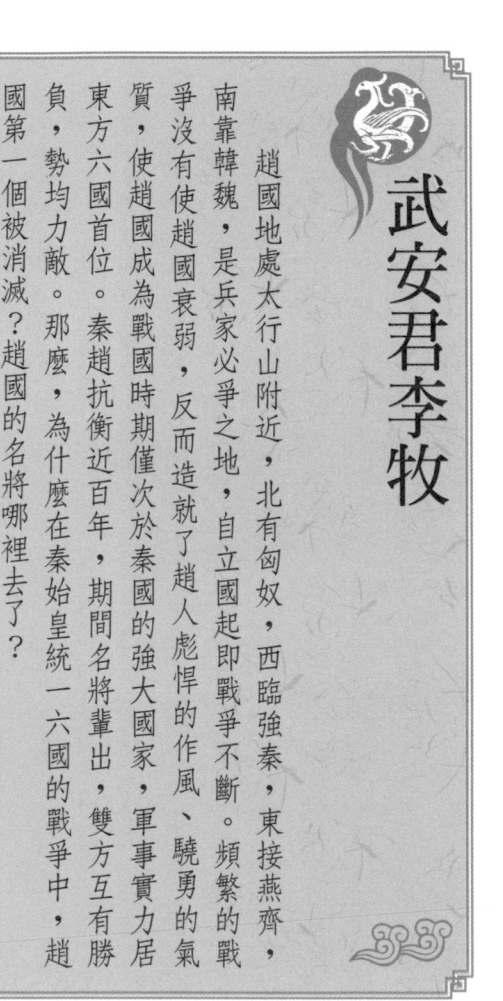

李牧是一個用智慧用兵的軍人。他知道匈奴對占領土地並不那麼在意，其進攻趙國的主要目的在於掠奪財物，便根據這一情況制定了一個堅壁清野的「烏龜策略」。依託北方的長城和烽火台，李牧建立了一個完善的情報預警系統，每當匈奴進攻，遠遠地就可以提前發現。而後命令士兵迅速地把所有物資都藏到城堡之中，使得匈奴每次長途跋涉地趕過來，都空手而回。

這樣過了幾年，趙王開始不滿意李牧不溫不火的對敵策略。在趙王看來，李牧每次都是敵進我退、龜縮防守，實在過於膽小怕事，還很有投降敵軍的可能。於是，趙王把李牧召回，派遣另外一名將領對抗匈奴。這名接替李牧的將領，昏庸無能，每次匈奴入侵，都積極迎敵。但是，匈奴全軍都是騎兵，趙軍大多爲步兵，兩條腿的士兵如何追趕得上四條腿的戰馬，與匈奴打機動戰，趙軍只能自討苦吃。幾次下來，不但沒有擊退匈奴，反而損失了大量的財物和軍隊，不得已，趙王只得再次派遣李牧駐守邊疆。李牧回到邊疆，依然如故，再次縮進城堡，積極防禦。

這樣又過了幾年，匈奴騎兵疲於奔波，趙國士兵卻躲在城牆後面吃肉練兵，雙方實力對比逐漸發生了變化。於是，聰明的李牧將軍又制定了一個引蛇出洞的計畫。趙悼襄王元年（西元前二四四年），他精選了十五萬大軍，嚴格訓練。而後讓百姓在山野間放牧牲畜，引誘匈奴。匈奴搶掠各國幾百年，同樣有著豐富的強盜經驗。所以，匈奴王首先派遣了一小股的部隊出戰，打算試探一下趙軍，不想這一小股的部隊不但打敗了趙國不少的軍隊，而且搶回來眾多的牛羊和百姓。回想這幾年，每一次與李牧交戰，李牧都是縮頭烏龜一樣躲在城堡裡。匈奴王疑心盡去，率領大軍入侵趙國，準備大肆搶掠一番。沒有想到，李牧早已經布下了天羅地網。匈奴王剛剛抵達趙國城下，李牧就給他來了個包抄戰術，趙軍戰車陣正面迎敵，精銳步兵居中阻擊，弓弩兵遠程射殺，精銳騎兵兩翼包抄，多兵種配合作戰，進退有序。不久匈奴軍隊就全面崩潰，十萬大軍幾乎全軍覆沒。李牧趁勢一鼓作氣，又消滅了匈奴的眾多屬國，迫使匈奴王遠逃北方，十幾年不敢接近趙國邊境。

屢退強秦

戰國時期，各國戰爭不斷，良將輩出，其中最著名的有四大名將，即秦國的白起和王翦，趙國的廉頗和李牧，秦趙兩國各占兩席。秦趙也是當時軍事實力最不容小覷的兩個國家，他們相互對峙，爭戰頻繁。秦王政十三年（趙王遷二年，西元前二三四年），秦國大將桓齮進軍趙國，攻取平陽、武城，殺敵十萬。桓齮又乘勝攻占赤麗、宜安，直接威脅趙國後方，形勢萬分危急。有誰可以領兵抵擋強大的秦軍呢？趙王愁容滿面苦苦思索。突然，他想到了神奇抗擊匈奴的李牧將軍。於是，趙王急忙從邊關調回李牧，任命他爲大將軍，全面指揮趙軍抵抗秦軍。

李牧臨危受命，但是沒有倉促迎戰。他安排軍隊在宜安附近與秦軍對峙，然後像對抗匈奴一樣，再次修築城壘、堅守不出。這一招「堅壘」戰術，彷彿是趙國的傳統，當年廉頗就曾經以此對抗秦國軍隊。桓齮吸取當年秦軍久戰不利的教訓，決定不正面對抗趙軍的營壘，計畫對趙軍來一次圍點打援，領兵進攻趙國肥下，引誘趙軍救援。但是，李牧冷靜地看破了秦軍的陰謀，順勢上演了一場「圍魏救趙」的好戲。他乘秦軍主力不在大營的機會，偷襲秦軍軍營，俘獲了所

戰國．黃玉鏤空龍形佩

這個玉珮具有明顯的北方騎馬民族特徵，是匈奴遺物中最有代表性的藝術珍品。

有留守秦軍和大批糧草輜重。桓齮急忙領兵回救，反而被李牧包圍，十萬秦軍全數殲滅。李牧拯救趙國於危難之中，大敗秦軍，趙王大爲興奮，對手下臣子說：「李牧眞是我的白起啊。」白起是秦國名將，戰無不勝，素有戰神之稱，被秦王封爲武安君。於是，趙王也冊封李牧爲武安君，李牧威名震動七國。

秦王政十五年（趙王遷四年，西元前二三二年），秦軍兵分南北兩路，再次進攻趙國，趙王同樣派遣李牧迎敵。李牧制定了集中優勢兵力各個擊破的策略。首先，部署一部分兵力依託漳水和趙長城死死拖住南路秦軍，自己則率領主力部隊痛擊北路秦軍。大敗北路秦軍之後，李牧馬上引兵向南，會合留守的趙軍進攻南路秦軍。南路秦軍得知了北路失利的消息，根本無心戀戰，隨即退走秦國。李牧再一次打敗秦國軍隊，保衛了趙國。只是這時候的趙國，國內災禍連年，國外又與燕國紛爭不斷，難以支撐李牧反攻秦國。秦軍雖然戰敗，卻並沒有受到嚴重的創傷。

李牧之死

秦王政十八年（趙王遷七年，西元前二二九年），李牧再次來到西面抗秦前線，這次他抱著爲國捐軀的必死決心。趙國連年遭遇饑荒和戰爭，國家已經虛弱不堪，秦國這時趁火打劫，派遣大將王翦率領數十萬大軍浩浩蕩蕩再次入侵趙國。如果李牧遏制不住秦軍的腳步，抵擋不住秦軍的進攻，趙國可能就要徹底亡國。所以，即使面對同樣戰功赫赫的秦國名將，李牧也只能勝利，不能失敗。

李牧、王翦同爲戰國名將，同樣名震七國，在這場宿命的戰爭中，究竟誰可以取得最後的勝利，沒有人知道。他們率軍對峙了近一年，都很克制地沒有進行大規模的會戰。李牧知道，手中的士兵已經是趙國最後的兵力，不能輕易損失。王翦也知道，秦王的目標是消滅六國、統一天下，秦軍士兵同樣不能輕易消耗。秦趙兩國擁有同樣的優秀將領，擁有同樣善戰的驍勇士兵，可惜秦王和趙王不是一樣的英明決斷。秦趙戰爭的僵局，被後方的變動打破了。

前方秦趙交戰，事關國家存亡，趙王異常地關心各種軍事信息。有一天，趙王的近臣郭開悄悄對他說，李牧八成想要造反叛變，投靠秦國。不然，憑藉李牧大敗匈奴的軍事才能，爲什麼戰爭打了這麼久還沒有結果。糊塗的趙王聽信了這個收受秦國重金賄賂的奸臣的謠言，立即下令召回李牧。

詔書到了軍營，李牧啞口無言，只回答了趙王一句話：將在外，君命有所不受。李牧知道違抗趙王命令代表著什麼，但是他不能不這樣做。李牧知道，趙國的將領中，只有自己可以匹敵王翦這位秦國大將。如果李牧離開戰場，趙軍也就戰敗了，趙國也就覆滅了。

但是，無能的趙王看不到李牧看到的東西。他只爲李牧違抗自己的命令而震怒，只爲李牧拒絕交出兵權而擔心。於是，悄悄地派出了心腹殺手，暗中殺害了李牧。李牧死後三個月，趙國滅亡。

不得善終的武安君

「武安」指以武功治世，以威信安邦的國家良才。戰國時期，有許多人被封為「武安君」，例如，縱橫家蘇秦，楚國將軍項燕。不過，最出名的武安君還要數秦國的白起和趙國的李牧。

巧合的是，這兩位戰國名將，都沒有得到善終，死得極其冤枉。白起號稱一代殺神，戰無不勝，幾十年間為秦國殺死了一百六十多萬的六國軍隊。可惜功高震主，無故被秦王賜死。李牧外抵匈奴、內拒強秦，戰功赫赫。可是趙王聽信謠言，竟然暗中殺害了他。一代忠臣良將，沒有戰死沙場，反而死在自己國君手中。

荊軻刺秦

戰國是一段複雜的年代，在這幾百年間，爆發了無數的殘酷戰爭，造就了無數的詭辯之士，催生了無數的陰謀詭計，也出現了眾多慷慨激昂的悲壯志士。荊軻無疑是這些悲壯人物中，最為人熟知的一個。他明知不可為而為之，為整個戰國歷史描上了蒼涼的一筆。

謀劃

太子丹是燕國王位的繼承人，素有強國壯志，但是戰國末期的燕國太弱小了，所以太子丹只能以人質的身分被扣留在秦國。秦王政十六年（西元前二三一年），秦國發動了統一天下的戰爭，第二年就滅掉了韓國。第三年，秦國又滅掉了趙國。至此，整個中原地區，秦國再無敵手。此時，

太子丹冒著生命危險逃出了秦國。

太子丹回到燕國後，與臣子商議對抗秦國的辦法，有人提議：應該與周圍的國家結盟，聯絡齊、楚兩國，合力對抗秦國。但是，經營這個計畫實在需要很長時間。強大的秦國不是一天成長起來的，正面打敗強大的秦國也不是一天可以實現的。秦軍的鐵蹄馬上就要到了，聯合抗秦為時已晚。於是，太子丹打算刺殺秦王。

太子丹派人找來了田光，商議刺秦計畫。田光學識淵博、智勇雙全，常常行俠仗義，卻一直不肯做官。戰國時期，人們稱田光這樣的人為「處士」，指他們善於自處，不求聞達於諸侯。這些處士很多具有另類的才華，擅長用特別手段幫助君王解決難題。太子丹寄厚望於田光，希望他能擔當刺秦大任。但是，此時田光年事已高，所以他向太子丹舉薦了另外一個人——荊軻。

太子丹多疑寡斷。他不放心田光，當田光離去的時候，一再地叮囑他說：「我們剛剛所講的事情關乎國家存亡，還請先生保守祕密。」這句叮嚀顯示出太子丹的不信任，也傷害了這位老俠客的自尊。因此，田光回家便自盡了。

荊軻

荊軻是戰國末期衛國人，喜好讀

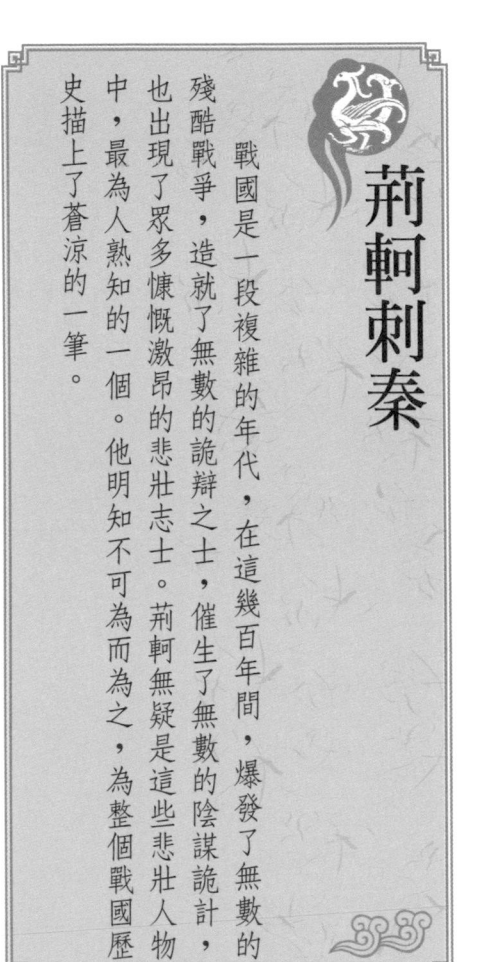

書擊劍。擊劍使荊軻成爲一名慷慨的俠士，讀書使這名俠士充滿智慧和氣度。抓起刀劍，憑藉血氣方剛拚命砍殺，很多人都可以做到。但是，克制心性，在適當的時候拔劍，卻不是人人都能做到。

有一次，荊軻與劍客蓋聶比劍，蓋聶怒目瞪視荊軻，荊軻就轉身離開了。又有一次，荊軻與魯句踐比劍，魯句踐憤怒地呵斥荊軻，荊軻也默然離去了。荊軻不是膽小，也不是逃避。蓋聶與魯句踐需要借助目光和聲音，藉膽殺，與荊軻相比有著境界和層次上的差距。在荊軻看來，血氣之爭，輸贏都沒有什麼意義。

荊軻可以控制住自己的情緒，不會頭腦衝動的隨意與別人拔劍相向，也不會被花言巧語與金銀財物所打動，隨意供人差遣。荊軻面見太子丹，不是爲了追求權勢、地位和財富。田光對荊軻有知遇之恩，也是荊軻的朋友。荊軻是因爲恩人與朋友的託付才答應跟太子丹見面。

太子丹發現荊軻的與眾不同，在他看來也許荊軻的武藝不是燕國最高超的，但是不動聲色的內斂氣質卻使荊軻成爲刺殺秦王的最佳人選。於是，太子丹尊奉荊軻爲上卿，讓他住進最好的居所，供給他最貴重的飲食。不僅如此，太子丹還傾盡所能，使出一些非常手段來表達自己的誠意和堅決。就像有一次，荊軻與太子丹同游東宮池，荊軻隨手撿起路邊的瓦片投擊池中烏龜，太子丹馬上讓人端來一盤金丸，讓荊軻用金丸投射烏龜。

又一次，荊軻與太子丹共乘千里馬。荊軻隨口說了一句「千里馬的肝美」，太子丹立即讓人殺馬取肝送給了荊軻。還有一次，荊軻與太子丹共同於華陽台飲酒作樂，有美人彈琴，皓腕如雪。荊軻不由得稱讚道「好美的手啊」，太子丹隨即讓人斬斷美人雙手，用玉盤盛上，送給荊軻。

一擲千金固然難得，但是殺馬取

河北易縣荊軻塔前的荊軻雕像

肝、斬手送人更得顯決絕。荊軻終於折服於太子丹的另類手段之下，願意捨棄性命替他刺殺秦王。

壯士一去不復返

秦王嬴政曾經以人質的身分長期生活在異國他鄉，所以性格多疑、心思狠毒。雖然太子丹找到了合適的殺手，但是接近秦王並不是一件容易的事情。於是，荊軻私下拜訪了樊於期。

樊於期是秦國大將，因爲得罪了秦王，父母親族全都被秦王處死了。他懷著血海深仇獨自逃到了燕國，千方百計想要報仇雪恨。所以，荊軻找到他。

荊軻說出自己刺秦的計畫：樊於期是秦王追緝的死囚，荊軻只要能替秦王處死這個眼中釘，秦王定然非常高興，會召他入宮，到時候用事先藏好的匕首刺殺秦王，一定會成功，這也算爲樊於期報仇雪恨了。

樊於期聽了荊軻的話，當即明白自己該做什麼，毅然拔出匕首自刎。太子丹和荊軻把樊於期的首級割下裝到匣子裡密封好，然後又找來了天下最鋒利的匕首，讓人塗上見血封喉的毒藥。準備好首級與匕首後，荊軻並沒有立刻出發，他在等一個人，可以當他助手的人。可是，過了一段時日，這個人始終沒有來。這時，一方面秦國軍隊節節勝利，軍情緊張；另外一方面，生性多疑的太子丹又怕荊軻反悔。於是，太子丹爲荊軻安排了一個助手，並催促荊軻快些啓程上路。

這個助手叫做秦武陽，十三歲的時候就敢殺人，別人都不敢正面看他。太子丹故意刺激荊軻說：「時間緊迫，荊卿還沒有動身的打算嗎？如果沒有，請允許我派遣秦武陽先行。」荊軻惱怒太子丹的多疑，但是想起太子丹爲他做的一切，也就順從了他的安排，起程上路了。

太子丹與他的賓客都知道，即使荊軻刺殺秦王成功，也必定難以逃出秦王宮。所以，他們都穿著白衣、戴著白帽爲荊軻送行。眾人來到易水岸邊，高漸離擊築，荊軻和著節拍一邊走一邊高唱：「風蕭蕭兮易水寒，壯士一去兮不復還！」聲調蒼涼淒婉，送行之人無不流淚哭泣。

刺秦

荊軻等人到了秦國，首先拿貴重的禮物賄賂了秦王的寵臣蒙嘉。蒙嘉對秦王說：「燕王實在害怕大王的威勢，不敢發動軍隊抵抗大王，所以願意歸順秦國，像秦國的郡縣一樣交納貢品和賦稅。燕王不敢親自前來述說，爲了表示誠意，特意斬下樊於期的頭，並且獻出燕國督亢的地圖，裝在匣子裡封好，派遣使臣前來向大王稟告。」秦王聽說可以不費一兵一卒即取得燕國土地，大爲高興，第二天便穿上禮服，在咸陽王宮接見荊軻等人。

荊軻捧著裝樊於期頭的匣子，秦武陽捧著裝地圖的匣子，一同走向秦王。秦武陽只是憑藉一時血氣好勇鬥狠，看見豎立兩邊的秦國驍勇武士，頓時失了膽氣，臉色蒼白、雙腿發抖。面對王宮眾臣的懷疑目光，荊軻急忙解釋說秦武陽是因爲沒見過君王，所以十分害怕。

秦王很滿意荊軻暗含奉承的解釋，允許他近前獻上地圖。那時的地圖是圈在一起的一個長軸，需要慢慢展開。荊軻慢慢打開地圖，等地圖展到盡頭，抓起藏在地圖中的匕首即刺向秦王。可惜，這時的秦王正當壯年，身體強健、反應機敏，很快就逃開了。

一時之間，王宮一片混亂。荊軻拿著匕首不停追趕秦王，秦王繞著柱子拚命逃跑。按照秦國的法律制度，陪侍在大殿上的臣子不能攜帶任何武器；整個王宮大堂只有秦王佩帶寶劍。秦王寶劍太長一時之間拔不出來，左右的人就喊道：「大王把劍推到背後拔！」於是，秦王隨後拔出寶劍迎戰荊軻，砍斷了荊軻的左腿。荊軻知道任務無法完成了，便靠在柱子上狂笑不止，隨即被蜂擁而上的士兵刺死了。

悠悠千載，荊軻刺秦王的年代已經遠去，但直到今天，荊軻精神還依然流傳。

太子丹之死

荊軻差點成功地刺殺秦王。秦王大怒，派遣大將王翦率軍討伐燕國，大破燕軍，占領燕國都城。燕王喜、太子丹倉促逃往遼東。秦王恨透了太子丹這個刺秦行動的幕後策劃者，因此秦軍緊追太子丹不放。太子丹機敏地藏身到衍水之中，躲過了秦國的軍隊。沒想到，當他與燕王喜三合之後，燕王為了平息秦王怒火，砍下了太子丹的頭，獻給秦王。太子丹最後死在自己父親刀下，頭顱成為父親取悅敵人的工具。

荊軻刺秦王

隨著荊軻圖窮匕見這一行刺活動的展開，秦始皇掃滅六國的大戲也終於開幕了。

武尉君王翦

戰國時期，諸國攻伐頻繁，相互爭鬥了幾百年，數以千萬計的士兵戰死沙場，脫穎而出的絕世名將僅僅寥寥數位，其中得以善終的更是屈指可數。戰國四大名將廉頗、李牧、白起、王翦，只有武尉君王翦終老故里。

赫赫戰功

戰國百年，爭鬥不斷，產生了不少著名的將軍。他們軍事能力異常出眾，往往可以成爲絕世名將，戰國四大名將廉頗、李牧、白起、王翦都是如此。但是，這些絕世名將，雖然戰功赫赫，卻不擅長與君王打交道，處理朝堂權力紛爭，所以往往不得善終。

廉頗客死他鄉，抑鬱而終；李牧報國無門，暗中被害；白起功高震主，終被賜死。只有王翦，安享晚年以終。其實，王翦得以善終，並不是偶然。

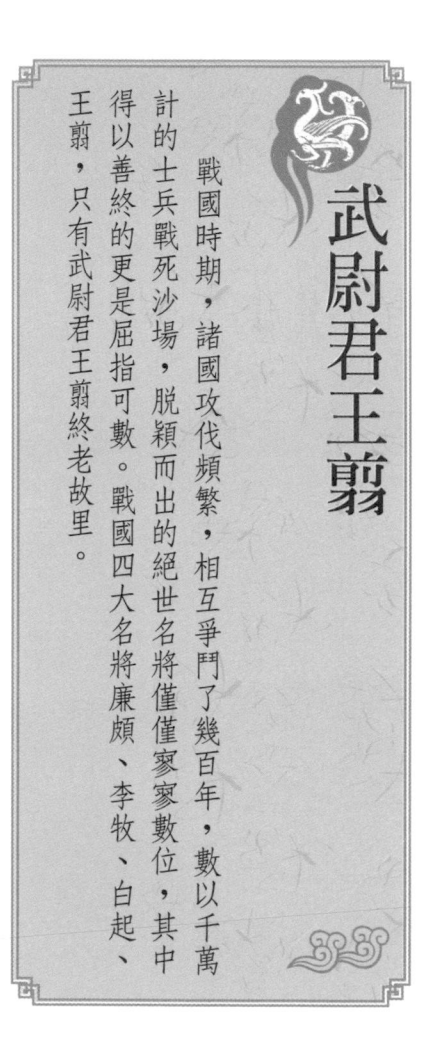

王翦是頻陽東鄉（今陝西富平東北）人，自幼習練武藝、閱讀兵書，立志領軍報國。王翦成爲將軍之時，恰逢秦國統一六國的戰爭爆發。王翦追隨秦王征戰，爲秦國統一天下立下了汗馬功勞。

燕王喜十九年（秦王政十一年，西元前二三六年），趙國與燕國交戰，秦王派遣王翦領兵趁機進攻趙國，王翦不負眾望連拔九城，嚴重削弱了趙國的實力，爲後來徹底打敗強敵奠定了基礎。燕王喜二十六年（秦王政十八年，西元前二二九年），秦國再次派遣王翦帶兵進攻趙國，秦趙兩軍對峙近一年，秦軍終於攻占趙都邯鄲，俘獲趙王，徹底滅亡了趙國。燕王喜二十八年（秦王政二十年，西元前二二七年），荊軻受燕國太子丹委託刺殺秦王，行動失敗，秦王大怒，派遣王翦率領大軍討伐燕國。王翦在易水西邊大敗燕軍主力，攻破燕國都城，迫使燕王遠逃遼東。秦王政二十三年（楚王負芻四年，西元前二二四年），王翦率領六十萬秦軍進攻楚國，擊垮楚軍主力，殺死楚軍統帥，占領都城壽春，俘獲楚王，滅亡了楚國。這些赫赫戰功是王翦一世富貴的根基，使他一舉成爲戰國名將，深受秦王倚重。

老成持重

就所立軍功來說，王翦不比白起、廉頗、李牧相差分毫。但是人們經常津津樂道白起坑殺四十五萬趙軍的決絕，廉頗負荊請罪的眞誠率直，李牧大敗匈奴的聰明智慧，而不知道王翦有什麼著名事跡。

的確，與其他幾位戰國名將相比，王翦少了幾分傳奇色彩。不過，這並不意味著他能力不足。一方面，王翦沒有遇到締造傳奇事跡的機遇，另外一方面，老成持重的性格也使他難以碰到出人意料的事情。王翦從來不打無把握之仗，每次領軍出征，都做好充分準備，小心預防各種意外發生。所以，他沒有什麼以弱勝強的經典戰例，雖然戰功赫赫，但是總是使人感覺理所當然。

秦王政二十二年（魏王假三年，西元前二二五年），秦軍攻破魏國都城大梁，魏國滅亡。至此，中國北方已經掌握在秦國的手中。秦國統一天下的戰爭取得了第一階段的全面勝利。但是，接下來的戰爭並不輕鬆，秦國需要戰勝強大的楚國。

楚國疆域遼闊，物產豐富，軍隊號稱百萬。秦王召集群臣商議進攻楚國的事宜。他詢問手下的將軍，需要多少軍馬可以擊敗楚國？老將王翦回答說：「一定需要六十萬的軍隊。」六十萬是秦國軍隊的總數，秦王聽出了王翦的意思：秦國必須舉全國之力，才能消滅強大的楚國。但是，秦王如何放心把全國的軍隊都派往國外打仗？所以猶豫不決，又詢問其他的將領。這時候，年輕的將軍李信回答說：「我只需要二十萬的軍隊就可以消滅楚國。」秦王看著自信的小將，不由自主地想：王翦是不是已經老了，所以過於保守了。於是，決定派遣李信率領二十萬軍隊進攻楚國。

李信何許人也？原來，前幾年與燕國交戰的時候，李信率領僅僅數千人的軍隊，一路追趕燕王直到遼東，燕王被逼無奈，殺死了自己的兒子太子丹，也就是荊軻刺殺秦王的主謀，把頭顱獻給了李信。李信帶著太子丹的人頭回到了秦國，秦王大爲歡喜，對他寵信有加。眾臣也認爲李信的經

戰國．宴樂銅壺

戰國時期嵌錯賞功宴樂銅壺上的水陸攻戰文飾，從中可以看出戰國時兵戰的陣勢。

歷實屬傳奇，把他當做朝中新一代的將星。也許，滿朝文武只有王翦瞭解事實的眞相。燕王膽氣已喪，任何一個武將帶兵數千都可以創造如此奇跡。但是，王翦沒有拂逆秦王的決定，他平靜地請求歸鄉養老，以無言的方式表達自己的不滿。

秦王政二十三年（西元前二二四年），李信率領大軍進攻楚國，一路過關斬將。就在他意得志滿的時候，楚軍突然殺到，秦軍大敗，被楚軍追殺三天三夜，倉皇逃回秦國。秦王這時才眞切認識到王翦的老成持重對於國家多麼重要。

重披戰袍

秦王聽信了年輕將領的大話，氣走了王翦，結果打了敗仗。只好親自來到王翦的故鄉，請求老將軍重新披掛上陣。王翦是一名職業軍人，爲國殺敵本來就是自己的義務，而且打敗楚國建立絕世功勳一直也是他的夙願。但是，這時候，王翦卻一反常態，矯揉造作起來。王翦仍然要求秦王允許他率領六十萬的軍隊攻伐楚國。秦王瞭解王翦愼重的性格，答應了他。啓程進攻楚國之前，秦王親自送別王翦，王翦又要求秦王多多賞賜給他土地和金銀。老將軍的舉動令很多人迷惑不解。如果戰爭打勝了，秦王一定會重重地賞賜王翦；如果戰爭打敗了，現在賞賜的東西也會被收回來，爲什麼王翦會不清楚這麼簡單的道理呢？

秦王政二十三年（西元前二二四年），帶著眾人的迷惑，王翦踏上了征途。楚國君臣聽說秦國名將王翦率領了六十萬大軍進攻楚國，急忙調集大軍來到前線，認眞做好迎戰準備。但是，令楚國君臣迷惑的是，王翦到達前線立即修築堡壘，謹愼防守，毫無心思發動進攻。楚軍提防秦軍有詐，日日小心戒備。但是一天過去了，一個月過去了，一年過去了，秦軍仍然沒有進攻楚軍。楚國將軍派遣探子深入秦營，結果發現王翦天天帶領士兵投擲石頭、遊戲跳遠，而且有消息傳出王翦五次要求秦王封賞土地金銀。

於是，楚國君臣認爲王翦擁兵自重，要挾秦王，根本無心攻楚，楚國軍隊可以先從邊境撤退下來了。實際上，楚軍的確已經難以堅守陣線。一年來，楚軍進攻秦軍，秦軍每次均避戰不出；強攻六十萬秦軍，楚軍實力又不夠；並且，爲了防止秦軍使用詭計，楚軍時刻保持著緊張。楚軍已經疲憊不堪，楚軍統帥不得不引兵東歸。就在楚國撤兵之時，王翦忽然率領精銳突襲楚軍，抓住機會一舉擊潰楚軍，殺死楚國領軍大將。隨後，秦軍勢如破竹，攻占楚國都城，俘虜楚王負芻，徹底滅亡楚國。

戰國四大名將，各具特色。廉頗忠勇兼備，擅長防守和以弱勝強；李牧用兵靈活，擅長多兵種配合，把戰國時代的戰爭藝術推到了極致；白起作風凶悍，擅長殲滅戰，素有殺神威名。相比之下，王翦老成持重，用兵特色極其隱祕。他非常善於把握敵軍士兵、將領和君王的心理情況，因勢利導，用最小的代價換取最大的勝利。王翦領兵攻打趙國，看到李牧防禦嚴密，立即建議秦王使用反間計，使秦軍沒有消耗多少兵力即攻占了趙國。王翦率軍進攻楚國，首先消耗楚軍心力士氣，等到時機成熟才一舉破敵。

同樣，正是這種對人心理的細微把握，使王翦成爲戰國少數得以善終的將領之一。在攻伐楚國的時候，王翦的部下曾經疑惑地詢問他：「你一再向秦王要求賞賜，難道不怕秦王生氣嗎？」王翦回答說：「秦王粗暴多疑，現在我率領全國的軍隊在外打仗，秦王又怎麼能不擔心。我多多地要求土地金銀，表明自己心繫兒女故土，秦王不僅不會生氣，反而會大大安心。如果我什麼都不要求，反而可能招來殺身之禍。」所以，王翦保全平安富貴也在於他對君王心理的瞭解，這位千古名將已經把兵法運用到生活之中。

王翦與華陽公主

秦王生性多疑，雖然允許王翦率領全國軍兵進攻楚國，但是總是不放心。於是，把自己的女兒華陽公主許配給王翦，希望能夠籠絡住老將軍。王翦自家鄉領兵啓程，秦王命令公主即日動身迎接王翦，二人在相逢處完婚。華陽公主的隊伍與王翦的軍隊在頻陽縣的南塬上相遇。王翦列兵為城，與華陽公主匆匆舉行了婚禮。後來，當地人就把王翦與華陽公主成婚的那座土塬稱為華陽塬。

戰國．鑲嵌三角雲紋敦

此敦器和蓋上下對稱，蓋揭開後和器可同樣使用，都附有環狀三足。通體用細銀絲和紅銅絲盤嵌成塊狀和三角形的雲紋，非常華麗。

《戰國策》

戰國時代，一個殘酷的大變革時代，一個豪傑輩出、英雄迭起的激盪時代；同時也是投機冒險、玩弄謀略的時代。幸運的是，那些精彩紛呈的機詭權謀並沒有湮沒在浩瀚悠長的歷史，而記載於《戰國策》之中。

何為《戰國策》

《戰國策》是一部國別體的史書，和那些單純記錄時間、地點、事件的史書不同，它集合了戰國時代最機巧的詭辯家們的謀略和言論，由西漢人劉向按照東周、西周、秦、齊、楚、趙、魏、韓、燕、宋、衛、中山等十二個國家的順序依次編訂為三十三卷。而它的名字則得自「游士輔用之國，為之策謀」。

在《戰國策》裡，人們很難看到曾經備受推崇的「禮義法信」，就算有，其目的也多不是為追求高亮氣節，而是出於現實利益的需要。被傳統文人所鄙棄的「權謀詭詐」成了被格外看重的才幹。在《戰國策．齊策五》裡，蘇秦這樣告訴齊閔王：「是以聖人從事，必藉於權而務興於時。夫權藉者，萬物之率也；而時勢者，百事之長也。故無權藉、倍時勢而能事成者，寡矣。」用今天的話說，要想辦成大事就必須手中有權，善於度勢。

在戰國這樣一個群雄逐鹿的特殊時代，各國都清醒地意識到，人才將是壯大國力的關鍵，戰國時備受尊重的四君子：平原君、信陵君、春申君、孟嘗君，都以

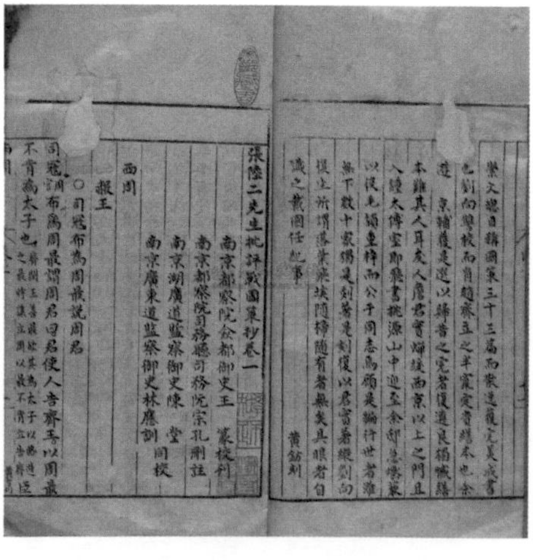

《張陸二先生批評戰國策抄》書影

《戰國策》因為過多記載了戰國時期縱橫家的言論，因而在古代以儒家思想為主流的社會不受重視，但對於《戰國策》的研究不乏其人，他們的成果是後人研究《戰國策》一書不可或缺的資料。

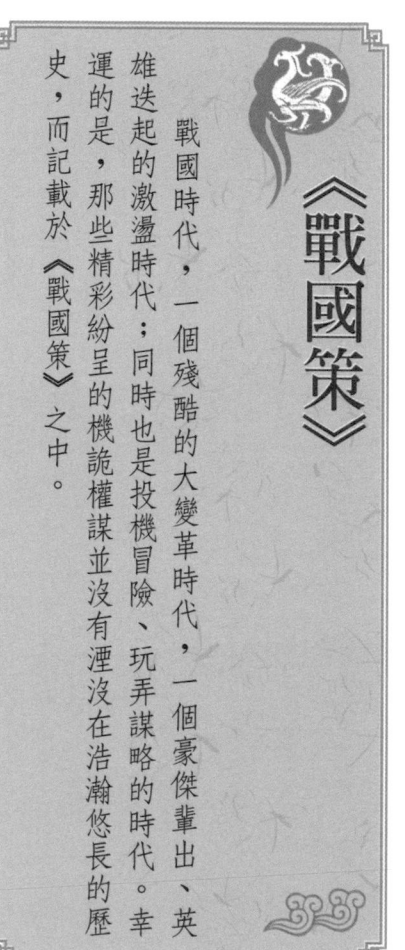

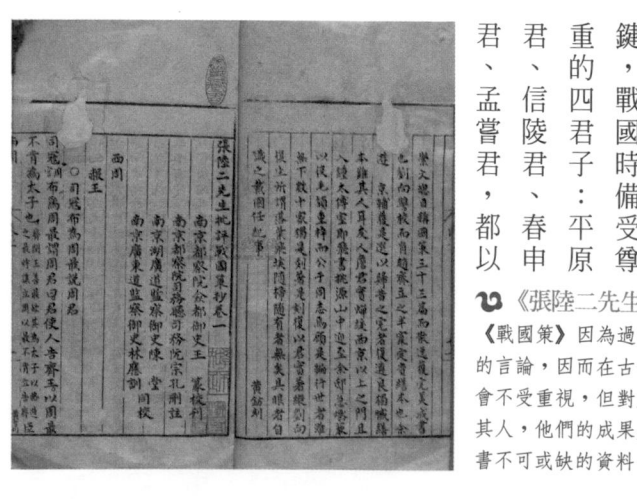

尊敬人才著稱。這就給了那些出身貧寒的民間人才，即「士人」以大顯身手的空間。戰國時代的很多歷史大事都不乏士人們活躍的身影。

《戰國策》就宛若士人智慧精華的濃縮。這些士人憑藉三寸不爛之舌改變著貴族、國君，乃至整個國家的命運，他們氣勢恢弘地陳述自己的觀點，令高高在上的君王爲之折服。

《戰國策》中的戰國

《戰國策》顯示出的最引人注目的思想除了著重詭計外，還有「以士爲貴」。各國的國君、大臣都已經意識到要想籠絡人心、招攬士人，僅僅靠厚利高官遠遠不夠，還必須學會以誠待士。士人們在選擇良主時，會想出各種辦法考驗主君的誠意，並以此作爲衡量主君是否賢能的標準之一。

比如《齊策四》裡，士人王斗不經人引薦，就大著膽子求見齊宣王，被齊宣王的衛士攔下後，他還繼續「膽大包天」地嚷嚷：「斗趨見王爲好勢，王趨見斗爲好士，於王何如？」提醒齊宣王與其讓士人「趨勢」而來，不如放低姿態樹立「趨士」威名。

貴士的風氣讓戰國呈現出與以往時代不同的清新特點，《戰國策》中這些與貴士相關的故事也成爲敦促後世君主要舉賢任能的寓言，對中國古代政治文化產生了深遠影響。

從思想上看，《戰國策》裡的故事多顯現著縱橫家、道家、法家的觀念，卻少有推崇儒家的。在《趙策二》中趙武靈王曾不屑地說「仁義道德，不可以來朝」，可以想像在戰國那個殺戮征伐如家常便飯的時代，儒家的思想多少有些不合時宜。因此，後世的不少儒生都曾對《戰國策》頗有微詞。

不過，對身處在戰國的百姓而言，儒家的仁義道德猶如浮雲一般縹緲，在朝不保夕的殘酷環境裡，人與人之間的關係很難溫情脈脈。這從《戰國策》所載的蘇秦的故事中就可見一斑。蘇秦落魄時，「妻不下紝，嫂不爲飲，父母不與言」；蘇秦發達時父母「清宮除道」，妻「側目而視」，嫂「蛇行匍道」。以至於蘇秦不得不感歎：「人生世上，勢位富貴，蓋可忽乎哉！」

齊國的滅亡

春秋時期，齊國位列霸主；戰國時期，齊國躋身七雄。然而，戰國中期之後，齊國不惜惹怒所有諸侯國滅掉了宋國，將自己置身於被討伐的危險境地。從此，齊國的衰亡便一發不可收拾，最終在坎坷波折中成了秦國的棋子。

錯誤的決策

戰國時期有個微妙的規律，各諸侯國之間勢力相對平衡則會天下太平，只要有一國獨大就烽煙四起。「合縱」這個策略可以用來對付秦國，自然也可以用來對付齊國。齊國滅了宋國，其他諸侯國都自感危險，於是秦、燕聯合了趙、魏、韓一起攻打齊國，這就是聞名歷史的「濟西大戰」。在這場大戰中，齊國鎩羽，齊閔王被殺，他的兒子法章逃到民間，以傭人的身分混入莒太史敫家中。齊國就這樣被五國滅亡了。

復國之後

戰亂終於平息，五國將齊國瓜分殆盡。逃亡在外的齊國大臣們一直想要復國，便四處尋找法章的蹤跡，一直到莒地才找到。法章繼位，便是齊襄王，齊國復國成功，但實力已經遠不如從前。

齊襄王在位十九年（西元前二六五年），去世，他的兒子建登基，是為齊王建。齊王建是個胸無大志之人，性格懦弱，沒有主見，事事都聽從其母君王后的意見。不過當時的齊國倒也算安穩，因為此時勢力最強大的秦國正在四處攻伐鄰近的諸侯國，暫時無暇攻打齊國。

戰國中期．鑲嵌龍獸杖首

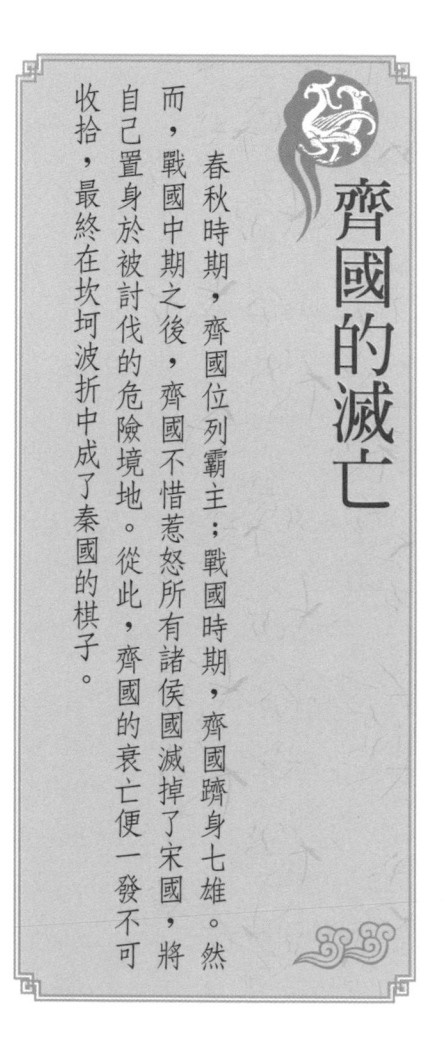

沒過多久，齊君王后去世。王后的族弟後勝執政。後勝是個貪官，在秦國不斷賄賂之下，齊國對其餘五國袖手旁觀。沒過多久，秦國攻打魏國、趙國，這兩國先後派人向齊國求助，但齊王建冷眼看著秦國消滅一個又一個諸侯國，還要派人到秦國表示祝賀。就這樣，韓、趙、魏、燕、楚五國相繼被滅，周王室也被秦所滅，只要再呑併齊國，秦國就是名副其實的天下主人。

秦國獨大，齊王建打算到秦國進行朝拜，以示臣心。齊國忠賢之臣紛紛勸諫，阻止齊王建前往秦國。他們認爲五國雖滅，但很多官員都不願意降秦，齊王只需要招收這些人，並配給其百萬之兵，定能收復各國失地，到那時齊國便又可以恢復當年的風采，稱王稱霸。可惜的是，齊王建並沒有這樣的雄心壯志，他認定了只有侍秦才能保全齊國。

徹底的滅亡

齊王建最終還是去了秦國，但齊國的命運並沒有因此而改變。秦王政二十六年（西元前二二一年），秦國派大將王賁攻打齊國。齊王建這才回過神來，徹底看透了秦國的虎狼之心。他急忙派兵把守齊國邊境，但秦軍勢如破竹，不費吹灰之力就拿下邊境數座城邑，然後一路南下直逼濟南。不久之後，王賁大軍便到了齊國國都的大門外，齊王建束手無策只能投降。

秦國大軍輕鬆消滅齊國，占領了齊國的所有土地。秦王大喜當即下令：齊國已滅，齊國君王本來應該斬首示眾，但是念及其多年來對秦國十分順服，所以免其死罪，但是活罪難逃，即刻起齊王建及其家眷遷到共城居住，每天撥發一斗粟的口糧。至於後勝等人，就地處斬。

齊國是最後一個滅亡的諸侯國，這「最後」二字意味深長，不是因爲其奮力抗秦、死不休戰，而是因爲其政治腐朽、君王無能，如若像燕國那樣有骨氣，即使滅亡也能在史冊上留下光輝一筆。姜尚應該做夢都不會想到，周王室送給他的開國禮物，最後竟然在懦弱中滅亡。

戰國・楚高盥缶

秦始皇統一天下

秦國擁有強大的軍事實力，擁有勇猛的士兵、善戰的將軍、優良的裝備和牢固的城池；秦國擁有完善的獎懲制度、穩定的社會環境和發達的經濟基礎。此外，秦國還擁有一位胸懷大志、與眾不同的君王。正是在他的帶領下，秦國軍民上下齊心，終於完成了這個壯舉。

掌權

秦王政九年（西元前二三八年）春天，秦國故都雍城蘄年宮外面殺聲連天，二十二歲的秦王嬴政，身著華貴禮服站在蘄年宮中，冷冷地望著交戰的軍隊，心中波瀾不驚。就在不久之前，秦國的眾臣為這位年輕的君王實行了冠禮。

冠禮是古代青年的成年禮，對身為君王的嬴政來說，成年意味著完全地執掌君權。但是，顯然有人不希望他順順利利掌權。冠禮剛剛結束，大隊的士兵即妄圖衝進蘄年宮，犯上作亂。不過，當年在敵國做人質，每時每刻都會遇到種種殺機，秦王早已經學會深深地隱藏心機，默默地保護自己。

嫪毒站在蘄年宮外面，瘋狂地督促士兵進攻這座華麗的宮殿。他不得不發動這次叛亂，他與太后，也就是秦王母親的姦情終於敗露了。他瞭解秦王冷酷決絕的個性，除了殺掉嬴政，自己沒有任何活命的希望。

只是，嫪毒萬萬沒有想到，自己的軍隊才一出現，對面就迎來了數千的驍勇士兵。很明顯，秦王早已經準備好一切，只等一網打盡不軌之臣。

呂不韋靜靜地站在咸陽皇宮中，看著對面的年輕秦王，心中感慨萬千。為了這個年輕人，他耗費了無數的心血。在趙國的時候，花費重金賄賂趙國權貴，保全了他的性命；回到了秦國，費盡心思教會了他如何掌握國家大權。現在，秦王學會了一切，要從自己手中收回相國的權力了。呂不韋不知道應該為秦王的成熟高興，還是為自己的結局感到悲哀。

秦王政九年（西元前二三八年），秦王嬴政親理朝政，開始策劃統一天下的戰爭。

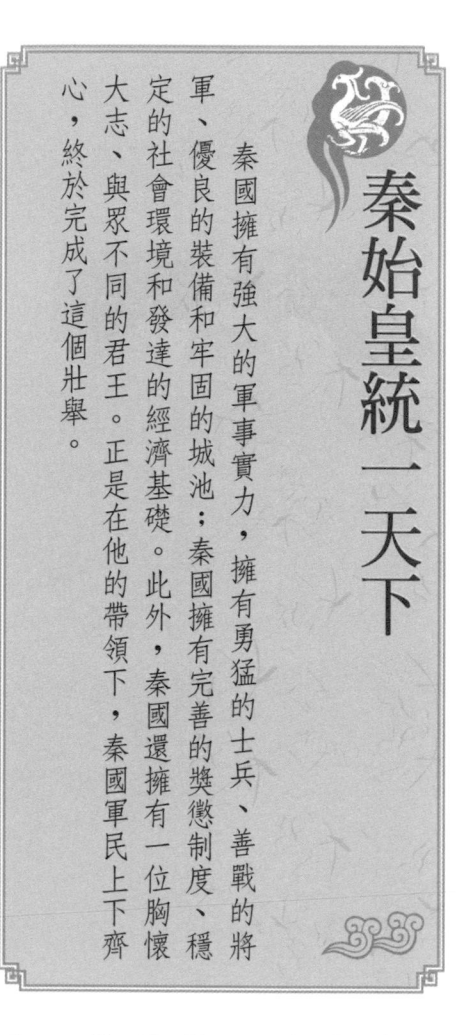

滅六國

秦王政十六年（西元前二三一年），禁不住秦王的常年利誘，韓國南陽郡代理郡守降秦，帶兵進攻韓國，軍隊長驅直入，用了不到一年的時間即俘獲韓王、占領韓國。第二年，韓國滅亡。

秦王政十八年（西元前二二九年），秦王派遣王翦領兵進攻趙國，趙國李牧將軍率軍迎敵。秦王派人收買趙王寵臣，散佈謠言，陷害李牧。趙王中計，殺死李牧，致使軍心渙散，秦軍如入無人之境，不久攻破趙國都城邯鄲。一年後，趙國滅亡。

秦王政二十二年（西元前二二五年），秦王派遣年輕將領王賁，率軍圍攻魏國都城大梁。秦軍使用水攻，沖毀大梁城牆，魏王投降。就在這一年，魏國也走進歷史中。

秦始皇統一天下

秦王嬴政包舉宇內，掃滅六國，建立了中國歷史上第一個統一的國家，開創了一代偉業。

第二年，秦王派遣老將王翦率領六十萬秦軍攻楚。王翦進入楚國，修築堡壘，堅壁不出，麻痺敵人。楚軍糧草耗盡，引兵東歸。王翦趁機全軍出擊，一舉打垮楚軍主力，攻占楚國都城壽春，俘虜楚王負芻。第二年，楚國滅亡。

秦王政二十五年（西元前二二二年），秦滅燕國。

秦王政二十六年（西元前二二一年），秦王派遣大將王賁南下伐齊，未遇抵抗即攻占齊國都城臨淄，齊王不戰而降。齊國就此土崩瓦解。

就這樣，秦始皇冷靜地調兵遣將，熟練地賄賂六國重臣，使用反間計，終於統一了天下，建立了秦王朝，成就了恢弘的偉業。

秦始皇統一天下

秦王嬴政包舉宇內，掃滅六國，建立了中國歷史上第一個統一的國家，開創了一代偉業。

戰國大事年表

周定王十六年	西元前四五三年	韓、趙、魏三家共滅智伯，三分其地。
周威烈王五年	魏文侯二十四年 西元前四二一年	魏國西門豹修漳水十二渠。
周威烈王十三年	魏文侯三十三年 西元前四一二年	魏文侯任命李悝爲相。
周威烈王二十三年	西元前四〇三年	周王封韓、趙、魏三家爲諸侯。
周安王五年	西元前三九七年	聶政刺殺韓相俠累。
周安王十三年	西元前三八九年	吳起任楚國令尹，主持變法。
周顯王十三年	秦孝公六年 西元前三五六年	秦用商鞅爲左庶長，下令變法。
周顯王十五年	魏惠王十六年 西元前三五四年	魏國圍攻趙都邯鄲。
周顯王十六年	齊威王四年 西元前三五三年	齊國救趙，大敗魏軍於桂陵。
周顯王十九年	秦孝公十二年 西元前三五〇年	秦商鞅第二次變法。
周顯王二十六年	齊威王十四年 西元前三四三年	齊國田忌、孫臏敗魏軍於馬陵，魏軍主將龐涓自殺。
周顯王三十一年	秦孝公二十四年 西元前三三八年	秦孝公去世，商鞅遭車裂之刑。

周顯王四十一年	秦惠文王十年 西元前三二八年	秦任張儀爲相。
周赧王八年	趙武靈王十九年 西元前三〇七年	趙武靈王開始推行「胡服騎射」。
周赧王十六年	楚懷王三十年 西元前二九九年	楚懷王入秦被扣。
周赧王十七年	西元前二九八年	齊、韓、魏聯軍敗秦軍於函谷關。
周赧王二十二年	秦昭襄王十四年 西元前二九三年	秦將白起敗韓、魏聯軍於伊闕，斬首二十四萬。
周赧王二十八年	西元前二八七年	蘇秦約趙、齊、楚、韓、魏五國合縱攻秦。
周赧王三十一年	燕昭王二十八年 西元前二八四年	樂毅率五國之師攻齊，破臨淄。
周赧王三十六年	燕昭王三十三年 西元前二七九年	燕以騎劫代樂毅爲主將。齊田單敗燕軍於即墨。
周赧王三十七年	秦昭襄王二十九年 西元前二七八年	秦將白起攻取楚都郢，建南郡。
周赧王四十六年	秦昭王三十八年 西元前二六九年	秦攻趙閼與，趙將趙奢往救，大敗秦軍。
周赧王四十九年	秦昭王四十一年 西元前二六六年	范雎爲秦相。
周赧王五十五年	秦昭王四十七年 西元前二六〇年	秦將白起大敗趙軍於長平，坑降卒四十萬。
周赧王五十八年	趙孝成王九年 西元前二五七年	魏信陵君無忌、楚春申君黃歇救趙，解邯鄲之圍。

秦莊襄王元年	西元前二四九年	秦莊襄王以呂不韋爲相國，秦滅東周。
秦王政七年	西元前二四〇年	呂不韋招賓客著《呂氏春秋》。
秦王政十年	西元前二三七年	秦下逐客令，李斯上書諫止。
秦王政十五年	西元前二三二年	韓非入秦，受李斯讒言被殺。
秦王政十七年	西元前二三〇年	秦派內史騰滅韓，俘虜韓王安，設穎川郡。
秦王政十八年	西元前二二九年	秦將王翦率軍攻趙。趙將李牧受讒言遇害。
秦王政十九年	西元前二二八年	秦將王翦破邯鄲，俘虜趙王遷。
秦王政二十年	西元前二二七年	燕太子丹使荊軻刺秦王，失敗被殺。
秦王政二十二年	西元前二二五年	秦將王賁攻魏，魏王假降，魏亡。
秦王政二十四年	西元前二二三年 楚王負當五年	秦軍攻入楚都壽春，楚亡。
秦王政二十五年	西元前二二二年 燕王喜三十三年	秦將王賁攻遼東，俘燕王喜，燕亡。
秦王政二十六年	西元前二二一年	秦將王賁攻入齊都臨淄，齊亡。

國家圖書館出版品預行編目 (CIP) 資料

戰國七雄 / 童超主編 . -- 第一版 . -- 新北市：
風格司藝術創作坊出版：知書房出版發行，
2021.03
面；　公分 . -- (圖說天下) (中國大歷史)
ISBN 978-986-5493-03-5(平裝)

1. 戰國史

621.8　　　　110003298

戰國七雄

主　　編：童　超
責任編輯：苗　龍
發　　行：知書房出版
出　　版：風格司藝術創作坊
地　　址：235 新北市中和區連勝街 28 號 1 樓
Tel：(02) 8245-8890
總 經 銷：紅螞蟻圖書有限公司
Tel: (02) 2795-3656　Fax: (02) 2795-4100
地　　址：台北市內湖區舊宗路二段 121 巷 19 號
http://www.e-redant.com
版　　次：2021 年 4 月初版　第一版第一刷
訂　　價：320 元

ISBN　978-986-5493-03-5　　Printed in Taiwan